U0822523

# 劳动争议案件胜诉指南

LAODONG ZHENGYI ANJIAN SHENGSU ZHINAN

李成龙　黄能能
冯晓鸣　王　磊　主编

法律出版社 | LAW PRESS
北京

**图书在版编目(CIP)数据**

劳动争议案件胜诉指南 / 李成龙等主编. -- 北京 : 法律出版社, 2023
ISBN 978-7-5197-7501-8

Ⅰ. ①劳… Ⅱ. ①李… Ⅲ. ①劳动争议-仲裁-中国-指南②劳动争议-诉讼-中国-指南 Ⅳ. ①D922.591.4

中国国家版本馆 CIP 数据核字(2023)第005413号

**劳动争议案件胜诉指南**
**LAODONG ZHENGYI ANJIAN SHENGSU ZHINAN**

李成龙 黄能能 冯晓鸣 王 磊 主编

策划编辑 蒋 橙
责任编辑 蒋 橙
装帧设计 鲍龙卉

**出版发行** 法律出版社
**编辑统筹** 法律应用出版分社
**责任校对** 晁明慧
**责任印制** 刘晓伟
**经　　销** 新华书店

**开本** 710毫米×1000毫米 1/16
**印张** 24.25 **字数** 368千
**版本** 2023年3月第1版
**印次** 2023年3月第1次印刷
**印刷** 三河市兴达印务有限公司

地址:北京市丰台区莲花池西里7号(100073)
网址:www.lawpress.com.cn
投稿邮箱:info@lawpress.com.cn
举报盗版邮箱:jbwq@lawpress.com.cn
版权所有·侵权必究
销售电话:010-83938349
客服电话:010-83938350
咨询电话:010-63939796

**书号**:ISBN 978-7-5197-7501-8
**定价**:96.00元

凡购买本社图书,如有印装错误,我社负责退换。电话:010-83938349

# 编委会名单

主　　编：李成龙　黄能能　冯晓鸣　王　磊

编委会成员：

陈冠雄　胡敏仪　朱恒欣　汝　莹

周　娟　陈　耿　李　倩　范亚威

周天麟　章玉芳　王　强　盛茂雷

袁青男　周　莉

# PREFACE 序·言

江苏法德东恒律师事务所肇始于1979年，是一家立足于江苏，辐射长三角地区的律师事务所。法德东恒目前在江苏有13家办公室，在册律师近500名。法德东恒坚持专业化分工，团队化作业，内部成立了多个专业门类的研究会。劳动法研究会是这些研究会中工作开展得比较好的一个。在平时的交流和分享中，发现研究会成员都办过非常有参考意义的劳动争议案件。我们开始考虑是否能将自己过往办过的此类案件以一种合适的方式总结后，提供给大家进行分享。最终的结论是选出各自办理过的有参考价值的案例，按照一定的体例根据争议的类型进行汇编，最终编纂成一本书。

从2021年起，劳动法研究会正式开始本书的撰写工作。经过多次讨论、相互审查、校对，在2022年年末终于可以付梓了。由于本书中的所有案例均为撰写者亲自办理，对案件胜诉的原因有着异于他人的感悟和理解。而将此感悟和理解总结下来，相信其内容对于其他律师和人力资源从业者会有较大的借鉴意义。

虽然劳动争议案件的裁判尺度由于各地不同而在国内有“诸侯割据”的戏称，并且本书的案例几乎都是江苏省内的案件，似乎对于其他省份的律师和人力资源从业者参考意义不大，但如果读者仔细翻阅本书则会发现其实不然。因为我们并不仅仅着眼于裁判者对于劳动法的理解和判断，而是更多地去从案件应对策略的制定、如何在办案的动态过程中捕捉对己方有利的因素等方面去探究和总结胜诉原因。而这一类总结，往往是律师不太愿意为外人道的“武功秘笈”。

另外，本书除了劳动争议的诉讼案件以外，还有部分非诉讼案件，这在国内的劳动法实务书籍中也是比较少见的。而企业在经营过程中，不到万不得已是不愿意与员工走到法庭解决劳资纠纷的，更多地还是希望能够以法庭以外的方式解决。并且有些劳动法相关问题，用诉讼方式也根本无法达到企业的目的。如何用非诉讼的方式避免争议或者解决争议，可能是企业经营者或人力资源从业者非常关注的内容。相信本书在此方面也能给大家一定的启发。

凡是过往，皆为序章。

如果这句话是对当下还未结束的新冠疫情来讲，那么我们希望我们的国家能够总结好疫情3年的各类经验教训，以便更好、更从容地应对疫情的来袭。希望2023年是一个全新的开始！

而如果这句话对于法德东恒来讲，那么法德东恒过去在省内创造的辉煌，只是为更璀璨的未来打下了一个坚实的基础。所有在册的律师不能沾沾自喜于眼前的成绩，而应放眼全国，对标更多优秀的律所，不断地提升自己的专业水准。而劳动法研究会将会在此方面继续努力打造江苏省内最优秀的劳动法律师团队，进而要有与国内顶流劳动法律师团队一较高下的野望。让此书成为我们的序章！

李成龙　黄能能　冯晓鸣　王　磊

2023年元旦

CONTENTS 目·录

## 第三章 劳动报酬与工时休假



## 第四章 劳动合同解除与终止

## 第五章 社会保险与福利待遇



## 第六章 商业秘密与竞业限制



## 第七章 其 他

第一章

# 劳动关系的认定与管理

# 建设工程项目承包人雇员和建设单位有劳动关系吗

## ——谭某某与某建工集团山东分公司劳动争议纠纷案

关键词 确认劳动关系 庭审问话 证据收集

### 基本案情

陈某某系某建工集团山东分公司（以下简称山东公司）的项目承包人，谭某某系陈某某雇佣的安全员，在陈某某承包的山东公司多个项目工作。2012 年 2 月 29 日，陈某某向山东公司书面申请，委托山东公司为其项目部包括谭某某在内的 17 名雇员缴纳社会养老保险，费用由项目部承担。山东公司按照陈某某申请，为陈某某 17 名雇员缴纳了社会养老保险，并进行劳动合同备案。济南市劳动用工花名册备案显示，谭某某与山东公司第一次签订劳动合同起始日期为 2012 年 4 月 1 日。2012 年 8 月 30 日江苏省住房和城乡建设厅向谭某某颁发安全员证，企业名称为某建工集团。2014 年起，陈某某在某建工集团不再有项目，但山东公司为谭某某等缴纳社会养老保险至 2017 年 3 月。2018 年 5 月，某建工集团下发关于开展 2018 年度第二批次“安管”人员年度安全培训的通知，培训对象为石家庄公司、山东公司、总承包五公司、辽宁公司及所属项目部的“安管”人员，谭某某参加了培训并按要求自行承担了学习费用。2018 年 5 ~ 7 月，谭某某参加了江苏省建筑安全协会建筑安全教育分会的建筑安全施工企业安全生产管理人员继续教育，考试成绩合格，所在单位名称为某建工集团。

2018 年 9 月 13 日，谭某某向济南市历城区劳动人事争议仲裁委员会提出仲裁申请，要求确认与山东公司存在劳动关系。

本案经过仲裁、一审、二审，山东省济南市中级人民法院作出终审判决，确认双方不存在劳动关系。

## 法律分析

本案中，谭某某的诉请非常简单，要求确认与山东公司劳动关系。为证明这点，其提供了大量的证据，包括社保缴纳记录、劳动合同备案、安全培训教育的相关证据、项目中产生的各种工作文件，甚至还有因项目产生的诉讼配合律师的工作记录。有上述证据，看起来谭某某与山东公司的劳动关系确认无疑，济南市历城区劳动人事争议仲裁委员会和济南市历城区人民法院也是持该种观点，支持了谭某某的诉请。但他们都忽视了劳动关系最核心的要素。

原劳动和社会保障部《关于确立劳动关系有关事项的通知》第 1 条规定：“用人单位招用劳动者未订立书面劳动合同，但同时具备下列情形的，劳动关系成立。……（二）用人单位依法制定的各项劳动规章制度适用于劳动者，劳动者受用人单位的劳动管理，从事用人单位安排的有报酬的劳动。”从该规定可以看出，劳动者接受用人单位的管理，向用人单位提供劳动，用人单位向劳动者支付劳动报酬，这就是劳动关系的核心要素。谭某某受陈某某管理，向陈某某提供劳动，陈某某向其支付劳动报酬，山东公司没有向谭某某支付劳动报酬。

那么山东公司对作为项目承包人雇员的谭某某有无义务和责任呢？

1. 原劳动和社会保障部《关于确立劳动关系有关事项的通知》第 4 条规

定："建筑施工、矿山企业等用人单位将工程（业务）或经营权发包给不具备用工主体资格的组织或自然人，对该组织或自然人招用的劳动者，由具备用工主体资格的发包方承担用工主体责任。"该规定是指劳动者在违法转包、非法分包的工程中遭受的伤害事故，系由于发包人没有提供安全生产条件或将工程发包给不具有施工资质的单位或个人造成的，其应当对劳动者的损害承担赔偿责任，但不能据此推定劳动者与发包方存在劳动关系。

2. 人力资源和社会保障部《关于执行〈工伤保险条例〉若干问题的意见》第7条规定："具备用工主体资格的承包单位违反法律、法规规定，将承包业务转包、分包给不具备用工主体资格的组织或者自然人，该组织或者自然人招用的劳动者从事承包业务时因工伤亡的，由该具备用工主体资格的承包单位承担用人单位依法应承担的工伤保险责任。"

3. 最高人民法院《关于审理工伤保险行政案件若干问题的规定》第3条第1款第4项规定："用工单位违反法律规定、法规规定将承包业务转包给不具备用工主体资格的组织或者自然人。该组织或者自然人聘用的职工从事承包业务时因工伤亡的，用工单位为承担工伤保险责任的单位。"

4. 山东省高级人民法院《关于审理劳动争议案件若干问题的意见》第2条第2项规定："关于建筑、矿山等行业工程转包、分包后劳动关系的确认问题。根据最高人民法院法释（2003）20号司法解释和劳动规章的有关规定，劳动者在违法转包、非法分包的工程中遭受的伤害事故，系由于发包人没有提供安全生产条件或者将工程发包给不具有施工资质的单位和个人造成的，其应当对劳动者的损害赔偿责任，但不能据此推定劳动者与发包方存在劳动关系。"

上述4项规定均是指劳动者在违法转包、非法分包的工程中遭受伤害事故时，应由没有提供安全生产条件的发包人或者将工程发包给不具有施工资质的单位或个人，对劳动者的损害承担用工单位的赔偿责任，但不能依据上述规定，尤其是原劳动和社会保障部《关于确立劳动关系有关事项的通知》第4条推定劳动者与发包方存在劳动关系。

## 参考案例

**案例**：不具备用工主体资格的组织或个人招用的劳动者，与具有用工主体资格的发包方不存在劳动关系——江苏省南通市海门区人民法院2018年度劳动争议典型案例

### 基本案情

2017年，某建筑劳务公司承包了某土建安装工程中的钢筋工、泥工、木工等分项工程。该公司将木工项目再交由施某某及其班组人员施工，双方签订了《内部班组承包协议》，并约定工程款为包干单价。曹某某于2017年9月经施某某班组的人员介绍进入施某某班组工作。后曹某某离开该工地，并向仲裁委员会申请仲裁，要求公司支付二倍工资、克扣的工资、经济补偿和误工费等。仲裁委员会经审理，裁决对曹某某的申诉请求不予支持。曹某某不服仲裁结果，诉讼至法院。

### 裁决理由

法院经审理认为，公司具有用工主体资格，施某某不具有用工主体资格。曹某某由施某某招聘进入工地做木工工作，其工作内容系施某某从公司处承包，其在工作过程中受施某某管理。现曹某某起诉要求确认与公司之间存在劳动关系并要求公司支付二倍工资、克扣工资、经济补偿、误工费等，于法无据，故对曹某某诉请不予支持。曹某某不服判决提起上诉，二审维持原判。

# 胜诉指引

## （一）律师不能只会打“顺风案”，面对疑难案件的表现才能体现其风采

本案表面上看仅涉及一位劳动者，其诉求仅为确认劳动关系，并不涉及金钱，但背后却有与其同样情况的十几名员工在等待结果，一旦案件结果对用人单位不利，将会产生连锁反应，对用人单位影响很大。对于本案的难度，用人单位山东公司是有明确认识的，因此其并没有请当地的法律顾问处理此案，而是向在江苏的总公司求助，江苏的总公司在询问多家律所多位律师后才选择我们代理此案。据江苏总公司事后告知，他们询问的多位律师均对此案的结果表示悲观。甚至有一位律师，原本已经确定了由他代理，却在看完对方的证据材料后婉拒了此案。我们接受此案时，虽然也觉得很困难，却并不是毫无希望，还是想尽力尝试。

仲裁和一审的失败，并没有让我们丧失信心，反而激发了我们的斗志。而委托人在仲裁和一审结果不利的情况下，依然委托我们代理二审，给了我们很大的支持。

## （二）庭审问话是律师的基本功，却有可能成为制胜法宝

对方当事人谭某某虽然并非法律专业人士，却有很高的文化素养，也曾协助律师参加过很多诉讼，因此具有很强的证据收集能力和庭审应变能力。在一审的庭审中，我们对其工资发放情况、工作时间、地点、工作内容等问题进行了一连串的发问并追问细节，终于使其露出了破绽，在庭审中说出了其具体工作的地址。我们当场让书记员记录笔录，并在庭审后直接前往该地拍摄视频制作成光盘邮寄给一审法官。该证据最终在二审中成为改判的关键因素。

双方互相发问是庭审中一个很重要的环节，但很容易被忽视和浪费。律师发问对方当事人，不是为了问问题而问，而是带有非常明确的目的性。发问之前就要有清楚的认识，对方可能会有什么样的回答，我们要怎么利用对方的

回答。

接受此案委托时，我们就感受到了本案难度之大，出于某些原因的考虑，山东公司不愿意提交陈某某的项目承包合同作为证据，承包人陈某某因为和山东公司有纠纷，也不愿意为山东公司作证，这更加大了本案的难度。我们一方面提交陈某某当时的书面申请、陈某某的提款记录等作为证据，证明陈某某系项目承包人，谭某某系陈某某雇员等基本事实；另一方面也对相关法律规定和山东相关判例进行检索，着重于劳动关系的本质进行说理。历城区劳动人事争议仲裁委员会支持了谭某某的申请后，我们随即代理山东公司起诉，要求确认与山东公司不存在劳动关系。一审庭审中，我们通过庭审发问，逼迫谭某某说出为山东公司工作的服务地点的详细地址，并在庭审结束后立即赶到该地址进行视频拍摄，证明所改地址并非山东公司，而是另一家建设单位的，在庭审结束后的第三天将视频光盘和说明与代理词一并邮寄给了一审法院。虽然该证据一审法院并未重视，在庭审 5 日后即作出判决驳回了山东公司的诉请，但在二审中，该证据发挥了重大作用，最终促使济南市中级人民法院改判谭某某与山东公司不存在劳动关系。

# 未及时办理退休手续造成损失的责任承担

## ——巩某与某煤矿劳动争议案

关键词 延迟退休 损害赔偿 责任承担

### 基本案情

巩某户籍登记出生日期为1959年4月，其个人档案记载出生年月为1959年3月。其于1975年11月参加工作，工作单位为江苏省某地勘队。1989年2月进入某煤矿工作。

巩某1987年10月参加养老保险，2014年12月办理提前退休，其养老保险缴费年限为39年零2个月，其中视同缴费年限为11年零11个月，实际缴费年限为27年零3个月。某煤矿在为巩某办理提前退休手续时，因巩某在江苏省某地勘队的工作材料不齐备，其退休手续至2014年12月通过审批，其间某煤矿曾电话告知巩某调取档案，巩某拒绝。

巩某在退休审批表个人意见栏写明："本人申请2014年12月办理退休"，此外巩某未再向某煤矿提出过书面申请。巩某在某煤矿工作至2014年4月，4月至12月某煤矿按照其公司内部规定向巩某发放内退工资。

后巩某以某煤矿未按时办理退休手续，导致其未享受增加的工资为由，向徐州市劳动人事争议仲裁委员会提起仲裁，要求某煤矿支付拖欠的工资。后该委员会以巩某申请事项不符合受理范围为由作出不予受理通知书，巩某以同一诉请诉至法院。

## 法律分析

### （一）因退休而引发的劳动争议案件是否属于法院受理民事案件范围

1. 因用人单位没有为劳动者缴纳各项社会保险的，劳动者要求用人单位赔偿因无法享受相关社会保险待遇所产生的损失，属于人民法院受案范围。

最高人民法院《关于审理劳动争议案件适用法律若干问题的解释（三）》①第1条规定："劳动者以用人单位未为其办理社会保险手续，且社会保险经办机构不能补办导致其无法享受社会保险待遇为由，要求用人单位赔偿损失而发生争议的，人民法院应予受理。"根据该条规定，如果用人单位没有为劳动者缴纳社会保险，且社保机构无法补办，从而导致劳动者无法享受社保待遇的，该类案件属于人民法院的受案范围。在上述司法解释失效后，现行司法解释即最高人民法院《关于审理劳动争议案件适用法律问题的解释（一）》（法释〔2020〕26号）第1条第5项也明确规定此类纠纷属于人民法院的受案范围。

2. 用人单位未足额缴纳社会保险费，导致劳动者少领养老金的，不属于人民法院受案范围。

最高人民法院《关于审理劳动争议案件适用法律若干问题的解释（三）》第1条规定，劳动者要求用人单位赔偿因未足额缴纳社会保险费所产生社会保险待遇损失属于人民法院受理范围，应同时具备以下3个条件：一是用人单位

① 已于2021年1月1日失效，但此处引用的条款内容在当日生效的最高人民法院《关于审理劳动争议案件适用法律问题的解释（一）》第1条第5项中保留，后文不再赘述。

未为劳动者办理社保手续并缴纳社保费；二是社会保险经办机构不能补办；三是劳动者无法享受社会保险待遇而产生损失。

对于用人单位已为劳动者缴纳社会保险，只是存在未足额缴纳的情形，劳动者达到退休年龄时能够办理退休手续并享受养老保险待遇，但领取金额相对于用人单位足额缴纳有所减少，该情况因不能同时满足上述3个条件，目前的司法实践认为不属于法院的受理范围。

3. 因办理退休手续产生的争议，不属于人民法院受案范围。

退休手续的办理需要满足一定的条件，办理退休手续涉及退休年龄和退休条件的审核认定问题，是由社会保险行政部门在办理职工退休手续时，予以审查，属于行政管理范畴，不属于人民法院受理劳动争议民事案件的受案范围。

## 参考案例

**案例一：**王某与唐山某纺织集团有限公司破产清算组劳动争议一案

——最高人民法院（2018）最高法民申1002号

### 基本案情

再审申请人王某与唐山某纺织集团有限公司破产清算组劳动争议一案，不服河北省高级人民法院（2017）冀民终552号民事裁定申请再审。

王某申请再审称，再审申请人原系国企唐山市某纺织厂职工。1995年至1996年，该厂劳资科干部老田代表厂里向职工声明：现在厂子很宽松，可以办理内退或病退，暂时给开40%的工资，等到达退休年龄再办理正式退休手续。因老田是厂里负责劳资的干部，故没有怀疑他的话，于是再审申请人在劳资科事先准备好的退休审批表上签字，但没有办理任何其他手续。至2005年，厂里给再审申请人发的是退职证。再审申请人先后数十次找单位，此时单位已破产，接着又到国家、省、市劳动、国资委、人社局等部门反映情况，遭到推诿。在当地信访办召集国资委、劳动局、社保局和职工代表共同商讨时，国资委让厂方拿出职工退职申请书和职工的亲笔签字，厂方最后只拿出一份伪造的退职申请表。因此，我们只好选择向法院起诉。依照《民事诉讼法》第 200 条第 1 款第 2 项、第 3 项规定，请求撤销二审判决，指定唐山市中级人民法院对该案立案审理或指定异地法院立案审理。

**裁决理由**

最高人民法院经审查认为，综合本案一审、二审及再审申请人的主张，确定本案的焦点问题是：本案是否属于人民法院受理民事诉讼的范围。

根据《民事诉讼法》（2017 年修正）第 119 条的规定，“起诉必须符合下列条件：（一）原告是与本案有直接利害关系的公民、法人和其他组织；（二）有明确的被告；（三）有具体的诉讼请求和事实、理由；（四）属于人民法院受理民事诉讼的范围和受诉人民法院管辖”。只有当事人之间的争议属于人民法院行使民事审判权解决民事纠纷的范围，人民法院才能依法受理。否则，应裁定不予受理。

国家行政机关给职工办理退休手续，属于行政管理的范畴，带有社会管理的性质。对于办理退休手续的合法性争议，不是民事诉讼意义上的劳动者与用人单位之间的劳动争议，不属于人民法院受理劳动争议民事案件的受案范围。王某提起本案诉讼的诉讼请求是：（1）确认原唐山市某纺织厂给其办理退职行为违法；（2）按照原劳动部 1988 年 3 号文件和 1999 年 8 号文件，给王某办理正式退休手续；（3）赔偿因退职造成的经济损失 25 万元。王某的退职决定是由劳动行政部门作出，王某提出“给其办理正式退休手续”的诉讼请求，属于行政管理的范畴，所提“确认退职行为违法”的合法性争议，不是民事诉讼法意义上的劳动者与用人单位之间的劳动争议，不属于人民法院受理劳动争议的民事诉讼受案范围。本院《关于审理劳动争议案件适用法律若干问题的解释》（已失效）第 1 条规定：“劳动者与用人单位之间发生的下列纠纷，属于《劳动法》第二条规定的劳动争议，当事人不服劳动争议仲裁委员会作出的裁决，依法向人民法院起诉的，人民法院应当受理：（一）劳动者与用人单位在履行劳动合同过程中发生的纠纷；（二）劳动者与用人单位之间没有订立书面劳动合同，但已形成劳动关系后发生的纠纷；（三）劳动者退休后，与尚未参加社会保险统筹的原用人单位因追索养老金、医疗费、工伤保险待遇和其他社会保险费而发生的纠纷。”王某所提“赔偿因退职造成的经济损失 25 万元”的诉讼请求，是基于其认为退职行为违法而产生的争议，该争议不属于上述司法解释规定的劳动争议范围。

**案例二：**姜某与某银行股份有限公司某分行劳动争议一案——重庆市第二中级人民法院（2019）渝 02 民终 988 号

**基本案情**

1988 年 12 月，姜某被某银行股份有限公司某分行（以下简称某银行某分行）招为合同制工人。1992 年 12 月，姜某被某银行某分行聘用为干部。劳动合同法实施以后，双方于 2008 年 9 月 30 日签订无固定期限劳动合同，姜某岗位为综合柜员。2018 年 12 月 11 日，姜某以其即将达到法定退休年龄 50 周岁为由，要求某银行某分行终止劳动合同并为其办理退休手续。某银行某分行认为姜某属于业务管理岗位、干部身份，没有为姜某办理退休手续。2019 年 1 月 17 日，姜某到某银行某分行办理工作交接手续，之后就没有上班。2019 年 3 月 19 日，姜某向某银行某分行发出《解除劳动合同通知书》。之后，姜某起诉某银行要求某银行为其办理退休手续；并赔偿养老保险损失。

**裁决理由**

姜某在其 2019 年 2 月即将满 50 周岁前向某银行某分行提出退休申请，某银行某分行以其为干部退休年龄应为 55 周岁为由不予办理。对于职工退休时工作岗位性质属于管理或技术岗位还是操作、生产或服务岗位，属于企业的用工自主管理权范畴。双方有分歧，由劳动行政部门在办理退休时审查。因为劳动者是否符合退休条件由劳动行政部门审核，所以姜某要求某银行办理退休的请求不属于人民法院民事案件受案范围。关于养老保险损失，因姜某是否符合退休条件，要以劳动行政部门审核为依据，所以其要求某银行赔偿养老保险损失没有法律依据，不予支持。

---

### （二）未及时办理退休致劳动者利益受损，责任谁担

各省市在办理退休流程上稍有区别，以徐州市为例，劳动者应在达到国家、省规定退休年龄的前一个月向单位书面提出退休申请，用人单位也应当向劳动者及时提醒告知。用人单位收到劳动者退休书面申请后，对劳动者退休条件进行初审，符合条件的，应在收到申请15日内向市、县（市）人力资源和社会保障部门申报，用人单位应及时告知劳动者审核结果。劳动者的退休时间按用人单位、劳动保障代理机构申报时间确定。那么，未及时办理退休手续给劳动者带来的损失谁来承担？主要从在办理退休手续时谁存在过错进行分析和判断。如果劳动者未及时申请退休带来的损失，应由劳动者个人承担；如果劳动者及时申请，用人单位无故拖延为劳动者办理退休手续带来的损失，由用人单位予以补足。

本案中，从退休审批经过看，某煤矿发现巩某缺少相应材料后及时与巩某沟通，巩某拒绝自行调取，其本身存在很大过错。结合巩某在退休审批表的签字落款日期，可以认定巩某最终同意以2014年12月为起算点计算退休工资，其再行要求某煤矿赔偿退休工资差额的诉讼请求，法院未予支持。本案是由于巩某自身原因造成未能及时办理退休手续，所造成的损失应由其个人承担。而下面一个参考案例则是从另一个角度即用人单位存在过错进行分析。

## 参考案例

**案例三：**吴某与沈阳某阀门有限公司劳动争议一案——沈阳经济技术开发区人民法院（2015）经开民初字第01716号

### 基本案情

1980年12月，吴某至沈阳某阀门有限公司工作，职务为冶炼工，该工种为特殊工种。2006年4月，沈阳某阀门有限公司欲与吴某解除劳动合同，并支付吴某解除劳动合同经济补偿14,372元，但因沈阳某阀门有限公司欠缴吴某社会保险费用而未能解除与吴某的劳动合同。2014年，沈阳某阀门有限公司向吴某提出为其办理特殊工种提前退休手续，吴某表示同意。2014年7月，沈阳某阀门有限公司为吴某办理完退休手续，吴某领取首月退休金为2085元。

2015年4月28日，吴某向沈阳市铁西区劳动人事争议仲裁委员会申请仲裁，要求沈阳某阀门有限公司给付退休工资等。同年4月29日，该委员会以不属于劳动人事争议仲裁的受理范围为由，作出沈西劳人仲不字（2015）303号不予受理通知书。送达后，吴某不服，诉至法院。

### 裁决理由

关于吴某要求沈阳某阀门有限公司支付其2014年2月至7月的延迟退休工资的主张。国务院《关于工人退休、退职的暂行办法》第1条规定："全民所有制企业、事业单位和党政机关、群众团体的工人，符合下列条件之一的，应该退休。（一）男年满六十周岁，女年满五十周岁，连续工龄满十年的。（二）从事井下、高空、高温、特别繁重体力劳动或者其他有害身体健康的工作，男年满五十五周岁、女年满四十五周岁，连续工龄满十年的。"可见吴某在其年满55周岁时即应享受退休待遇。而且，为吴某办理特殊工种退休是沈阳某阀门有限公司提出的，吴某对延迟退休并不存在过错，沈阳某阀门有限公司因其自身原因导致吴某延迟退休 6 个月，存在过错，应当赔偿吴某未按时领取退休金的损失，退休金数额参照吴某首月领取的退休金计算。

## 胜诉指引

### (一) 准确把握案件事实

案件事实是法律规范与证据运用的纽带，同样也是分析案件的依据。假如我们对案件的基本事实了解不清，会导致诉讼策略与案件事实存在严重的偏差，直接影响案件办理效果，不利于维护当事人的合法权益。因此，我们在接受委托之后，首先，应对当事人提交的证据材料按照事实发生的时间以时间轴的方式进行梳理，这样可以对案件的事实产生宏观的认识。其次，要对重要事实进行重点分析，这样可以对案件有更为深刻的认知，从而对案件的事实和争议焦点有微观的认识和准确的把握。就本案而言，巩某的退休年龄、社保缴费情况以及未及时办理退休手续的原因是整个案件的关键点，通过对上述关键点的重点分析，承办律师才能寻找到案件的突破口，最终取得比较好的诉讼效果。最后，对案件的事实进行查漏补缺，在前面工作完成之后，就案件的事实我们还应与当事人进行充分的沟通，引导当事人补充提交相关的证据及案件事实补充陈述。

### (二) 准确把握案件的类型

就劳动争议案件而言，随着社会经济的发展，以及劳动者法律意识的增强，呈现新型化、复杂化、多样化的特点。这样就给用人单位在劳动用工方面提出了新的挑战，同样也给代理劳动争议案件的承办律师提出了新的要求。承办律师在代理劳动争议案件，特别是案情复杂、类型多的劳动争议案件时，一定要先分析案件的类型，准确定位案件的案由。只有确定了案件类型及案由，才能更快、更准确地检索出案件所适用的法律条文。

### （三）准确把握案件是否属于法院的受案范围

如我们代理的劳动争议案件不属于人民法院的受案范围，最终，法院则会裁定驳回起诉。这样不仅会增加当事人诉讼时间成本，还会浪费司法资源，不利于维护当事人的合法权益。

劳动争议案件是否属于人民法院受案范围，我们可以通过相关法律、法规以及司法解释的规定进行判断。如果相关法律及司法解释没有明确规定，或是我们把握不准时，可以从各地法院的指导意见、解答以及相关司法判例中寻找答案。

# 非全日制用工及已达退休年龄但未享受退休待遇的用工关系认定

## ——承某与南京某油运公司劳动纠纷案

关键词 非全日制劳动用工 超龄用工 用工管理

### 基本案情

2017 年 6 月 1 日，承某至南京某油运公司从事厨师工作，月均工资 5000 元。承某签字确认的签到表显示，承某一般每周一至周五 8 时至 13 时在岗，部分周末承某也到岗工作半日。

为解决公司人员住房需求，南京某油运公司以优惠价出租住房给本公司人员，承某与南京某油运公司签署的《房屋租赁合同》已于 2020 年 12 月 31 日到期，经公司多次催告，承某未签订新的《房屋租赁合同》，也拒不退还房屋，且自 2021 年 1 月 1 日起未支付房租。

2021 年 1 月 7 日，南京某油运公司通知解除劳动关系。

2021 年 1 月 13 日，承某向劳动人事争议仲裁委员会申请仲裁，但因超过法定退休年龄而被驳回。

同日，承某向法院提起诉讼，请求确认 2017 年 6 月 1 日至 2021 年 1 月 7 日双方存在劳动关系，并请求法院裁决南京某油运公司支付其经济补偿5000元×4=20 000元。

本案主要法律争议在于：一是由于承某签字确认的签到表显示一般8时至13时在岗，已超过了法律规定的非全日制劳动用工4小时的工作时长，因此承某是否属于非全日制劳动用工？二是已达退休年龄但未享受退休待遇员工的劳动合同是否可无条件解除？

## 法律分析

### （一）非全日制劳动关系的认定与履行

《劳动合同法》第71条规定，非全日制用工双方当事人任何一方都可以随时通知对方终止用工。终止用工，用人单位不向劳动者支付经济补偿。

根据上述法律规定，本案在认定双方构成非全日制用工法律关系的前提下，南京某油运公司可以随时通知承某终止用工，且不需向承某支付经济补偿，承某的诉讼请求将无法得到支持。

在司法实践中，认定某一劳动关系是否属于非全日制劳动关系，一般依据劳动关系履行过程中的工作时间与工资发放是否符合法定非全日制劳动关系特点进行综合判断。

1. 工作时间

《劳动合同法》第68条规定，非全日制用工，是指以小时计酬为主，劳动者在同一用人单位一般平均每日工作时间不超过4小时，每周工作时间累计不超过24小时的用工形式。

需要注意的是，《江苏省劳动合同条例》第41条明确非全日制用工不适用带薪年休假、加班加点、医疗期等规定。用人单位和劳动者另有约定的除外。江苏省高级人民法院《劳动争议案件审理指南》规定，非全日制不能简单以工作时间来判断是否属于加班，应当将工作时间看作是否属于非全日制的重要判断标准。因此，经协商一致，劳动者从事非全日制工作的，无论是法定休息日，还是法定节假日工作的，均不认定是加班。对于每周超过24小时的非全日制用工，不是支付加班费的问题，而是认定为非全日制用工不成立，认定为全日制用工，按全日制用工适用《劳动法》《劳动合同法》的有关权利和义务。因此，在劳动者工作时间明显高于法定水平时，存在被认定为全日制劳动关系的风险，相对应地，用人单位可能被要求支付未签订劳动合同双倍工资差额、加班工资、经济补偿或赔偿金等。

## 参考案例

**案例一：**工作时间远超法定时间的，即便签署非全日制劳动合同，也应当认定为属于全日制劳动关系——江苏省南京市中级人民法院（2020）苏01民终1863号

### 基本案情

2014年12月11日，余某入职好某家政公司从事家政服务工作，双方签署非全日制劳动合同。余某的工作方式是从手机App中接单为客户进行保洁，每单工作4小时，每单可获得报酬108元，好某家政公司每半个月发放一次工资。2018年8月5日至2019年8月4日，余某每月工作单数分别为49单、55单、53单、59单、58单、61单、38单、57单、54单、57单、56单、54单、5单，合计656单，其中有7单工作时间为法定节假日。2019年8月3日，余某通过EMS向好某家政公司送达解除劳动合同通知书，以未支付加班工资、未依法缴纳社会保险费为由，提出解除劳动合同。

### 裁决理由

南京市中级人民法院认为，判断是否属于全日制用工的主要标准就是劳动时间和计酬方式。本案中，好某家政公司虽然以小时计算劳

动报酬，每半月发放一次，但余某平均每天工作时间远超4小时，每周工作时间累计已远超24小时，虽然双方签订了非全日制劳动合同，但双方之间已不符合非全日制用工的特征，在实际履行中已经变更为全日制劳动关系。

本案中，由于承某每月签署的考勤表上写明“非全日制员工考勤表”，注明的工作时间为8时至13时，经与南京某油运公司确认，工作时间包含1小时午休时间，所以每天实际工作时间不超过4小时。承某每周工作时间不超过6天，因此每周不超过24小时。

---

2. 工资支付

《劳动合同法》第72条规定，非全日制用工小时计酬标准不得低于用人单位所在地人民政府规定的最低小时工资标准。非全日制用工劳动报酬结算支付周期最长不得超过15日。原劳动和社会保障部《关于非全日制用工若干问题的意见》规定，非全日制用工的工资支付可以按小时、日、周或月为单位结算。

本案中，南京某油运公司采用月结方式支付承某工资，并没有采用半月结算一次的方式。但由于工资支付周期并不是认定非全日制用工最主要的依据，所以，并不影响承某属于非全日制用工的认定。

3. 非全日制用工的注意事项

实体层面，用人单位注意遵循法律关于劳动时间的规定，非全日制用工每日不超过4小时，每周不超过24小时；工资支付最长周期不超过15日。

程序层面，江苏省高级人民法院、省劳动人事争议仲裁委员会关于印发《关于审理劳动人事争议案件的指导意见（二）》第9条规定，用人单位与劳动者未订立书面劳动合同，用人单位主张双方为非全日制用工关系的，应由用人单位对其主张负举证责任。用人单位与劳动者已订立了书面非全日制劳动合同，劳动者主张双方为全日制用工关系的，应由劳动者对其主张负举证责任，但与争议事项有关的证据属于用人单位掌握管理，用人单位不提供的除外。因此，用人单位在对非全日制员工进行管理过程中，须注意留痕与证据保存：

（1）签署书面劳动合同。明确约定双方适用非全日制用工劳动制度，明确约定每日工作时长、每日休息时间、每周工作天数、薪酬结算周期。

（2）制作签呈表。员工每日结束工作时，需签字确认。

## （二）已达到退休年龄未享受退休待遇员工管理

《劳动合同法》第44条规定，劳动者开始依法享受基本养老保险待遇的，劳动合同终止。

《劳动合同法实施条例》第21条规定，劳动者达到法定退休年龄的，劳动合同终止。

最高人民法院《关于审理劳动争议案件适用法律问题的解释（一）》第32条规定，用人单位与其招用的已经依法享受养老保险待遇或者领取退休金的人员发生用工争议而提起诉讼的，人民法院应当按劳务关系处理。

根据上述规定，可以确定的是，依法享受养老保险待遇或者领取退休金人员再就业情形下，劳动合同已终止，双方之间不存在劳动关系，按照劳务关系处理。但仍然存在争议的是，已经达到法定退休年龄，但尚未享受退休待遇的员工按照劳动关系还是劳务关系进行处理？对此，司法审判中的主流观点是认定为劳动关系。但对于此种劳动关系下，用人单位有无合同终止权，尚存争议。

最高人民法院民事审判第一庭庭长郑学林在《〈关于审理劳动争议案件适用法律问题的解释（一）〉几个重点问题的理解与适用》[①] 文章中提出，可以将《劳动合同法实施条例》第21条规定视为《劳动合同法》第44条第6项规定的“法律、行政法规规定的其他情形”。该条规定虽然赋予了用人单位在劳动者达到法定退休年龄时对劳动关系的终止权，但是并不意味着劳动关系自动终止。人民法院应当对该条规定适用情形作实质审查，对于达到法定退休年龄，但是非因用人单位原因不能享受基本养老保险待遇的，例如前述另一种意见中出现的情况，可以终止劳动关系；对于达到法定退休年龄，但是因为用人单位原因不能享受基本养老保险待遇的，不能随意终止劳动关系。

---

① 郑学林、刘敏等：《〈关于审理劳动争议案件适用法律问题的解释（一）〉几个重点问题的理解与适用》，载《人民司法》2021年第7期。

## 参考案例

**案例二：** 劳动者未能提供证据证明其已经社会保险经办机构确定其不能补办，且系用人单位导致其无法享受社会保险待遇的，用人单位可以与已达退休年龄未享受退休待遇的劳动者终止劳动关系——宁夏回族自治区高级人民法院（2015）宁民终字第6745号

### 基本案情

张某自2010年3月8日入职某土菜馆，至2014年4月5日年满60周岁，并于2015年3月30日离职。张某于2015年5月18日向南京市江宁区劳动人事争议仲裁委员会提起仲裁，该仲裁委员会于2015年5月25日作出宁劳人仲不受字（2015）第322号《不予受理通知书》。张某在法定期限内向原审法院提起诉讼，要求判令某土菜馆支付赔偿金27,630元。

### 裁决理由

劳动者是否享受基本退休待遇是确定劳动合同关系是否自然终止的重要条件。本案中，张某自2010年3月8日入职某土菜馆，至2014年4月5日年满60周岁，至今未享受基本退休待遇，且一直工作至2015年3月30日，因此，张某与某土菜馆自2010年3月8日至2015年3月30日存在劳动关系。《劳动合同法实施条例》第21条则规定："劳动者达到法定退休年龄的，劳动合同终止。"因此，在劳动者达到法定退休年龄，却未享受退休待遇情形下，用人单位可以与其终止劳动关系，但应当依法向其支付经济补偿。

需要说明的是，2015年案例中法院判决用人单位终止劳动关系，需支付经济补偿，但目前南京地区司法裁判尺度已经发生变化，如（2020）苏01民终9315号、（2018）苏0106民初3724号案件中，法

院认为，对于已达到退休年龄但未享受退休待遇的，用人单位有权终止劳动关系，但无须支付经济补偿。

本案中，如果被认定为是全日制劳动关系，因承某尚未享受退休待遇，那么南京某油运公司很有可能需要进行相应的赔偿。针对这一情况，承办律师未将此作为主要抗辩理由，并针对“已达退休年龄尚未享受退休待遇员工群体”，向南京某油运公司提出以下建议：

1. 招聘已达退休年龄的员工，需尽量招聘已享受退休待遇人员，这样发生纠纷时，可以用劳务关系处理。

2. 原招聘入职已达到退休年龄但未享受退休待遇的员工，及时与员工协商解除劳动合同或终止协议，如仍需员工到岗，重新签订劳务合同。

3. 这类员工入职后，建议为员工购买商业险，如雇主责任险、团体意外险等。

## 胜诉指引

受理本案后的研究过程中，承办律师发现本案存在一定的诉讼风险。

从非全日制用工认定角度来看，虽然用人单位已经具备一定法律意识，制作了非全日制员工签到表并要求员工签字确认。但是，由于签到表上明确的工作时间为8时至13时，超过4小时，虽然用人单位主张中午有1个小时午休时间，但很难举证证明。为降低诉讼风险，承办律师向南京某油运公司了解有关情况后，向法院补充如下事实：承某经公司物业分公司在《现代快报》上刊登招聘信息、现场组织面试、试岗合格后，于2017年6月起在某公司工作。同期招聘的员工，目前仍有两人在岗，并都认可非全日制劳动关系。某公司在招聘时已向承某说明工作时间。因食堂工作的特殊性，周六安排3名厨师轮班，排班前会与员工进行确认，每周工作时间低于24小时，这样奠定了本案可以获得妥善解决的基础。

为进一步降低败诉风险，承办律师积极推动并期待能通过调解方式解决本案。本案中，为解决公司人员住房需求，南京某油运公司以优惠价出租住房给本公司人员，承某与南京某油运公司签署的《房屋租赁合同》已于2020年12月31日到期，经公司多次催告，承某未签署新的《房屋租赁合同》，也拒不退还房屋。南京某油运公司希望承某搬离房屋，并支付房屋占有使用费。此纠纷属于房屋租赁合同纠纷，并非劳动争议案件审理范围，非劳动争议纠纷原则上不能在劳动争议案件中并案处理，但承办律师仍将此作为答辩意见之一提出，目的是以此作为谈判调解的筹码。在承办律师的推动下，本案最终以调解方式妥善解决。

# 第二章

# 劳动合同的订立、履行、变更与管理

# 公司违法解除劳动合同，劳动者要求继续履行被驳回

## ——某机械有限公司与申某劳动合同纠纷案

关键词 劳动合同 违法解除 恢复劳动关系 继续履行

### 基本案情

2016年11月6日，某机械有限公司（以下简称某机械公司）向申某发出录用通知书，聘请申某担任中国区IT经理。申某于2016年11月21日到某机械公司工作，双方签订了劳动合同，合同期限为3年，自2016年11月21日起至2019年11月20日止；试用期为6个月，至2017年5月20日止；申某的工资40,000元/月，交通补贴1500元/月。

2017年4月28日，某机械公司向申某发出试用期解除劳动合同通知书，称对其试用期工作进行了评估，工作表现未能符合目前岗位要求，某机械公司将于2017年4月28日解除与申某的劳动合同，要求申某前往人力资源部办理离职手续。当日，申某签收了该通知书，并注明“本人签字仅代表已收到该函件”。

申某认为，某机械公司是违法解除劳动合同。某机械公司以自己内部的评

估报告作为解除合同的主要依据是不客观的，申某对评估报告的内容不认可。某机械公司解除合同的程序违法，员工手册制定没有经过相应的民主程序，解除合同未通知工会。申某要求恢复劳动关系并继续履行劳动合同。

某机械公司认为，申某在试用期的表现不符合录用条件，公司在试用期内解除与申某劳动合同的理由符合法律规定。申某缺乏网络安全意识，带头违反IT操作流程，共享密码，给公司网络安全带来巨大风险。试用期内，申某负责的区域发生多起网络事故，申某明显无法承担相应的岗位职责。某机械公司在本案起诉前曾将解除劳动合同的理由通知开发区工会，开发区工会未提出异议，解除程序合法。申某主张恢复劳动关系、继续履行劳动合同没有依据。中国区IT经理是非常重要的岗位，公司在依法解除与申某的劳动合同后，已经聘任新的中国区IT经理，客观上不具备与申某恢复劳动关系、继续履行劳动合同的可能。

本案争议焦点为：(1) 某机械公司在试用期内解除申某劳动合同是否符合法律规定？(2) 申某要求恢复劳动关系、继续履行劳动合同是否应得到支持？

本案经过劳动仲裁、法院一审，法院认为，综合本案申某与某机械公司提供的往来邮件、证人证言等证据，某机械公司的举证不足以证明申某在试用期内不符合录用条件，某机械公司解除与申某的劳动合同系违法解除。申某要求恢复劳动关系并继续履行劳动合同，但某机械公司明确表示不同意，根据《劳动合同法》第48条的规定，双方之间的劳动合同已无法继续履行，经法院向申某进行释明，申某表示仍坚持其诉讼请求不予变更，故法院对申某要求恢复劳动合同并继续履行劳动合同的诉讼请求，依法不予支持。

## 法律分析

### (一) 用人单位解除劳动合同的法律依据

为了保护劳动者合法权益，限制用人单位任意解除劳动合同，《劳动合同法》对用人单位单方面解除劳动合同的情形做了列举。

《劳动合同法》第39条规定："劳动者有下列情形之一的，用人单位可以解除劳动合同：（一）在试用期间被证明不符合录用条件的；（二）严重违反用人单位的规章制度的；（三）严重失职，营私舞弊，给用人单位造成重大损害的；（四）劳动者同时与其他用人单位建立劳动关系，对完成本单位的工作任务造成严重影响，或者经用人单位提出，拒不改正的；（五）因本法第二十六条第一款第一项规定的情形致使劳动合同无效的；（六）被依法追究刑事责任的。"

《劳动合同法》第40条规定："有下列情形之一的，用人单位提前三十日以书面形式通知劳动者本人或者额外支付劳动者一个月工资后，可以解除劳动合同：（一）劳动者患病或者非因工负伤，在规定的医疗期满后不能从事原工作，也不能从事由用人单位另行安排的工作的；（二）劳动者不能胜任工作，经过培训或者调整工作岗位，仍不能胜任工作的；（三）劳动合同订立时所依据的客观情况发生重大变化，致使劳动合同无法履行，经用人单位与劳动者协商，未能就变更劳动合同内容达成协议的。"

实践中，对于"不符合录用条件""严重违反""重大损害""严重影响""不能胜任工作""客观情况发生重大变化"等法定情节缺乏统一的认定标准，导致用人单位单方面合法解除劳动合同的难度很大。

### （二）用人单位解除劳动合同的程序要求

用人单位解除劳动合同不仅要有事实依据和法律依据，还需要履行法定程序，否则会因为程序不合法被认定为违法解除。

《劳动合同法》第43条规定："用人单位单方解除劳动合同，应当事先将理由通知工会。用人单位违反法律、行政法规规定或者劳动合同约定的，工会有权要求用人单位纠正。用人单位应当研究工会的意见，并将处理结果书面通知工会。"

对于此规定，在不同地区裁判口径存在差异，有的认为用人单位没有工会就无须通知，有的认为用人单位没有工会就通知所在地工会，还有的认为用人单位没有工会时可以采取听取职工代表意见的方式进行替代。

《江苏省劳动合同实施条例》第31条第2款规定："用人单位单方解除劳动合同，应当事先将理由通知工会；用人单位尚未建立工会的，通知用人单位所在地工会。"

## （三）未事先通知工会的补救方法

用人单位单方解除劳动合同，如果没有事先将理由通知工会，可以在起诉前补正，错过这个机会，就难逃承担违法解除的不利后果。

最高人民法院《关于审理劳动争议案件适用法律问题的解释（一）》第47条规定："建立了工会组织的用人单位解除劳动合同符合劳动合同法第三十九条、第四十条规定，但未按照劳动合同法第四十三条规定事先通知工会，劳动者以用人单位违法解除劳动合同为由请求用人单位支付赔偿金的，人民法院应予支持，但起诉前用人单位已经补正有关程序的除外。"

## （四）恢复劳动关系和继续履行劳动合同并不是无条件的

《劳动合同法》第48条规定："用人单位违反本法规定解除或者终止劳动合同，劳动者要求继续履行劳动合同的，用人单位应当继续履行；劳动者不要求继续履行劳动合同或者劳动合同已经不能继续履行的，用人单位应当依照本法第八十七条规定支付赔偿金。"

在劳动者要求继续履行劳动合同的情况下，判断劳动合同能否"继续履行"，应当区分不同情况作出处理：

1. 用人单位同意继续履行劳动合同

劳动者要求继续履行，用人单位又同意继续履行，应当尊重意思自治，继续履行劳动合同。

2. 用人单位不同意继续履行劳动合同，但客观上可以继续履行

根据《劳动合同法》第48条的规定，用人单位违法解除或终止劳动合同时，只有劳动者可以选择是否要求继续履行劳动合同，用人单位没有选择权。所以，只要客观上可以继续履行劳动合同，应当支持劳动者的请求。

## 参考案例

**案例一：** 女工意外怀孕被用工单位解聘，用工单位被判恢复劳动关系
——安徽省合肥市中级人民法院2015～2016年度劳动争议典型案例

### 基本案情

2011年8月，黄某某（已育有一孩）入职安徽某房地产公司工作。2014年1月5日，黄某某发现自己意外怀孕，同月6日，安徽某房地产公司以黄某某违反计划生育政策为由，解除劳动合同，并停止支付工资及补贴，黄某某于2014年1月10日申请劳动仲裁，并于同年1月13日进行了终止妊娠手术。此后黄某某又诉至蜀山区人民法院。蜀山区人民法院依法判决，黄某某与安徽某房地产公司之间的劳动关系恢复，安徽某房地产公司补发黄某某待岗期间的工资，并补缴相关社会保险费用。一审判决后，双方当事人均未上诉。

### 裁决理由

法院认为，安徽某房地产公司将女工黄某某意外怀孕直接视为违反计划生育政策，并解除劳动关系，侵害了女工的合法权益。《劳动合同法》第48条规定："用人单位违反本法规定解除或者终止劳动合同，劳动者要求继续履行劳动合同的，用人单位应当继续履行；劳动者不要求继续履行劳动合同或者劳动合同已经不能继续履行的，用人单位应当依照本法第八十七条规定支付赔偿金。"本案中原告黄某某请求继续履行劳动合同，故依法作出上述判决。

---

3. 用人单位不同意继续履行劳动合同，客观上也无法继续履行

当劳动者属于高级管理人员或高级技术人员时，这种情况出现的概率会比较大。高级管理人员或高级技术人员的岗位一般不能长期空缺，且岗位相对稀

缺。劳动者被解除劳动合同后往往新的人员会很快到岗，原岗位不再空缺，不具备继续履行的条件。

本案就属于这一种情况。申某主张恢复劳动关系、继续履行劳动合同。公司的抗辩理由是，中国区 IT 经理是非常重要的岗位，公司在依法解除与申某的劳动合同后，已经聘任新的中国区 IT 经理，客观上不具备与申某恢复劳动关系、继续履行劳动合同的可能。法院最终采信了公司观点。

## 参考案例

**案例二：**高管主张恢复劳动关系的，应严格审查是否具备继续履行的客观条件——2021 年上海市第一中级人民法院《涉高管劳动争议案件审判白皮书》发布典型案例

### 基本案情

2018 年 9 月 17 日，陈某入职某公司。陈某、某公司订立劳动合同，约定陈某担任资管部总经理，月工资 50,000 元，有效期为 2018 年 9 月 17 日至 2020 年 9 月 16 日，其中“前二个月为试用期”。2018 年 11 月 2 日，某公司向陈某发送书面通知，以陈某“在试用期间被证明不符合录用条件”为由，通知陈某解除劳动合同，双方劳动关系于 2018 年 11 月 2 日解除。2018 年 11 月 3 日，某公司与案外人韩某续签劳动合同，约定韩某担任资管部总经理。2018 年 12 月 10 日，陈某申请仲裁，要求某公司恢复劳动关系并支付恢复期间的工资。仲裁裁决对陈某的请求事项未予支持。

一审法院认为，本案中，某公司主张陈某在试用期内表现不符合录用条件，但某公司并无证据证明其与陈某约定了具体录用条件，其现有证据也难以证明陈某存在违反公司管理规定应解除劳动合同的行为，故公司以“试用期内不符合录用条件”为由解除劳动合同，属违法解除。本案中，某公司以陈某工作内容及岗位已由他人代为履行为

由拒绝恢复劳动关系，并且提供了相应的证据加以佐证，一审法院对此予以采信。由于陈某原岗位已经由他人代替，客观上导致了双方的劳动合同不能继续履行，陈某要求恢复与某公司劳动关系并支付工资的诉讼请求，不予支持。陈某不服，上诉至上海市第一中级人民法院。

**裁决理由**

上海市第一中级人民法院认为，在公司违法解除劳动合同的前提下，判断双方劳动关系能否恢复的关键在于是否具备继续履行原劳动合同的客观条件。公司以陈某原岗位已被案外人韩某代替为由拒绝恢复与其的劳动关系，为此提供了公司与韩某的劳动合同、岗位变动记录、劳动合同续签记录、公司的任命书等相关证据予以佐证。某公司、陈某双方均确认陈某原所在的岗位仅设置一位人员，鉴于该岗位已于2018 年 11 月 3 日起由他人任职，导致陈某与某公司原劳动合同不具备继续履行的客观条件，故双方劳动关系难以恢复。上海市第一中级人民法院维持原判。

---

实践中，如果用人单位经营出现异常，如陷入停产状态，进入清算程序等情况，也会导致劳动合同客观上无法继续履行。

## 胜诉指引

### （一）尊重委托人合法需求，选择最佳诉讼策略

本案中的公司是一家美资企业，在中国有 3 家关联公司，对中国区 IT 经理这个岗位的要求比较高。

承办律师仔细查阅了申某与公司其他管理人员的所有中、英文电子邮件，结合其他证据全面分析案情后，告知公司解除申某劳动合同的理由不充分，并

征求公司意见，如果必须二选一，是选择恢复劳动关系继续履行劳动合同还是支付违法解除劳动合同的赔偿金。公司回复的意见是可以支付赔偿金，但不能继续履行劳动合同。

根据公司的意见，承办律师告知公司不能继续履行劳动合同的法定情形及案件管辖法院的裁判口径，并制定了相应的诉讼策略。

### （二）运用大数据，准确掌握法院裁判口径

法律规定在全国适用，这是毫无疑问的，但不容忽视的是，法律规定中具体事实的认定在不同地区的法院可能存在很大差别。为了制定最为有效的诉讼策略，提升抗辩成功率，承办律师团队通过大数据分析锁定了案件审理法院及其上级法院的裁判口径，有的放矢，为案件顺利进行打下了基础。

### （三）精心组织证据，方便案件审理

由于涉案公司是美资企业，案件证据中涉及大量英文邮件。为了方便法官查看证据，承办律师不仅做了证据目录，在每页证据上打上页码，还对所有英文证据做了中英文对照版。庭审中，对方律师不禁感叹，“您的英文水平真不错!”

经过审理，虽然公司解除劳动合同的合法性因解除理由先天不足未被法院认定，但法院采纳了承办律师的观点，认为双方之间的劳动合同已无法继续履行，驳回了申某的该诉请。公司的诉讼目标顺利达成。

# 劳动合同是劳动者维权的制胜法宝

## ——徐某与常熟某电力公司劳动争议案

**关键词** 劳务派遣　用工单位　劳动合同　工龄年限

### 基本案情

2005年10月，徐某到常熟某电力公司（以下简称某电力公司）工作，从事检修员一职。徐某在任职期间，为公司尽心尽力，听从领导的安排，多次被安排至江苏省各个市、县驻点工作，时而也会安排徐某回该公司本部工作。因徐某优异的工作表现，某电力公司准备长期任用徐某，便与徐某协商，为其缴纳社会保险。徐某得知该消息后，甚是欣喜。

2007年3月15日，该公司告知徐某，已开始为其缴纳社会保险。徐某至当地社会保险基金管理中心查询，果然有缴纳社会保险的记录。徐某认为，这是公司对他的信任与器重。之后的岁月里，徐某更是全身心地投入工作中。

2019年6月22日，54周岁的徐某因长期连续加班，在工作中突发心痛，被同事送至医院。入院后，徐某被诊断为急性广泛前壁心肌梗死Killip Ⅱ级，医生当即为徐某进行了冠状动脉药物涂层支架置入手术。经医生的及时抢救，徐某的生命并无大碍。之后，徐某便病假休养。

2020年3月，徐某向公司领导申请回原岗位继续工作，但被领导告知，因徐某已年满55周岁，不适应原岗位的工作强度，要求徐某立即向公司提出离职申请，否则，公司将停发2020年4月及之后的工资。徐某接到领导的通知后，十分不解，便多次找领导沟通，但每次都得到同样的答复。

2020年5月14日，该公司领导通过微信，向徐某发送了一份《劳动合同解除协议书》，该份协议书中的大致内容为，双方协商解除劳动合同，公司额外支付徐某12个月的工资。徐某收到该信息后，跑至领导办公室，表明不同意签署该份协议书，同时，又提出该份协议书的主体为第三方公司，并不是某电力公司的疑惑。但领导却态度强硬，表示徐某要不就签字，要不就去劳动仲裁委员会申请劳动仲裁。

2020年5月25日，徐某直接向当地劳动人事争议仲裁委员会申请了劳动仲裁，将第三方公司"告"上了仲裁庭，提出第三方公司向徐某支付未签订劳动合同的双倍工资、违法解除劳动关系赔偿金、6个月的医疗补助金、2019年的加班工资等仲裁请求，总计28万余元。

开庭前几天，徐某找到我们作为其代理律师，双方就现有的证据材料，对案情进行了深入的分析。徐某认为：从入职时起，一直在某电力公司工作，现该公司因徐某的身体原因单方不再聘用，该公司的行为属于违法解除劳动关系。经我们了解案情，并结合证据材料向徐某进行法律风险告知后，徐某才知晓最终结果可能与他的预期值相差甚大。随后，我们与徐某一同至当地社会保险基金管理中心查询后，发现自2007年3月起至2020年3月，徐某的社会保险分别由多家不同的单位缴纳，最近缴纳社会保险的一家单位即为《劳动合同解除协议书》中载明的第三方公司。

劳动仲裁庭审期间，第三方公司提供了由徐某签字的残缺劳动合同复印件以及为徐某缴纳社会保险的证明。劳动仲裁委员会组织双方进行调解，徐某以第三方公司一次性支付10万元款项为方案，欲协商解决此事，但第三方公司只愿支付5万元，为此，双方未能协商达成一致。嗣后，劳动仲裁委员会见双方仍未能协商一致，便作出裁决，裁定徐某与第三方公司之间存在劳动关系，且双方的劳动关系仍处于存续期间。根据第三方公司提交的劳动合同以及参保证明等证据来看，虽然显示徐某自2016年4月起入职此公司，但徐某在某电力公司的工作年限应当延续至第三方公司。2019 年期间，第三方公司确实有未向徐某支付加班工资，也未安排调休的情形，故该第三方公司应当向徐某支付 2019 年的加班工资。

徐某收到劳动仲裁裁决书后，便以劳动仲裁委员会认定双方的劳动关系还没有解除为由，欲回原岗位工作。但是，却被某电力公司无理由拒之门外。徐某一气之下，便起诉至当地人民法院，要求以某电力公司为共同被告。同时，要求该公司为徐某缴纳自入职时起至今的住房公积金。虽然，徐某在一审民事起诉状中的诉讼请求总金额高达 36 万余元，但是，其心中早已认识到自身法律意识淡薄，没有保留足额的证据材料，其本着争取让公司支付 10 万元补偿款以解决此事的想法，继续委托我们代为诉讼。

一审法院开庭时，某电力公司抗辩称：徐某与劳务派遣公司之间存在劳动关系，与某电力公司不存在劳动关系，某电力公司系用工单位，而非用人单位。一审法官当庭认为：在劳动仲裁时，徐某以第三方公司为被申请人，现徐某以某电力公司为被告，因未经过劳动仲裁前置程序，故应当驳回徐某的起诉。但一审法官考虑到徐某为较弱势的劳动者一方，同时，为避免徐某受诉累之苦，并未当庭作出裁定，而是进行了调解。经承办律师与一审法官多次沟通后，最终，以第三方公司向徐某支付 12 万元的补偿款，并且徐某还可自行至住房公积金管理中心进行申诉为果，妥善解决了徐某与用人单位之间的纠纷。

## 法律分析

### （一）劳动者在空白的格式合同落款处签字的法律后果

《民法典》第 497 条规定：“有下列情形之一的，该格式条款无效：（一）具有本法第一编第六章第三节和本法第五百零六条规定的无效情形；（二）提供格式条款一方不合理地免除或者减轻其责任、加重对方责任、限制对方主要权利；(三) 提供格式条款一方排除对方主要权利。"

本案中，徐某在庭审时自称，某电力公司交付其签字的劳动合同为空白的格式合同，且签字时并没有合同主体的信息。但根据徐某与第三方公司签订的劳动合同内容来看，该份合同并不存在《民法典》第497条规定的情形。同时，徐某作为完全民事行为能力人，其与第三方公司签订劳动合同的行为，应视为其将自己协商劳动合同具体内容的权利自愿交予第三方公司。

因此，徐某与第三方公司签订的劳动合同合法有效。

### (二) 本案中，某电力公司以第三方派遣公司的名义与徐某签订劳动合同，为徐某缴纳社会保险后，各自的法律关系应如何认定

《劳动合同法》第58条第1款规定："劳务派遣单位是本法所称用人单位，应当履行用人单位对劳动者的义务。劳务派遣单位与被派遣劳动者订立的劳动合同，除应当载明本法第十七条规定的事项外，还应当载明被派遣劳动者的用工单位以及派遣期限、工作岗位等情况。"

原劳动和社会保障部于2005年5月25日发布的《关于确立劳动关系有关事项的通知》第2条规定："……二、用人单位未与劳动者签订劳动合同，认定双方存在劳动关系时可参照下列凭证：(一) 工资支付凭证或记录 (职工工资发放花名册)、缴纳各项社会保险费的记录；(二) 用人单位向劳动者发放的'工作证''服务证'等能够证明身份的证件；(三) 劳动者填写的用人单位招工招聘'登记表''报名表'等招用记录；(四) 考勤记录；(五) 其他劳动者的证言等。其中，(一)、(三)、(四) 项的有关凭证由用人单位负举证责任。"

基于上述规定，结合本案来看，自2007年3月起，虽然徐某一直处于受某电力公司的管理和安排工作内容，但在该期间，分别有多家单位为徐某缴纳社会保险，且从未中断或者中止过，因此，在没有其他证据足以证明徐某与某电力公司存在劳动关系的前提下，法院有可能会认定徐某分别与这几家单位在相应的时间段里存在劳动关系，某电力公司为被派遣公司，系用工单位，而非用人单位，与徐某之间不存在劳动关系。

## 参考案例

### 案例一：劳动用工与劳务派遣认识不一致时，如何判断用人单位和用工单位

#### 基本案情

任某于1999年12月1日至江苏某客运集团有限责任公司担任驾驶员，与该公司签订了两期劳动合同，合同期限分别为2006年1月1日至12月31日、2007年1月1日至12月31日。

2005年10月，江苏某客运集团总公司在南京市政府主导下改制为现江苏某客运集团有限责任公司，任某不在当时的企业改制职工名册内。2006年1月16日，江苏某客运集团有限责任公司出资1958万元设立了甲公司。2008年1月8日，江苏某客运集团有限责任公司出资350万元，乙公司出资150万元，共同设立了丙公司。2008年9月8日，丙公司出资300万元，甲公司出资200万元，共同设立了南京某客运有限公司。

2012年3月，任某与南京某人力资源开发服务有限公司（以下简称某人力公司）签订了劳动合同，合同期限为2012年3月9日至2014年2月28日，并被派遣至南京某客运有限公司任驾驶员。

1993年1月至1996年7月，任某社保缴费单位为丁公司；2005年7月至2008年1月社保缴费单位为江苏某客运集团有限责任公司；2008年2月至12月社保缴费单位为南京某人力资源开发服务有限公司；2009年1月至2010年7月系个人参保；2010年8月至申请仲裁之日，社保缴费单位为南京某人力资源开发服务有限公司。

江苏某客运集团有限责任公司经南京市人社局审核后发放特殊工时工作制许可证，自2007年8月起，江苏某客运集团有限责任公司营运驾驶员实行不定时工作制。

嗣后，任某向当地劳动仲裁委员会申请仲裁，要求江苏某客运集团有限责任公司向其支付未签订劳动合同的双倍工资差额等。

**裁决理由**

关于江苏某客运集团有限责任公司是否应当支付未签订无固定期限劳动合同的双倍工资问题，任某自 1999 年 12 月 1 日至江苏某客运集团有限责任公司工作，并于 2006 年、2007 年相继签订了两份为期各一年的劳动合同，2008 年 1 月劳动合同法实施以后，任某于 2012 年 3 月与某人力公司签订了劳动合同，由某人力公司派遣至江苏某客运集团有限责任公司的关联企业南京某客运有限公司工作，南京某客运有限公司基于与某人力公司之间签订的劳务派遣协议接受了任某提供的劳动。虽然任某与某人力公司签订的劳动合同被二审法院认定无效，但任某与某人力公司签订了劳动合同的事实客观存在。而根据任某自认，任某在不知用人单位为某人力公司的情况下，对江苏某客运集团有限责任公司交给其的空白劳动合同的内容予以了签字确认；且从社保缴费情况反映，2008 年 2 月至 12 月以及 2010 年 8 月至申请仲裁之日社保缴费单位为某人力公司，2009 年 1 月至 2010 年 7 月系任某个人参保，双方劳动关系曾经发生中断，故任某对未能签订无固定期限劳动合同亦有过错。在任某与某人力公司签订的劳动合同没有被依法确认为无效的情况下，江苏某客运集团有限责任公司是否应当与任某签订书面劳动合同，处于不确定状况。因此，在任某与某人力公司签订的劳动合同没有被依法确认为无效之前，江苏某客运集团有限责任公司不应承担支付双倍工资的责任。

---

### （三）本案中，徐某的工作年限（工龄）如何计算

最高人民法院《关于审理劳动争议案件适用法律问题的解释（一）》第 46 条规定："劳动者非因本人原因从原用人单位被安排到新用人单位工作，原用人单位未支付经济补偿，劳动者依据劳动合同法第三十八条规定与新用人单位解

除劳动合同，或者新用人单位向劳动者提出解除、终止劳动合同，在计算支付经济补偿或赔偿金的工作年限时，劳动者请求把在原用人单位的工作年限合并计算为新用人单位工作年限的，人民法院应予支持。”

本案中，徐某自2005年10月入职某电力公司，并担任检修员一职。虽然徐某在工作期间被该电力公司安排至江苏省内各地区驻点工作，但时而也会被该电力公司召回本部工作。同时，就第三方公司所述的自2016年4月起，徐某入职第三方公司后，其工作地点仍然为该电力公司本部，工作岗位仍然为检修员。另外，根据第三方公司出具给徐某的《劳动合同解除协议书》中写明的补偿12个月的工资来看，如果徐某入职第三方公司仅4年左右，而第三方公司却愿意支付超过双倍经济补偿的金额与徐某解除劳动合同，显然与常理不符。与此同时，徐某提交的工作牌、通行证均显示，工作单位为该电力公司。基于以上情形，应当是属于非因劳动者本人原因从原用人单位被安排到新用人单位工作的情形，故应把徐某在原单位的工作年限合并计算为徐某的工作年限。

## 参考案例

**案例二：**用人单位与劳动者订立转移劳动关系三方协议，新旧单位的工作年限合并计算——2018年度苏州市劳动人事争议十大典型案例

### 基本案情

吕某于2010年1月1日进入甲公司工作，双方订立了书面劳动合同，2014年7月20日（吕某在甲公司劳动合同履行期间），甲公司、吕某与乙公司三方签署了转移劳动关系协议，载明：甲公司与吕某之间的劳动合同关系自2014年8月1日起转移至乙公司名下，转移后吕某工作场所、工作职位、薪酬福利待遇不变。

2014年8月1日，吕某与乙公司建立了劳动关系，并于当日订立了

劳动合同，期限自2014年8月1日起至2017年12月31日止。劳动合同到期前，乙公司通知吕某，因合同期满不再续订劳动合同，并支付吕某在乙公司工作期间的经济补偿金29,847元。吕某认为，其在甲公司工作了4年零7个月，乙公司也应当支付经济补偿金，故诉至仲裁委员会。

**裁决理由**

仲裁委员会经审理认为，吕某在与甲公司劳动合同关系存续期间，通过三方劳动关系转移协议，约定吕某的劳动合同关系转移至乙公司名下，而吕某的工作场所、工作职位、薪酬福利等均未发生变化，可以视为“劳动者非因本人原因从原用人单位被安排到新用人单位工作”的情形。故在甲公司未对吕某进行经济补偿的情况下，乙公司依法应当对于吕某在甲公司的工作年限合并计算，并依法支付经济补偿金。最终仲裁委员会支持了吕某的仲裁请求。

---

### （四）本案中，徐某与某电力公司的劳动关系是否已解除

劳动者与用人单位之间的劳动关系提前解除的方式主要有：（1）双方协商一致提前解除；（2）用人单位单方提前向劳动者发出解除通知；（3）劳动者单方提前向用人单位发出解除通知。以上第一种情形，需经双方一致认可，或者签字确认；第二种、第三种情形，自解除通知到达对方，且客观上双方未再发生劳动关系的，则自解除通知到达对方时发生法律效力。

本案中，第三方公司以“协议”的方式，通过微信要求徐某签订《劳动合同解除协议书》，否则，将停发2020年4月的工资。徐某否决后，被某电力公司告知可直接至当地劳动仲裁委员会进行劳动仲裁。就这一系列事情经过来看，首先，双方肯定未能就解除劳动关系之事宜协商一致。其次，用人单位并未明确表示解除了与徐某之间的劳动关系，因为停发工资并不表示双方的劳动关系解除，而用人单位单方向徐某发送《劳动合同解除协议书》只能认为是一种磋商行为，而非解除行为。同时，要求徐某至劳动仲裁委员会进行劳动仲裁，只能认定为某电力公司告知了徐某维权的途径，亦不能表示双方的劳动关系解除。

因此，用人单位未单方向徐某发出解除劳动关系的通知。最后，徐某否决双方协商解除劳动关系，当然并不属于单方解除的行为。同时，徐某至劳动仲裁委员会进行劳动仲裁，并没有提出解除双方劳动关系的仲裁请求。因此，徐某亦没有向用人单位单方作出解除劳动关系的意思表示。综上，徐某与某电力公司之间仍处于劳动关系存续期间，双方的劳动关系并未解除。

### （五）本案中，徐某是否有权主张加班工资

《江苏省工资支付条例》第 20 条规定："用人单位安排劳动者加班加点，应当按照下列标准支付劳动者加班加点的工资：（一）工作日延长劳动时间的，按照不低于本人工资的百分之一百五十支付加点工资；（二）在休息日劳动又不能在六个月之内安排同等时间补休的，按照不低于本人工资的百分之二百支付加班工资；（三）在法定休假日劳动的，按照不低于本人工资的百分之三百支付加班工资。"

"前款第（一）项、第（三）项的加班加点工资支付周期自加班加点当日起最长不得超过一个月；第（二）项的加班工资支付周期自加班当日起最长不得超过六个月，但劳动合同履行期限不足六个月的，应当在劳动合同剩余时间内支付完毕。"

本案中，徐某长期处于加班状态，且某电力公司从未对徐某安排过调休。虽然某电力公司在庭审时辩称，徐某发生心肌梗死后的休假均属于加班加点后的调休，但某电力公司对此观点并没有证据予以证明。反倒是徐某在休假期间一直向某电力公司提供由医院出具的病假证明。因此，既然某电力公司未在法定期限内安排徐某调休，则徐某当然有权向某电力公司主张相应的加班工资。

### （六）本案中，徐某是否有权向人民法院提出要求某电力公司补缴住房公积金

《劳动争议调解仲裁法》第 2 条规定："中华人民共和国境内的用人单位与劳动者发生的下列劳动争议，适用本法：（一）因确认劳动关系发生的争议；（二）因订立、履行、变更、解除和终止劳动合同发生的争议；（三）因除名、辞退和辞职、离职发生的争议；（四）因工作时间、休息休假、社会保险、福

利、培训以及劳动保护发生的争议；（五）因劳动报酬、工伤医疗费、经济补偿或者赔偿金等发生的争议；（六）法律、法规规定的其他劳动争议。”

《住房公积金管理条例》第37条规定：“违反本条例的规定，单位不办理住房公积金缴存登记或者不为本单位职工办理住房公积金账户设立手续的，由住房公积金管理中心责令限期办理；逾期不办理的，处1万元以上5万元以下的罚款。”第38条规定：“违反本条例的规定，单位逾期不缴或者少缴住房公积金的，由住房公积金管理中心责令限期缴存；逾期仍不缴存的，可以申请人民法院强制执行。”

基于上述规定，徐某不应当通过诉讼的方式要求某电力公司为其补缴住房公积金，而应当向相应的住房公积金管理中心举报，以此来维权。

## 参考案例

**案例三：** 用人单位克扣劳动者住房公积金的，劳动者能否通过人民法院进行维权

### 基本案情

苏州某汽车有限公司通过劳务派遣的方式，实际雇用了刘某，派遣单位为苏州某人力资源有限公司。刘某在工作期间，用人单位苏州某人力资源有限公司未按公积金最新的缴费基数为其缴纳住房公积金。刘某知道后，便将用工单位苏州某汽车有限公司与用人单位苏州某人力资源有限公司一同起诉至法院，要求该两家公司为刘某补缴住房公积金34,272元。

### 裁决理由

法院经审查认为，劳动者请求增加公积金缴费基数，并按缴费基数补足公积金，属于劳动者与用人单位因住房公积金发生的争议，该争议不属于人民法院劳动争议案件的受案范围。法院遂裁定，对刘某的起诉，不予受理。

## 胜诉指引

本案由当事人自行向劳动仲裁委员会提出劳动仲裁后，再委托的代理律师。由于当事人的专业知识和诉讼经验稍逊，故在诉讼思路、证据材料的准备等方面，还有可提升的空间，也正是基于此，往往会使后期介入的律师处于被动状态，以致当事人的请求无法全部得到支持。

劳动者在入职时，一定要与用人单位签订劳动合同，在签订合同时，须仔细阅读内容，在签订合同后，务必自行留存一份合同的原件。

实践中，由于有些企业用工不规范，或者基于其他某些原因而不与劳动者签订合同，或者让劳动者在空白的格式合同上签字，而不留存一份合同原件给劳动者。对于此种情形，不仅劳动者的权益可能会受到侵害，而且因不规范的用工模式也可能会给企业带来不必要的损失。因此，当劳动者入职后的一个月内，用人单位就应当与劳动者签订劳动合同，并且一式多份，各自保留原件。这不仅是用人单位遵守法律规定的表现，也是对劳动者负责的表现。同时，劳动者应当主动向用人单位索要劳动合同原件，并且自留一份，这是劳动者对自我的一种负责。倘若今后发生劳动争议，劳动者就能以此作为证据来维护自身的合法权益。

劳动者认为用人单位侵害了自身的合法权益，应当立即请教具有专业知识的法律人士，必要时，应当立即聘请律师。

有些劳动者以其现有的知识，径自进行维权。殊不知，其主张的观点可能不符合法律规定，甚至有的劳动者自行维权的行为可能涉嫌违法。劳动者应当通过咨询专业法律人士，才能更好地维护自身的合法权益。

在本案中，徐某在未咨询、请教专业人士之前，径自向劳动仲裁委员会提出劳动仲裁，在临开庭前些天，才第一次与律师接触。律师听取徐某的讲述后，认为其仲裁思路有待改正，但为时已晚。以致在向人民法院提起诉讼的过程中，险些因起诉的请求内容与劳动仲裁的请求内容两者法律关系不一致、起诉的诉讼请求未经劳动仲裁前置程序而被法院驳回起诉。

无论签订任何类型的合同，必须将与自身利益有关的部分在合同中表述清晰后，再行签订。

常常听到、碰到有些人抱怨自己在签订合同时没有看内容就签字了，或者抱怨合同中的有些内容不是自己写的，以致后悔万分。

其实，仔细阅读合同内容，并将有歧义、有争议的部分商谈表述清晰后，更有利于合同各方当事人履行合同，也能避免合同当事人在履行合同过程中可能发生的纠纷。倘若合同中有需要填写的内容，则作为合同一方当事人，更应当将涉及自身利益的内容填写完整。倘若当事人在签订合同时，未填写完整与自身利益相关的内容，就在合同最后签字的，则视为对对方权利的无限放任，面临的可能会是于己不利的后果。作为一名完全民事行为能力人，就必须对自身的行为负责任。审慎对待合同，这不仅是对他人的尊重，更是对自我的尊重。

劳动者在维权过程中，必须诚信，尽可能地还原案件事实。做到“把事实交给法官”，信任法官，这样就会获得真正的公平、正义。

# 未签订劳动合同支付双倍工资的法律问题分析

## ——某国有企业与员工双倍工资争议案

关键词 未签订劳动合同 双倍工资 内退

## 基本案情

王某于1972年参加工作，2001年3月因原所在单位改制转入某国有企业下属A公司（以下简称A公司）工作。A公司与王某共签订过3次劳动合同，劳动合同期限分别为2003年1月1日至2004年12月31日、2005年1月1日至12月31日、2006年1月1日至12月31日。另查，A公司在王某入职后在劳动局为其办理了用工登记，其中显示劳动合同期限为2001年3月至2002年12月，2003年1月1日至2006年12月31日签订的合同为一式一份，由A公司留存。

2007年2月，王某向上级领导提出申请，称因其经常生病要求内部退养，A公司经商议后批准了其申请，自2007年3月1日起王某办理内退手续，A公司按月向其发放生活费。

2016年2月，王某向A公司提出补签劳动合同、补缴住房公积金的要求。

经多方协调后，A 公司考虑到王某的家庭情况同意为其补缴了内退期间的住房公积金，但是就补签劳动合同事宜，A 公司认为王某已经内退，没有必要补签纸质的劳动合同。但王某执意不从，双方协商无果后，王某于 2016 年 4 月向当地的劳动仲裁委员会提出仲裁，2016 年 6 月起诉至一审法院，提出如下要求：

1. 要求 A 公司向其支付 2001 年 3 月至 2002 年 12 月未签劳动合同的双倍工资差额约合人民币 4 万元；

2. 要求 A 公司支付 2003 年 1 月至 2006 年 12 月未签劳动合同的双倍工资差额约合人民币 8 万元；

3. 要求 A 公司支付 2007 年 1 月至 2016 年 6 月未签劳动合同的双倍工资约合人民币 40 万元；

4. 要求判决终止双方劳动关系，终止时间为 2016 年 6 月；

5. 要求 A 公司支付违法解除/终止劳动合同的赔偿金约合人民币 17 万元。

## 法律分析

### （一）内退员工的用工性质

20 世纪 80 年代，国有企业改革拉开大幕。到 20 世纪 90 年代，改革目标发展为建立现代企业制度，在此大背景下，大批的国有企业纷纷改制。在此进程中，数以万计的员工出现人员剩余，于是出现了“下岗”“厂内待业”“两不找”等多种用工现象，“内退”也是当时时代背景下的产物。

为了妥善安置国有企业富余职工，国务院于 1993 年发布《国有企业富余职工安置规定》，其中第 9 条规定：“职工距退休年龄不到五年的，经本人申请，企业领导批准，可以退出工作岗位休养。职工退出工作岗位休养期间，由企业发给生活费。已经实行退休费用统筹的地方，企业和退出工作岗位休养的职工应当按照有关规定缴纳基本养老保险费。职工退出工作岗位休养期间达到国家规定的退休年龄时，按照规定办理退休手续。职工退出工作岗位休养期间视为工龄，与其以前的工龄合并计算。”

原劳动部《关于严格按照国家规定办理职工退出工作岗位休养问题的通知》第 1 条规定：“一、企业对距退休年龄不到 5 年的职工，应经本人提出申请，企业领导批准，方可办理退出工作岗位休养……三、对未达到国家法定退休年龄的职工，无论是办理了‘内退’或是其他富余职工，企业都要根据有关规定为其发放基本生活费，标准不得低于省、市、自治区人民政府规定的最低标准。对确实有困难并已足额交纳失业保险金的企业，经劳动部门批准，可以用失业保险金予以补贴。职工达到国家法定退休年龄的，需按规定办理退休手续，凡参加养老保险统筹的，转由社会保险机构发给养老金。”

本案中王某于 2007 年 2 月向 A 公司提出书面内退申请，A 公司领导层层审批后同意了王某的申请，自 2007 年 3 月起王某正式退出工作岗位，按月领取内退生活费。

根据《国有企业富余职工安置规定》及《关于严格按照国家规定办理职工退出工作岗位休养问题的通知》文件，我们认为办理内退的员工与原用人单位之间仍保持劳动关系，原用人单位按月支付生活费的义务可被视为按月支付“劳动报酬”的一种方式，同时原用人单位有义务为内退员工继续缴纳社会保险。正如本案中王某于 2007 年 2 月向 A 公司提出书面内退申请，A 公司领导层层审批后同意了王某的申请，自 2007 年 3 月起王某正式退出工作岗位，按月领取内退生活费，双方之间仍存在劳动关系。

## （二）未签订劳动合同的双倍工资问题

1. 关于劳动合同书面化的法律规定

2008 年 1 月 1 日正式施行的《劳动合同法》首次立法对劳动合同书面化作出要求，具体规定为：“第十条　建立劳动关系，应当订立书面劳动合同。已建立劳动关系，未同时订立书面劳动合同的，应当自用工之日起一个月内订立书面劳动合同。第九十七条　本法施行前已建立劳动关系，尚未订立书面劳动合同的，应当自本法施行之日起一个月内订立。”根据此两条规定，用人单位在与劳动者建立劳动关系后，应当于用工开始之日起一个月内订立书面劳动合同。

2. 未订立书面劳动合同的法律后果

既然法律明确规定了应当订立书面劳动合同，那么对于未订立书面劳动合同的罚则亦有规定，即《劳动合同法》第82条：用人单位自用工之日起超过一个月不满一年未与劳动者订立书面劳动合同的，应当向劳动者每月支付二倍的工资。用人单位违反本法规定不与劳动者订立无固定期限劳动合同的，自应当订立无固定期限劳动合同之日起向劳动者每月支付二倍的工资。

3. 本案当事人关于未签订劳动合同的双倍工资请求是否应当被支持

《劳动合同法》明确规定了劳动合同须书面化及违反该要求的罚则，本案当事人王某提出了多个时期A公司未与其签订劳动合同的请求，那么王某的请求是否会获得支持，就此分析如下：

（1）A公司与王某签订书面劳动合同情况

本案中，王某自2001年3月入职A公司，双方首次签订书面劳动合同的时间为2003年，在此期间A公司确实未与王某签订书面的劳动合同。

2003年1月1日至2006年12月31日双方订立有3份书面的劳动合同，此后因2007年3月开始王某内退，直至争议发生时，双方未订立书面劳动合同。

（2）法律及司法实践中对于双倍工资时效起算点的规定

为了厘清本案中王某关于各期间未签订劳动合同双倍工资主张是否能得到支持，我们需要详细分析法律及司法实践中对于双倍工资时效的规定。

《劳动人事争议仲裁办案规则》规定，申请劳动仲裁的时效为一年，自当事人知道或者应当知道权利被侵害之日起计算（普通劳动仲裁时效），劳动关系存续期间因拖欠劳动报酬发生争议的，不受该限制，如劳动关系终止的，应当自劳动关系终止之日起一年内提出（特殊仲裁时效）。

实践中对“双倍工资”性质的理解不同，导致对双倍工资争议劳动仲裁时效适用存在争议：

第一种观点：双倍工资争议应当适用特殊仲裁时效的规定。

该观点认为，双倍工资属于工资范畴，包含劳动者未订立劳动合同期间因提供劳动获得的工资以及该部分以外用人单位应当支付的一倍工资，如用人单位未依法与员工订立书面劳动合同，在劳动关系存续期间的任意时点，员工均可申请劳动仲裁要求用人单位支付。

第二种观点：双倍工资争议应当适用普通仲裁时效。

该观点认为，《劳动合同法》第82条规定的立法目的在于督促企业在劳动者入职一个月内及时订立劳动合同，如用人单位突破法定期限限制的，将面临额外支付一倍工资的惩罚性赔偿，因此双倍工资中用人单位应当支付的正常工资以外的一倍工资部分不属于工资范畴，应当适用普通仲裁时效，即自劳动者知道或者应当知道权利被侵害之日起计算。

目前第二种观点已经成为司法实践的主流观点，并被多地高级人民法院纳入审理指南（见表1）。

**表1 各地关于双倍工资的规定**

| 地区 | 规定 | 依据 |
|---|---|---|
| 江苏 | 劳动者因用人单位未与其签订书面劳动合同而主张用人单位每月支付二倍工资的争议，劳动人事争议仲裁委员会及人民法院应依法受理。对二倍工资中属于用人单位法定赔偿金的部分，劳动者申请仲裁的时效适用《调解仲裁法》第27条第1款的规定，即从用人单位不签订书面劳动合同的违法行为结束之次日开始计算一年；如劳动者在用人单位工作已经满一年的，劳动者申请仲裁的时效从一年届满之次日起计算一年 | 江苏省高级人民法院关于印发《关于审理劳动人事争议案件的指导意见（二）》的通知（苏高法审委〔2011〕14号） |
| 上海 | 1. 关于双倍工资的性质<br>我们认为，《劳动合同法》第82条第1款规定："用人单位自用工之日起超过一个月不满一年未与劳动者订立书面劳动合同的，应向劳动者每月支付二倍的工资"，从该条规定的立法本意分析，双倍工资的性质并非完全是劳动者提供正常劳动所获得的一种劳动报酬，其超出双方约定的劳动报酬的部分是因用人单位未按法律规定与劳动者签订书面劳动合同而应承担的法定责任。<br>2. 关于双倍工资的时效问题<br>我们认为，鉴于双倍工资的上述性质，双倍工资中属于双方约定的劳动报酬的部分，劳动者申请仲裁的时效应适用《劳动争议调解仲裁法》第27条第2款至第4款的规定，而对双方约定的劳动报酬以外属于法定责任的部分，劳动者申请仲裁的时效应适应《劳动争议调解仲裁法》第27条第1款至第3款的规定，即从未签订书面劳动合同的第二个月起按月分别计算仲裁时效 | 上海高级人民法院民一庭调研指导〔2010〕34号 |

续表

| 地区 | 规定 | 依据 |
| --- | --- | --- |
| 北京 | 二倍工资中属于劳动者正常工作时间劳动报酬的部分，适用《调解仲裁法》第27条第4款的规定；增加一倍的工资属于惩罚性赔偿的部分，不属于劳动报酬，适用《调解仲裁法》第27条第1款的规定，即一年的仲裁时效 | 北京市高级人民法院、北京市劳动争议仲裁委员会《关于劳动争议案件法律适用问题研讨会会议纪要（二）》 |
| 浙江 | 《劳动合同法》第82条所称的“二倍工资”中加付的一倍工资并不属于劳动报酬，劳动者申请仲裁的时效为一年。用人单位自用工之日起超过一个月未与劳动者订立书面劳动合同，劳动者要求用人单位支付二倍工资的，仲裁时效应从用人单位与其补订劳动合同之日或者视为双方已订立无固定期限劳动合同之日起计算 | 浙江省高级人民法院民一庭《关于审理劳动争议纠纷案件若干疑难问题的解答》 |
| 广东 | 15. 劳动者请求用人单位支付未订立书面劳动合同二倍工资差额的仲裁时效，依照《劳动争议调解仲裁法》第27条第1款、第2款和第3款的规定确定。用人单位应支付的二倍工资差额，从劳动者主张权利之日起往前倒推一年，按月计算，对超过一年的二倍工资差额不予支持 | 广东省高级人民法院、广东省劳动人事争议仲裁委员会《关于审理劳动人事争议案件若干问题的座谈会纪要》 |

（3）本案中王某能否得到双倍工资赔偿

本案中确实存在A公司与王某之间未订立书面劳动合同的情况，结合案件情况及上述分析，王某关于双倍工资的主张是否能得到支持？

关于2001年3月至2002年12月未签订书面劳动合同的双倍工资，A公司在劳动局查询到的记录显示，A公司在当地劳动局为王某办理了用工登记，其中记载有劳动合同期限。另外，2008年1月1日《劳动合同法》实施之前未有关于劳动合同书面化及双倍工资的罚则的法律规定，对于劳动合同书面化的要求并无严格的法律规制。

2003年1月至2006年12月的劳动合同虽未交由王某留存，但是并不影响双方实际已然签订劳动合同的认定。另在2008年1月1日之前，也并未有双倍工资罚则的法律规定。

2007年1月至2016年6月，A公司未与王某订立书面劳动合同，且该期间跨越了2008年1月1日（《劳动合同法》正式生效之日），那么在此之后A公司是否应当向王某支付双倍工资呢？我们认为根据前述分析，引用江苏省高级人民法院关于印发《关于审理劳动人事争议案件的指导意见（二）》的通知（苏高法审委〔2011〕14号），王某关于该期间未签订劳动合同双倍工资的要求已然早就超出申请仲裁时效，因此理当不予支持。

## 参考案例

**案例一：** 刘某与南京仁某物资有限公司劳动争议一案——《最高人民法院公报》2018年第7期，江苏省南京市江宁区人民法院（2015）江宁民初字第4477号

### 基本案情

原告刘某于2015年3月10日进入被告南京仁某物资有限公司（以下简称仁某公司）工作，担任人事主管，主要负责人员招聘、培训及薪酬管理工作。2015年7月23日刘某离开仁某公司，并于同日以仁某公司未与其签订劳动合同，未依法给予其哺乳期内每天1小时的哺乳时间，且未足额支付其月度工资严重侵害其合法权益为由，向仁某公司寄送《关于与南京仁某物资有限公司解除劳动关系的通知函》（以下简称《解除通知函》），通知仁某公司自2015年7月24日起解除双方的劳动关系，并要求仁某公司给予补偿。

另查明：原告刘某于2015年7月24日向南京市江宁区劳动人事争议仲裁委员会申请仲裁，要求仁某公司足额发放2015年3月至7月预留工资4165元、自入职之日起未签订劳动合同的双倍工资11,666元及哺乳时间工资3385元以及经济补偿2917元，合计22,133元。后因自仲裁申请受理之日起45日内未结束，终结审理刘某与仁某公司劳动报酬争议案。后刘某于2015年10月9日向本院提起诉讼，要求仁某公司足额发放其2015年3月至7月的工资4165元，双倍工资11,666元以及经济补偿2917元。

### 裁决理由

关于刘某主张的双倍工资11,666元，本案中，仁某公司确实未与

刘某签订劳动合同，但是，一般而言，劳动合同签订事项属于人力资源负责的事项，刘某作为仁某公司的人事主管，其工作职责范围应该包括代表单位依照法律法规处理与劳动者之间劳动合同履行方面的相关事宜，避免单位因违反法律法规被追究法律责任，也应当知晓订立书面劳动合同的相关规定及不订立书面劳动合同的法律后果，因此，刘某有义务主动向仁某公司要求订立书面劳动合同。但刘某并未提交证据证明其曾主动要求仁某公司与其签订劳动合同。故综合刘某的岗位职务因素等考量后，本院对刘某主张的未签订劳动合同的双倍工资的请求不予支持。

**案例二：**用人单位以签订其他协议方式掩盖劳动关系仍需支付未签订劳动合同二倍工资——2018年北京市法院劳动关系诚信建设十大典型案例

**基本案情**

2013年5月至2014年4月，某培训学校安排员工柳某至长征宾馆从事停车场管理员工作，工作地点在室外，月工资2550元。某培训学校未与柳某签订正式的劳动合同，而是签订了一份协议书，显示柳某自愿到某培训学校学习，并服从边学习、边实习的安排。

某培训学校主张协议书即是与柳某签订的书面劳动合同，协议书载明了双方的基本情况和权益义务，所涉内容均是劳动合同的必备条款。柳某认为，协议书主要内容是其在某培训学校学习的内容、课程的安排、学习的方式、培训费用以及其应该遵守学校的相关规定等，这些内容并未涉及劳动者与用人单位之间的权利和义务。协议书中缺乏工作岗位、工作内容，工作时间和休息休假，劳动报酬，社会保险，劳动保护、劳动条件以及职业危害防护等劳动合同必备条款。协议书旨在减轻用人单位的责任和义务，严重影响了劳动者劳动权益的实现，协议书根本无法等同于书面劳动合同。因此，柳某主张某培训学校支付未签订劳动合同的二倍工资。

**裁决理由**

法院经审理后认为，某培训学校与柳某签订的协议书不符合《劳动合同法》对内容的要求，协议书不属于劳动合同，判决某培训学校向劳动者支付未签订劳动合同二倍工资。

《劳动合同法》第 17 条规定了劳动合同应当具备的必备条款。柳某为某培训学校提供劳动，双方实际建立了劳动关系，应当依法订立书面劳动合同。某培训学校与柳某签订的协议书，内容主要是关于学习、实习的约定，未体现出确立劳动关系的意思表示，且不符合《劳动合同法》对劳动合同基本内容和形式的要求，不具备劳动合同的性质。

某培训学校以签订学习、实习协议的方式，掩盖劳动关系，规避劳动法的规定，侵害了劳动者的合法权益，属于不守法、不诚信的行为。《劳动合同法》规定，建立劳动关系，应当订立书面劳动合同，并遵循合法公平、平等自愿、协商一致、诚实信用的原则，这些都是企业管理者和劳动者应当遵守的基本行为规范。之所以要求用人单位与劳动者签订书面劳动合同，并且详细规定劳动合同的必备条款，旨在通过书面劳动合同，明确劳动者与用人单位之间的权利义务关系，起到定纷止争，促进劳动关系和谐的目的。用人单位作为劳动关系中相对强势的一方，应依法用工、诚实守信，尊重并维护劳动者的合法权益。

## 胜诉指引

### （一）及时签订书面劳动合同的必要性

前述分析中，我们已经详细解读了《劳动合同法》关于劳动合同书面化要求及违反该要求的罚则，一旦用人单位未签订劳动合同甚至未签订劳动合同的时间较长，那么可能承担的违法成本数目相当“可观”。另外，根据《劳动合同法》第14条第3款的规定，用人单位自用工之日起满一年不与劳动者订立书面劳动合同的，视为用人单位与劳动者已订立无固定期限劳动合同。因此，用人单位必须严格遵守法律规定，自用工之日起一个月内及时与劳动者签订劳动合同。

### （二）非因用人单位原因造成未签订劳动合同的应对

《劳动合同法实施条例》第5条、第6条中规定了非因用人单位原因未签订劳动合同时，用人单位有权单方通知终止劳动关系。关于“非因用人单位原因造成未签订劳动合同”，在实践中可能存在的情形如下：

1. 用人单位口头通知劳动者签订劳动合同，但劳动者故意拖延，后因时间过久用人单位忘记与劳动者签订合同，劳动者状告用人单位未签订劳动合同进而主张双倍工资。因此，这就警示用人单位要求订立劳动合同的通知应当尽量书面化，以便证明劳动合同未及时签订的原因非己方过错导致。

2. 我们曾遇到过劳动者以劳动合同上签名非本人所签状告用人单位冒签劳动合同而索要未签订劳动合同的双倍工资，这种情况下用人单位常常是“哑巴吃黄连”，因此，我们建议，应当要求劳动者现场、当面签订劳动合同，以免给少数心存不轨的劳动者创造“碰瓷”的机会。

综合本文分析，用人单位未与劳动者及时签订书面劳动合同将面临经济补偿、双倍工资、视为订立无固定期限劳动合同的风险，因此建议用人单位在员工入职后，及时签订劳动合同，且劳动合同的签订应当要求员工当面签署，以免员工有伪造、代签等造假行为，劳动合同签订后应当由专人保管，以免遗失、毁损造成不必要的损失。

# 未签订劳动合同一定要支付双倍工资差额吗

## ——江苏某科技有限公司与曹某劳动争议纠纷案

关键词 未签署劳动合同 人事主管 庭审发问 诉讼可视化

### 基本案情

曹某主张其于2019年6月1日起在江苏某科技有限公司（以下简称某公司）工作，工作岗位为商务与行政，具体工作内容包括日常行政事务、项目研发及采购、新工厂开设等，工资为每月7945元。曹某认为自己入职以来一直勤恳工作，在新冠肺炎疫情期间坚持居家办公，但某公司未足额支付2020年2月、3月工资，未支付2020年4月至10月工资，且未签署书面劳动合同。基于上述原因，曹某于2020年10月25日发函通知某公司解除劳动关系。因某公司仍拒绝支付欠付工资，曹某起诉至仲裁委员会，要求：（1）确认某公司与曹某于2019年6月1日至2020年10月26日存在劳动关系；（2）某公司支付2020年2月至10月拖欠工资62,548元；（3）支付经济补偿11,918元；（4）支付未签订劳动合同二倍工资差额87,396元。

某公司则向代理律师表述，曹某于2019年8月13日入职，并在2020年1月14日回武汉过春节后，经某公司多番催促，均已需要照顾家人为由，未再回公司工作，其在职期间仅做了部分交接工作，不构成居家办公，因此，某公司减半发放了2020年2月至4月工资。2020年5月16日曹某主动退出工作群，后未再提供劳动，某公司因此未再向其发放2020年5～10月的工资。公司确实未与其签署劳动合同，因一方面曹某刚入职时正值公司设立初期，各项规章制度尚不完善，公司的关注重点在于办公场所租赁与布置、办公用品采购等，确有疏忽。另一方面曹某负责人事工作，公司不应该承担未签署劳动合同的责任。

## 法律分析

本案争议点主要包括：（1）事实劳动关系认定；（2）某公司是否应当向曹某支付未签署劳动合同双倍工资差额；（3）曹某离职原因为何，某公司是否应当向曹某支付经济补偿。

### （一）事实劳动关系认定

《劳动合同法》第7条规定："用人单位自用工之日起即与劳动者建立劳动关系。"江苏省高级人民法院《关于审理劳动争议案件若干问题的意见》第19条规定："用人单位与劳动者虽然没有签订书面劳动合同，但是劳动者向用人单位提供劳务并接受其管理、指挥与监督，用人单位向劳动者支付劳动报酬的，应认定双方已成立事实劳动关系。"

原劳动部发布的《关于确立劳动关系有关事项的通知》第1条规定，如劳动者未与用人单位签订书面劳动合同，但其主张双方存在事实劳动关系的，一般可提供如下证据证明：

1. 用人单位支付给劳动者的工资支付凭证或记录（职工工资发放花名册）、缴纳各项社会保险费的记录；

2. 用人单位向劳动者发放的“工作证”“服务证”等能够证明身份的证件；

3. 劳动者填写的用人单位招工招聘“登记表”“报名表”等招用记录；

4. 考勤记录或其他进出用人单位的记录；

5. 同一用人单位其他劳动者的证人证言；

6. 其他能够证明劳动者与用人单位存在劳动关系的证据。

上述规定基本采用了“谁主张，谁举证”的举证责任分配原则。但鉴于劳动者在诉讼能力以及获取证据方面的弱势地位，故该条也规定，与争议事项有关的证据属于用人单位掌握管理的，用人单位应当提供；用人单位不提供的，应当承担不利后果。因此，劳动者应当提供初步证据证明其与用人单位存在事实劳动关系，但一些证据由用人单位掌握的，如登记表、考勤记录等，则应由用人单位承担举证责任，如用人单位不提供相关证据的，则应承担不利后果。

## 参考案例

**案例一：** 确定是否存在劳动关系的主要标准是“是否存在用工事实”——江苏省南京市中级人民法院（2020）苏01民终179号

### 基本案情

2017年12月25日，简某驾驶某物流公司的车辆于送货途中在G25长深高速路上发生交通事故死亡。某物流公司主张，简某生前与公司之间自2017年12月14日至25日不存在劳动关系，因此公司无须向其支付工伤保险待遇，理由为公司与简某于2017年12月13日商定，简某为公司提供劳务，某物流公司支付其报酬，双方没有建立劳动关系的合意。简某于2017年12月14日起帮忙送货，每天拉两趟车。从劳动过程看，公司对其没有考勤要求，也没有明确的规章制度要求，双方之间没有形成管理与被管理的关系，不存在劳动关系的从属性，不符合劳动关系的特征。

**裁决理由**

法院认为，首先，某物流公司否认其与简某之间存在劳动关系，但经查，简某和某物流公司符合法律、法规规定的建立劳动关系的主体资格；其次，简某至某物流公司从事驾驶员工作系与某物流公司法定代表人的合意；最后，基于某物流公司向简某支付劳动报酬的承诺，使简某对其存在经济上的依赖性，且简某的工作任务系接受某物流公司的安排，工作时间上接受某物流公司的管理，其与某物流公司之间存在人格上的依附性。因此，简某和某物流公司之间已经具备构成劳动关系的法律特征。

---

### （二）某公司是否应当向曹某支付未签署劳动合同的双倍工资差额

《劳动合同法》第82条规定："用人单位自用工之日起超过一个月不满一年未与劳动者订立书面劳动合同的，应当向劳动者每月支付二倍的工资。"

本案中某公司确实未与曹某签署书面劳动合同，但本案的特殊之处在于曹某在某公司负责人事相关工作，法院认为，司法实践中如果劳动者负责劳动合同签署，且并非用人单位拒绝与其签署劳动合同的，用人单位无须支付未签署劳动合同双倍工资差额。

**参考案例**

**案例二：** 人力资源工作运营的负责人对劳动法律、法规的熟悉程度高于普通劳动者，用人单位无须支付未签订劳动合同双倍工资差额——江苏省高级人民法院（2020）苏民申4285号

**基本案情**

刘某于2017年10月25日入职某影业公司，担任副经理一职，负责影城日常运营等工作。双方因劳动报酬发放发生争议，刘某提起诉

讼要求某公司支付未签订劳动合同双倍工资差额、欠付劳动报酬等。

**裁决理由**

江苏省高级人民法院认为，刘某原为某公司的副经理（副店长），系某公司的管理者之一。某公司提交的微信内容反映出刘某的工作职责中包含该单位与员工签订劳动合同的指导、审查以及人员考勤管理、考核等工作，这说明刘某系该公司人力资源工作运营的负责人，其对劳动法律、法规的熟悉程度高于普通劳动者，且应知悉不签订书面劳动合同将对单位产生的不利后果。因此，刘某以某影业公司未与其签订书面劳动合同为由主张双倍工资，其应当举证证明未签订书面劳动合同系某影业公司的故意所致，其未能举证，原判决不支持刘某有关未签订书面劳动合同双倍工资的主张并无不当。

**案例三：**用人单位无法举证证明劳动者负责的人事工作包含签署劳动合同，或因用人单位的原因导致劳动合同未签署的，应当支付未签订劳动合同双倍工资差额——江苏省南京市人民法院（2019）苏01民终110号

**基本案情**

陈某系某公司职员，在人事方面负责考勤等事务。双方未签订书面劳动合同，未参加社会保险。2018年4月25日，陈某申请仲裁，要求某公司支付未签署劳动合同双倍工资差额等。

**裁决理由**

一审法院认为，陈某虽然负责人事工作，但某公司承认其全员均未签订劳动合同，原因是人事管理制度不规范，故应认定双方未签订劳动合同的过错在于某公司，陈某有权主张未签订书面劳动合同的二倍工资。

二审法院认为，陈某述称其在某公司负责行政事务及人事方面

的招聘、考勤，某公司主张陈某还负责与员工签订劳动合同，但没有提供向陈某告知工作职责及陈某负责签订劳动合同的相关证据，故某公司关于陈某的工作职责包括签订劳动合同在内，故无须支付未签订书面劳动合同二倍工资差额的上诉意见，缺乏事实依据，本院不予支持。

本案中，代理律师提供曹某与某公司的往来工作邮件作为证据，指出曹某提交的工作成果包括草拟的劳动合同模板，其负责劳动合同签署工作。此外，曹某虽提到过是否签署劳动合同，但在公司负责人回复近期工作内容较多，暂缓签订后，并未进一步要求签署，更未告知不签署书面劳动合同的法定后果。2020 年 1 月中旬曹某回家后再未返岗，某公司丧失了与其签署书面劳动合同的客观条件。

---

**（三）某公司是否应当支付经济补偿**

曹某要求某公司支付经济补偿的法律依据是，用人单位欠付劳动者劳动报酬导致劳动者辞职的，用人单位应当向劳动者支付经济补偿。因此，某公司是否应当支付经济补偿的认定关键在于，某公司是否存在欠发工资的情形。

根据《江苏省疫情防控期间保障职工工资报酬权益相关政策问答》，因新冠肺炎疫情影响导致职工不能在 2 月 9 日后按期返岗的，对用完各类休假仍不能提供正常劳动或其他不能提供正常劳动的职工，企业应参照国家关于停工、停产期间工资支付相关规定与职工协商，在一个工资支付周期内的按照劳动合同规定的标准支付工资；超过一个工资支付周期的按有关规定发放生活费。

代理律师对曹某 2020 年 2 月至 4 月的工作内容进行了梳理，指出曹某在家仅完成了少量工作传达与交接工作，不构成未提供劳动，某公司已经向其支付了生活费，不存在欠付。2020 年 5 月 16 日曹某主动退出工作群，后再未提供劳动，某公司无须支付 2020 年 5～10 月的工资。

## 胜诉指引

### （一）根据司法裁量尺度，提醒委托人补充证据

本案曹某主张其入职时间为2019年6月1日，证据为保密承诺书中的相关表述。但某公司则主张其与曹某自2019年6月开始协商跳槽事宜，曹某8月13日才正式入职，证据为曹某制作的2019年8月13日会议纪要载明："欢迎新同事加入……"

代理律师查看了曹某与某公司之间的工作记录往来后，进一步补充了如下证据：

1. 曹某2019年7月24日寄送的MTG技术团队情况为团队介绍，此时该团队尚未入职。

2. 曹某提供的MTG团队会议记录记载，该会议持续到2019年6月21日，表明6月21日曹某尚未从上一家公司离职。

3. 曹某提供给某公司的某电气有限公司离职证明载明，曹某于2019年6月14日才从原公司开具离职证明。

4. 工资发放记录可以看出2019年8月某公司开始向曹某发放工资。

至于离职时间，不论曹某离职原因为何，曹某在2020年5月主动退出工作群聊，并且自此之后未再提供工作，虽然双方均没有直接的解除劳动关系的表述，但双方都以实际行动表明了同样的意思。因此，事实劳动关系的存续时间为2019年8月13日至2020年5月16日。

### （二）诉讼可视化的举证方式有利于说明事实

诉讼可视化，是指以图表的形式对案件进行梳理，探究法律事实，厘清法律关系，清晰表达案件主体、法律关系、时间顺序等要素，从而将案件的各种要素，清晰地呈现给案件各方主体。也就是说，将复杂的线索运用非文字的方式呈现出来，图形、表格、照片、视频等都包括在内。

律师承办案件过程中最常使用的诉讼可视化工具为表格。例如本案中，代理律师以表格的方式将曹某新冠肺炎疫情期间所有工作内容罗列了出来，包括日期、工作内容、预期工时。一目了然地证明了，曹某在近4个月的时间仅完成了8项工作，工作内容主要是将客户请求告知公司，便于公司安排在南京正式工作的员工推进工作，预期工时极短，不构成“居家办公”。

但很多律师会忽略流程图这一重要工具。事实上，用一条简洁明了的时间轴，一张清晰的法律关系图来呈现整个案情的基本情况，不仅一目了然还能在开庭前起到快速温习案卷的作用，帮助律师节省时间和精力，更能够用最通俗直白的方式让委托人清楚该案件中的法律关系、审判流程等，进一步增加委托人对于律师工作进度的了解，从而增加双方之间的信任。更重要的是，利用案件基本事实图能够让法官直观地了解案件事实，更有利于引导法官的思维走向，让法官尽可能地对案情有一个先入为主的思维。当我们表现出律师应有的专业技巧和专业态度时，法官也会以一种更加专业的方式与我们交流。为了达到上述目标，代理律师需要注意绘图技巧，除保持颜色、线条、框架统一使绘图美观外，应当善于使用不同的颜色实现两个主体的对比或对某一时间、事件的强调；善于使用不同大小的字体强调有利部分，适当弱化不利部分；善于为图标取标题，在一开始就表明己方主要观点。在绘图前要首先明确图标希望实现的诉讼目的是什么，在绘制过程中始终牢记所有符号、颜色、字体、字号的运用都是为诉讼目标服务的，图标完成后可以向不了解案情的同事等寻求帮助，以案外人的角度审视图标能否实现预期目标，并作出修改。

本案中，作为用人单位的代理律师，需要着重说明的一两点是，未签署劳动合同的主要责任在劳动者本人，以及劳动者提供劳动的变化情况。因此，代理律师绘制了案件进程表，以入职、回家过年、湖北复工、提出离职并退群、寄送解除通知为客观时间点。又分两个层次对客观事件进程进行拆分，第一个层次为曹某提供劳动的情况，包括正常提供劳动阶段、未正常提供劳动阶段、未再提供劳动阶段；第二个层次为劳动合同签署阶段，包括曹某从未提出要求签订劳动合同阶段、公司首次提出希望其返岗后签署劳动合同阶段、曹某以各种理由拒绝返岗导致合同客观无法签署阶段。并以由浅到深的颜色，弱化某公司责任，强调曹某的责任，成功向法官传达我方观点。

### （三）庭审发问是一项重要的进阶技巧

庭审发问技巧是劳动争议案件代理律师的一项重要的进阶技巧。由于劳动者是案件一方当事人，了解整个案件的所有事实，有目的、有选择地发问有利于证实己方观点。

但庭审发问有两个重要前提，一个重要前提是劳动者本人出庭，因为相较于劳动者，劳动者的代理律师更熟悉法律规定，更善于为实现己方诉讼目标回避回答询问，而劳动者自身“反侦察”能力较弱，由劳动者本人回答，有利于实现询问目标。另一个重要前提是裁判人员同意律师进行发问。不同的裁判人员审理案件的风格各不相同，有些审理思路较清晰，倾向于完全主导案件审理过程，不愿意代理律师过多发问。有些则不介意甚至欢迎代理律师发问，帮助厘清案件事实。因此，在本案代理过程中，代理律师首先向仲裁庭寄送《曹某本人出庭申请书》，以方便仲裁庭查明案件事实，公正处理本案为由，根据最高人民法院《关于适用〈中华人民共和国民事诉讼法〉的解释》第 174 条的规定申请曹某本人出庭参加诉讼。其次在发问前提前与仲裁员沟通，询问仲裁员是否同意由代理律师向曹某询问几个事实问题。最后在得到仲裁员同意后，代理律师向曹某进行了发问。

在发问过程中也要注意发问技巧。首先，必须明确发问目标；其次，注意从侧面进行发问，以看似与案件关联不大的问题组，逐渐达到证明目的；最后，成功的发问以诉讼经验积累为前提，需要代理律师在执业过程中注意累积经验。

# 用人单位合理的调岗行为是否属于用工自主权范畴

## ——方某与南京某物业管理有限公司劳动争议案

关键词 调岗 劳动者解除权 混同用工

## 基本案情

2019 年 10 月 1 日，方某与南京某物业管理有限公司签订劳动合同，从事保洁管理工作，劳动合同期限为 2019 年 10 月 1 日至 2020 年 9 月 30 日。

方某的实际工作地点为句容某公司。

2020 年 1 月 17 日，方某递交辞职报告，表示因本人无法适应工作需要辞职。因新冠肺炎疫情原因，公司为响应国家尽量不让劳动者离职的号召未立即批准，保留了其保洁工作，并告知其随时可以办理离职手续。

2020 年 2 月 18 日前，方某依旧负责管理工作，公司亦按照管理工作发放工资。18 日后公司与戴某签订劳动合同，代替方某负责管理工作。

2020 年 3 月开始，公司口头通知方某调岗为保洁普通员工，按普通员工标准发放工资。

2020 年 5 月 18 日，方某向公司寄送律师函，称因公司未足额支付劳动报酬，要求解除劳动关系、补发工资并支付经济补偿。6 月 1 日后方某即不再前往公司工作。后方某以南京某物业管理有限公司及句容某公司为被申请人，向句容市劳动人事争议仲裁委员会提起仲裁，仲裁请求同律师函，要求两被申请人承担连带责任。

## 法律分析

### （一）调岗须合法

《劳动合同法》第 35 条规定："用人单位与劳动者协商一致，可以变更劳动合同约定的内容。变更劳动合同，应当采用书面形式。变更后的劳动合同文本由用人单位和劳动者各执一份。"

劳动合同内容变更的效力一般是以双方合意为基础，以调岗通知书或调岗协议为形式条件。但劳动合同属于继续性合同，劳动合同的履行状态始终处在一种变动的状态中，企业基于生产经营的需要，以及其他各种自身或非自身的原因，势必会发生业务调整、组织架构变动、搬迁、合并、分立等变化，作为用人单位对员工进行岗位调动、薪资调整、工作地点变动、工作时间变更等较为普遍。因此，调岗引发的劳动争议是较为常见的纠纷类型之一。其法律风险主要有两方面，一为用人单位仅口头通知调岗，不符合形式要件；二为用人单位与劳动者未达成一致，单方进行调岗，劳动者拒不接受，不去新岗位报到，或直接提出要求解除劳动合同，并要求用人单位支付经济补偿。在此种情况下，还可能涉及是否应当补足劳动报酬的问题。因此，作为用人单位，在做出调岗决定之前，应当尽可能与劳动者进行协商，能够达成一致的，及时签订调岗协议，明确调岗时间、调岗后的岗位、薪资情况等。

### （二）调岗须合理

调岗的"合理性"可以通过对下述两个典型案例的对比进行分析。

## 参考案例

**案例一**：苏州市中级人民法院2019年度劳动人事争议典型案例之六

**基本案情**

盛某系甲公司员工，劳动合同约定岗位为成本核算员。甲公司有A和B两大制造部门，盛某自入职以来一直在A制造部从事成本核算工作。2019年5月，甲公司因经营需要，将盛某安排至B制造部从事成本核算工作，原劳动合同条件不变。甲公司多次书面通知盛某到岗报到，并通知其参加业务培训。盛某认为甲公司是在变相调岗，故拒绝到岗，也不参加业务培训。2019年7月，甲公司以盛某严重违反规章制度为由解除劳动合同。盛某不服，申请仲裁要求甲公司支付违法解除劳动合同赔偿金。

**裁决理由**

仲裁委员会经审理认为，盛某与甲公司的劳动合同约定岗位为成本核算员，甲公司A、B两个部门制造的产品虽不同，但盛某的工作内容并未发生实质性变化，仍为成本核算，且盛某的工资水平并未降低，调整工作前甲公司也提供了相应的业务培训，盛某拒绝合理工作安排及业务培训，违反了甲公司的规章制度，甲公司据此解除劳动合同符合法律规定。故对盛某主张的请求不予支持。

**案例二**：无锡市2016年度劳动人事争议典型案例之五

**基本案情**

余某于2013年12月经招聘进入某公司工作，双方签订了期限自2013年12月1日起至2016年12月1日止的劳动合同，劳动合同中约定试用期为2个月，工作岗位为文员，试用期工资为2500元/月，转正后工资为3000元/月。

2015年11月17日，公司在既未与余某协商一致，也未说明理由的情况下，书面通知余某由文员调整至化验员工作岗位，余某表示拒绝并仍在文员岗位上班。2015年12月4日，公司以余某严重违反用人单位规章制度为由与余某解除劳动关系，余某即行离职。工作期间，公司按3000元/月的工资标准支付余某工资，公司已支付余某工资至2015年11月15日。余某申请劳动仲裁，要求某公司支付违法解除劳动合同赔偿金。

**裁决理由**

企业根据自身生产经营需要调整员工的工作岗位是其用工自主权的体现，但不得滥用而侵害职工合法权益。本案中公司对余某岗位调整的合法性与合理性未有说明，也未有证据证明公司已与余某协商一致。余某调动前后岗位工作性质、工作内容有较大变化，关联性不强，公司借此解除劳动合同应属违法解除。根据相关规定，用人单位违反规定解除劳动合同，劳动者不要求继续履行劳动合同的，用人单位应当依照劳动者在本单位的工作年限，以每满一年支付一个月工资的经济补偿金标准的二倍向劳动者支付赔偿金。

所谓合理性主要体现为，企业确系根据自身生产经营需要调整员工的工作岗位，且对于员工前后岗位的调整没有出现太大的岗位差异性，包括工作内容相关性、工作报酬一致性、工作地点距离相当等，不以通过恶意、带有侮辱性的调整岗位逼迫员工离职为目的。调岗后，出于对岗位和员工的负责，用人单位有义务安排岗前培训。对于用人单位对岗位的合理调整，劳动者应当服从。

---

### （三）未采用书面形式调岗的补救措施

当用人单位调岗未采用书面形式时，应当考虑以下两个方面：

1. 调岗是否构成对劳动合同的变更。一般认为，在同一生产线内或相同生产线之间的类似岗位，不同部门的通用岗位间进行岗位调换的，换岗后劳动报酬基本没有变化的，不构成对劳动合同的变更。这种情形下，不采用书面形式不意味着调岗违法。但由于用人单位在实践中对于是否属于劳动合同变更的事实认定把握不一定准确，因此，建议用人单位出具调岗通知、调岗协议等书面材料，以规避相应的法律风险。

2. 是否已经对程序瑕疵完成了补正。最高人民法院《关于审理劳动争议案件适用法律若干问题的解释（四)》（法释〔2013〕4 号）第 11 条［现最高人民法院《关于审理劳动争议案件适用法律问题的解释（一)》（法释〔2020〕26 号）第 43 条］规定，变更劳动合同未采用书面形式，但已经实际履行了口头变更的劳动合同超过一个月，且变更后的劳动合同内容不违反法律、行政法规、国家政策以及公序良俗，当事人以未采用书面形式为由主张劳动合同变更无效的，人民法院不予支持。

本案中，方某于 2020 年 3 月正式调岗为保洁普通员工，正常工作至 5 月 31 日。其间，方某于 4 月 21 日与公司负责人交谈中表示，同意调岗，但不同意降薪。《劳动法》第 46 条规定：“工资分配应当遵循按劳分配原则，实行同工同酬。”从管理调岗为普通保洁员劳动报酬有所下调是必然的，方某本人知晓，且当庭表示知晓保洁员工劳动待遇为 2580 元/月。因此，应认为双方已经就调岗事宜达成一致，方某在调岗至普通员工岗位后依然要求用人单位支付管理工资缺乏法律依据。

### （四）双方未能就调岗事宜达成一致时，并不意味着用人单位的调岗一定违法

1. 法定的可以单方调岗的情形。根据《劳动合同法》第 40 条的规定，劳动者患病或者非因工负伤，在规定的医疗期满后不能从事原工作，也不能从事由用人单位另行安排工作的；劳动者不能胜任工作，经过培训或者调整工作岗位，仍不能胜任工作的，用人单位有权提前 30 日以书面形式通知劳动者本人或者额外支付劳动者一个月工资后，可以解除劳动合同；劳动合同订立时所依据的客观情况发生重大变化，致使劳动合同无法履行，经用人单位与劳动者协商，

未能就变更劳动合同内容达成协议的，用人单位可以无过失性解除劳动合同关系。上述3个条款虽然规定的是在法定情况下用人单位享有单方解除劳动合同的权利，但同时也赋予了用人单位法定条件下的单方调岗权。

需要特别提醒的是，即使法定情形下用人单位拥有单方调岗权，在依法行使该单方调岗权、制定调岗方案和实施调岗行为时也要具有合理性，否则其单方调岗决定对于劳动者也不具有约束力。

2. 约定的可以单方调岗的情形。企业作为市场经济活动的主体，根据市场供需调整生产经营内容，是其生存和发展的基本手段，也是市场经济对社会资源进行合理配置的必然结果。因此，企业根据生产经营所需，对其职工工作进行调整是用工管理权和自主权的体现。因此，江苏省高级人民法院《劳动争议案件审理指南》（2010年）规定，在劳动合同或规章制度中有关于调整工作岗位和工资报酬的约定或规定，且岗位调整具有合理性时，该调岗行为合法。如果双方为此发生争议，用人单位应当对调整劳动者工作内容和工资报酬的合法性和合理性承担举证责任。

## 胜诉指引

### （一）准确分析调岗引发的降薪问题

调岗往往与调薪相联系，且涉及降薪的调岗往往更易引发纠纷。本案中，方某称其同意调岗，但是不同意调薪。在此情况下，能否认定双方就调岗事宜达成了一致没有明确的法律规定。北京一典型案例中，法官所持观点为："双方虽然对调岗达成一致，但是并未对劳动报酬的变更进行协商，虽然用人单位主张薪随岗变，但是并未将薪随岗变的依据和变更后的工资水平明确告知劳动者，因此公司单方降薪的行为不符合法律规定。"

在此情况下，我们在庭后向法院寄送了代理词，提出：（1）方某于1月17

日递交离职申请后，已经自愿放弃了管理岗位，公司虽与其协商保留保洁工作，但有权重新安排岗位，2 月 18 日前期继续担任管理职位是为了完成岗位交接。（2）如果僵化地认为，只有当调岗前后劳动报酬基本一致才能被认定为具有“合理性”，则事实上剥夺了用人单位根据生产经营需要进行调岗的用工自主权，因为在很多情形下，调岗同时伴随降薪，例如因劳动者不能胜任原工作，或劳动者医疗期届满后不适宜再从事原工作等情形下，用人单位为劳动者提供更为轻松的工作，必然伴随劳动报酬的降低。或本案中，由于方某随时可能离职，已经不再适宜担任管理岗位，在其本人已经同意调岗，且已经从事普通保洁员工工作的背景下，没有理由依然向其给付管理工资。此外，虽然用人单位未明确告知方某其劳动报酬将下调，但是由管理变为普通员工报酬下调是必然的。最后，按照同工同酬的基本原则，劳动者调岗后应当与该岗位上其他员工薪酬相当。

劳动争议案件复杂之处在于，同一个事实在不同法官眼中，裁量标准可能是不同的。因此，不同地区法院为统一本地区判决所作出的指导意见也是五花八门的。这种情况下，通过庭前沟通、庭审陈述以及庭后代理词等合法有效手段与法官进行交流显得尤为重要。引导法官正确审理案件，有理有据地表达己方观点，从而获得胜诉，这也是律师专业性的体现。

### （二）混同用工情形下重视财务与人员的独立性

司法实践中，存在关联企业混同用工的情形，如签署劳动合同的用人单位与实际用人单位不完全一致，或者交叉轮换使用劳动者，或者交叉发放工资等。由于劳动者在劳动关系中处于被管理者的身份，劳动者在此情形下很难准确判断哪家单位为劳动法律关系意义上的“用人单位”。而一旦发生纠纷，关联企业之间极易利用条件，评估现实风险，相互推诿或主张偿付能力差的为用人单位，从而逃避用工主体责任，损害劳动者的合法权益。故在此情况下，从保护劳动者合法权益角度出发，关联企业对其混同用工造成用人单位认定混乱的情形应承担相应的法律责任。劳动者主张与混同用工的关联企业均存在劳动关系的，应予以支持。律师在为顾问单位处理日常事务时应进行风险提示，特别是对于有数家子公司的母公司，在财务和人员上要注意保持独立性，否则存在需要承担连带责任的风险。

### （三）审慎行使劳动合同解除权

无论是用人单位还是劳动者，都应当注意合理使用解除权。本案中，方某在有风险被认定为主动离职而得不到任何经济补偿的情况下，断然离职拒绝返岗。虽然劳动者有辞职的权利，但是亦有提前通知用人单位、完成工作交接的义务，否则，因此造成损失的，用人单位有权要求其进行赔偿。站在用人单位的立场上亦是如此，有些用人单位认为劳动者存在过失即提出单方解除劳动合同，在实体审查与解除程序上都可能存在瑕疵，而使自己陷入不利境地。我们建议双方在有辞职或解除劳动合同意向时，首先进行协商，若双方能够就解除事项及经济补偿、各项福利待遇、劳动报酬等事项的支付达成一致，并签订书面协议，自然可以将解除劳动合同引发纠纷的法律风险降至最低。若双方确实无法达成一致的，则应当向专业律师寻求法律咨询，了解劳动合同解除的必要程序和现存风险。

# 劳动者提供虚假简历，用人单位如何合理维权

## ——南京某氢能源公司与陈某劳动争议案

关键词 虚假简历　劳动合同无效　调查取证

### 基本案情

2019 年 12 月 17 日，南京某氢能源公司向陈某发送录用通知书，录用岗位为人力资源总监。由于南京某氢能源公司经营安排及新冠肺炎疫情影响，直至 2020 年 3 月 23 日陈某才到岗履职。

陈某到岗后，南京某氢能源公司将陈某自行起草的合同打印盖章，而后交付陈某签字并保管。

南京某氢能源公司与陈某签订的《劳动合同》约定，其双方确认试用期为 3 个月。试用期内南京某氢能源公司发现陈某工作能力欠缺，不能胜任岗位要求。试用期届满前，南京某氢能源公司管理人员与陈某进行沟通，希望其本人以辞职方式离职。陈某接到通知后，表示极为愤慨，要求公司支付工资差额、未签订劳动合同双倍工资差额、经济补偿、年终奖等一系列费用。

为妥善解决纠纷，南京某氢能源公司向法律顾问律师进行咨询。法律顾问

律师了解纠纷发展过程后，认为陈某有提交虚假简历的嫌疑。在法律顾问律师指引下南京某氢能源公司对陈某学历、履历背景进行了调查。调查发现，陈某确实存在学历及履历造假的行为，故南京某氢能源公司作出解除与陈某劳动关系的决定，并通知陈某。

陈某收到解除通知后，先后提出劳动仲裁申请及民事诉讼。本案经南京市江北新区人民法院一审、南京市中级人民法院二审，判决陈某学历、履历造假行为构成欺诈，劳动合同无效。

## 法律分析

### （一）用人单位是否可以解除与提供虚假简历劳动者的劳动合同

1. 关于劳动者提供虚假简历引发劳动合同解除，各地法院已经形成了较为成熟的裁判尺度。

#### 参考案例

**案例一：**用人单位在招聘时对应聘者学历有明确要求，而应聘者提供虚假学历证明并与用人单位签订劳动合同的，属于《劳动合同法》第26条规定的以欺诈手段订立劳动合同应属无效的情形，用人单位可以根据《劳动合同法》第39条的规定解除该劳动合同——上海冠龙阀门机械有限公司诉唐某劳动合同案（《最高人民法院公报》2012年第9期）

**基本案情**

唐某林系上海市外来从业人员。2002年3月1日唐某林进入原告上海冠龙阀门机械有限公司（以下简称冠龙公司）从事销售工作。入职时，唐某林向冠龙公司人事部门提交了其本人于2000年7月毕业于西安工业学院某系的学历证明复印件。

2007年12月25日，唐某林签署任职承诺书一份，内容为："本人作为上海冠龙阀门机械有限公司之员工，特作如下承诺：……本人以往提供给公司的个人材料均是真实有效的，如有造假，愿意无条件被解除合同……"

2010年2月11日唐某林填写了暂支事由为"借款"、暂支金额为15,000元的暂支单，但该单据未经主管领导签字确认。

2010年5月31日，唐某林填写两份暂支单并经部门主管杨某心签字确认后向冠龙公司支取了工作站房租押金1500元及茶叶款2000元，在关于茶叶款的暂支单上记载有"找发票冲账"的字样，事后唐某林未向冠龙公司提交茶叶款发票。

2010年6月28日，冠龙公司向唐某林出具退工证明，但唐某林不同意接受，2010年7月2日唐某林收到冠龙公司的律师函，其中载明"鉴于你在求职时向冠龙公司出具的有关材料和陈述有虚假，且在工作时间没有完成公司规定的业务指标，没有遵守公司规定的工作纪律和规章，故从即日起冠龙公司对你开除，即解除与你的劳动合同关系"，落款日期为2010年6月30日。

此外，在2008年8月，唐某林的上级主管领导马某新（冠龙公司华东业务部经理）通过他人举报得知并证实唐某林存在学历造假一事。2008年12月1日后因工作调动，唐某林所在辖区不再受马某新管理。

## 裁决理由

上海市第二中级人民法院生效判决认为：综合双方当事人举证情况分析，可认定唐某对其入职时提供虚假学历一事一直采取隐瞒的态度，唐某亦无证据证明其提供虚假学历之行为已为冠龙公司知悉并已获得了谅解，故唐某在2008年12月续签劳动合同时仍然构成欺诈，《劳动合同法》第26条、第39条明确规定，以欺诈的手段使对方在违背真实意思的情况下订立的劳动合同是无效的，用人单位可以据此解除劳动合同。故冠龙公司与唐某解除劳动合同有法律依据，不应支付违法解除劳动合同赔偿金。

此外，我国劳动法律在充分保护劳动者合法权利的同时亦依法保护用人单位正当的用工管理权。用人单位通过企业规章制度对劳动者进行必要的约束是其依法进行管理的重要手段。冠龙公司《员工手册》第 34 条规定，员工以欺骗手段虚报专业资格或其他各项履历，公司将予以解雇，且不给予任何经济补偿。而且，唐某于 2007 年签署有任职承诺书一份，内容为："本人以往提供给公司的个人材料均是真实有效的，如有做假，愿意无条件被解除合同。"此任职承诺书是唐某与冠龙公司基于诚信原则的约定，唐某对于违反约定义务的法律结果应是清楚的。双方的约定未违反法律规定，是合法有效的。故从该承诺的角度出发，冠龙公司在查知唐某伪造学历后，基于承诺而解除合同亦是有依据的。

**案例二：**2018 年北京市劳动人事争议仲裁委员会"十大典型案例"

**基本案情**

陈某于 2017 年 1 月 5 日入职北京某电子公司，双方订立了为期 5 年的劳动合同，约定其担任品牌营销经理。入职 2 个月后，北京某电子公司向陈某发出试用期解除劳动合同通知书，以不符合录用条件为由与其解除了劳动合同。陈某不认可北京某电子公司的解除理由，遂提起劳动争议仲裁，要求北京某电子公司支付违法解除劳动合同赔偿金。

庭审中，北京某电子公司提交了求职登记表、入职承诺书及一份民事判决书，佐证陈某伪造重要工作经历，工作能力及工作表现与其工作履历严重不符。陈某对上述证据的真实性均不持异议，声称其在外地股份公司的工作是兼职，故没有写进工作履历中去，但未能就其主张提供证据证明。

**裁决理由**

仲裁委员会审理后认为，陈某在入职时虚构重要工作履历，所填报的工资收入与实际收入差别巨大，其所表现出的工作能力、工作经验与工作履历不符，北京某电子公司在试用期内与其解除劳动合同符合法律规定，故裁决驳回其仲裁请求。

---

2. 以劳动者提供虚假简历为由解除劳动合同的构成要件解析。

用人单位以劳动者提交虚假简历为由，解除劳动合同主要依据以下法律规定：

（1）《劳动合同法》第26条规定："下列劳动合同无效或者部分无效：（一）以欺诈、胁迫的手段或者乘人之危，使对方在违背真实意思的情况下订立或者变更劳动合同的；（二）用人单位免除自己的法定责任、排除劳动者权利的；（三）违反法律、行政法规强制性规定的。对劳动合同的无效或者部分无效有争议的，由劳动争议仲裁机构或者人民法院确认。"

（2）《劳动合同法》第39条规定："劳动者有下列情形之一的，用人单位可以解除劳动合同：（一）在试用期间被证明不符合录用条件的；（二）严重违反用人单位的规章制度的；（三）严重失职，营私舞弊，给用人单位造成重大损害的；（四）劳动者同时与其他用人单位建立劳动关系，对完成本单位的工作任务造成严重影响，或者经用人单位提出，拒不改正的；（五）因本法第二十六条第一款第一项规定的情形致使劳动合同无效的；（六）被依法追究刑事责任的。"

在此类案件中，最大的争议焦点是"是否构成欺诈"。

基于每个个案的特殊性，并不能"一刀切"地认为"凡是简历造假均构成欺诈"。本札记通过对系列案例的分析，总结当前司法实践中法院对"欺诈"的认定标准。

根据《关于贯彻执行〈中华人民共和国民法通则〉若干问题的意见（试行）》（现已失效）第68条规定："一方当事人故意告知对方虚假情况，或者故意隐瞒真实情况，诱使对方当事人作出错误意思表示的，可以认定为欺诈行为。"因此，欺诈可分为以下两个构成要件：一是员工故意告知虚假事实或故意隐瞒事实（客观行为）；二是员工“欺诈”导致用人单位陷入错误认识，而因此作出错误的民事行为（因果关系）。

（1）员工故意告知虚假事实或故意隐瞒事实

员工故意告知虚假学历，不用过多陈述。而员工故意隐瞒学历，这种消极欺诈如何认定？在实践中，隐瞒学历构成欺诈的前提通常为员工负有法定或是约定的告知义务，存在应当告知而故意隐瞒不告知的情形。因此，在仲裁、诉讼中，如果用人单位能够举证（如合同约定、招聘广告、录用条件、岗位说明书等）证明，对劳动者应聘岗位有特定的学历要求，且该学历要求对录用具有重大影响的，将有助于认定员工有告知义务，故意不告知构成欺诈。

实践中类似的问题还有员工隐瞒婚育状况、隐瞒刑事处分情况等，与隐瞒学历问题同理，需看是否具有告知义务，且该事实对聘用是否具有重大影响等，在此不再展开叙述。

## 参考案例

**案例三：**员工存在应当向单位告知学历的约定义务时，不得隐瞒。但相反，员工虽隐瞒或无法提供学历，但公司未及时处理的，也可能因此推定单位已知员工学历造假，不构成欺诈——江苏省盐城市中级人民法院（2014）盐民终字第2308号

**基本案情**

公司在员工入职时出具了入职告知书并经员工签收，要求员工在两日内提供学历等个人相关信息资料，但员工未提供相关学历资料。

**裁决理由**

公司提交一份2009年由员工签字的入职告知书，要求在两日内提供个人相关信息资料包括学历、职称（含专业技能证书）等。公司与员工签订书面劳动合同是在2012年，在此期间公司对员工不能提供上

述学历及职称资料应该是明知的，但在试用期满后仍继续用工并与之签订劳动合同，说明其对员工的自身条件是认可的。因此，公司认为员工采取欺诈手段导致公司作出错误意思表示的上诉理由不能成立。

（2）员工欺诈导致用人单位陷入错误认识，并因此做出错误的意思表示

司法裁判主流观点认为，用人单位应当举证证明，劳动者提供虚假简历对录用决定有直接影响。反之，若劳动者是否提供简历，提供简历内容，不影响录用的，则即便存在提供虚假简历的情况，亦不属于“陷入错误认识，并作出错误意思表示”的情形。因此，劳动者提供虚假简历并非用人单位解除劳动合同的“尚方宝剑”，用人单位应以欺诈构成要件为基础，对纠纷进行具体分析评判，以作出合理决策。

## 参考案例

**案例四：** 学历非聘用岗位的重要影响因素，因不存在因果关系而不构成欺诈——广东省深圳市中级人民法院（2015）深中法劳终字第5209号民事判决

**基本案情**

员工确认的员工档案表、履历表，员工在就学经历中“是否毕业”一栏画钩确认，未对自己是结业而非毕业的事实另作说明。

**裁决理由**

公司未提交证据证明招聘时对应聘者的学历已有明确的要求，且公司高薪聘用员工担任副总经理，应是结合员工曾在其他公司担任过5年副总经理等相关工作经历，进行综合考量之后的决定，员工的就学经历并非公司高薪聘用其担任公司重要职位的决定性因素，因此，员工应聘时未对就学经历作如实陈述，并不必然构成在订立及履行劳动合同上的欺诈。

**案例五**：单位已知晓员工真实学历情况的，不构成欺诈——郭某诉江苏益丰大药房连锁有限公司劳动争议二审案（《最高人民法院公报》2010年第6期）

**基本案情**

公司在招聘简章及劳动合同中约定的录用条件是具备中专以上学历，但员工签约时，尚是在校学生，不满足公司要求的录用条件。

**裁决理由**

员工签约时虽不具备公司要求的录用条件，但员工在填写公司求职人员登记表时，明确告知了公司其系2008届毕业生，2007年是学校规定的实习年，自己可以正常上班，但尚未毕业。公司对此情形完全知晓，双方在此基础上就应聘、录用达成一致意见，签订劳动合同。因此，劳动合同的签订是双方真实意思的表示，不存在欺诈、隐瞒事实或胁迫等情形。

---

### （二）确认劳动者简历造假背景下，劳动报酬支付标准

劳动合同无效的，自始对用人单位和劳动者不发生法律约束力，但这并不意味着用人单位无须支付劳动者已提供劳动的报酬。

最高人民法院《关于审理劳动争议案件适用法律问题的解释（一）》第41条（原《关于审理劳动争议案件适用法律若干问题的解释》第14条）规定："劳动合同被确认为无效，劳动者已付出劳动的，用人单位应当按照劳动合同法第二十八条、第四十六条、第四十七条的规定向劳动者支付劳动报酬和经济补偿。"相类似地，《劳动合同法》第28条规定："劳动合同被确认无效，劳动者已付出劳动的，用人单位应当向劳动者支付劳动报酬。劳动报酬的数额，参照本单位相同或者相近岗位劳动者的劳动报酬确定。"

## 参考案例

**案例六：**因劳动者简历造假导致劳动合同确认无效，其报酬应参照用人单位相同或者相近岗位，或者参照双方约定——浙江省杭州市中级人民法院（2017）浙01民终8650号

**基本案情**

经生效判决认定，姚某对其学历和工作履历造假，以欺诈手段使顺达公司在违背真实意思的情况下双方建立劳动关系，姚某与顺达公司之间的劳动关系无效。

**裁决理由**

由于姚某提供虚假的学历和工作履历导致劳动关系被确认无效的情况下，顺达公司有权解除劳动合同，但应支付劳动报酬。姚某陈述其月工资1万元，但因双方达成的口头协议被确认无效，姚某不能按照月工资1万元的标准要求顺达公司支付劳动报酬。双方当事人均未提供顺达公司相同或者相近岗位劳动者的报酬，故法院参照顺达公司在智联招聘发布的招聘信息，确定姚某的劳动报酬为年薪8万元。

## 胜诉指引

该案件，律师自纠纷发生之初介入，一直跟踪到诉讼案件处理完毕。从前期劳动关系解除方案拟定，到根据方案取证参加诉讼，最终获得胜诉结果。纠纷处理过程，既要求律师具有丰富的人力资源专业领域执业经验，又要求律师具有较强的诉讼案件代理能力。

## （一）律师应当积累丰富的专业领域经验

根据南京某氢能源公司介绍纠纷双方纠纷发生过程，承办律师从南京某氢能源公司对陈某工作能力的严重质疑中意识到，陈某可能存在提交虚假简历的行为。该判断并非凭空而来，而是基于多次的劳动争议纠纷处理经验和以下专业信息的积累：

2017 年，新华社公布的数据显示，候选人为顺利获得就业机会而提交的学历证书，造假率高达 20%。

2019 年，某人力资源咨询公司对“各求职信用风险项目调查人数报告异常比例”做了统计，履历造假占比为 57.51%，教育信息虚假占比 10.43%，22.42% 的候选人“存在商业利益冲突”，10.40% 的候选人的“专业资格证异常”。

在承办律师的指引下，南京某氢能源公司进行了初步信息的核查，核查后发现陈某确实存在较为严重的学历、履历造假。该事实的确认，为离职方案及诉讼方案的拟定奠定了基础，避免了更多法律风险的产生。

如果以搜集证据、提交证据作为律师执业水平进阶路径，根据现有认知我们认为应当有两个进阶层次。一个层次是，律师应以请求权基础作为逻辑起点，将现有证据进行搜集整理，完善证据链。例如，在本案中，陈某处于试用期，工作表现不符合录用条件，可根据不符合录用条件的法定构成要件进行证据搜集与整理。更高的一个层次是，律师根据专业领域经验积累，审查是否有新的案件承办思路，向客户提出有创造性的纠纷解决方案，并据此搜集、整理、甚至创造证据。例如，在本案中，承办律师认为陈某存在提交虚假简历行为的嫌疑，调查事实符合猜测后，即以此为思路就其真实学历、履历进行调查取证作为定案的依据。

## （二）善于使用调查令，有利于化解取证难困境

民事诉讼中，当事人对自己提出的主张，有责任提供证据，也就是我们通常所说的“谁主张，谁举证”。调查令是指民事诉讼当事人及其代理律师因客观原因不能自行调查取证时，经当事人和代理律师书面申请并获受理案件的人民法院批准，由人民法院签发的供指定代理律师向相关单位、组织和个人调查

收集特定证据、调取财产线索的法律文件。

调查令是当事人的权利的一个延伸，也是律师权利的保障，打通了从法庭到律师再到被调查单位的通道。对于化解律师“取证难”困境，提高当事人应诉能力，优化司法资源配置，提高司法效率有着促进作用。对于调查令，需要解决申请与使用两个问题。

律师在审理阶段申请调查令，一般在案件受理后，举证期限届满前提出；因客观原因不能在举证期限内提出的，不受此期限的限制。

申请书应当载明申请调查证据所涉案件的案号、案由，申请调查证据的名称、证明目的、无法自行获得证据的原因，接受调查人名称或姓名。执行案件中还应载明被执行人财产线索等内容。由于调查令是由承办法官决定是否签发，故承办律师在提交申请书时，需详细列明调查事项与待证事实之间的关联性和必要性，当然提交初步关联证据会提高调查令签发概率。

本案证明陈某向南京某氢能源公司提交虚假简历行为，需要提交证据证明陈某的真实学历、履历情况。由于陈某本人作为人力资源总监，负责保管其档案文件，纠纷发生后南京某氢能源公司未发现其提交毕业证复印件，故无法通过学信网核查其毕业证书真实性，唯一取证路径即为毕业院校档案查询。陈某履历调查过程中，承办律师了解到其部分履历信息为虚假描述，陈某原用人单位仅同意口头告知真实信息，明确提出如需要出具加盖公章的证明文件需要法院出具调查文书。

承办律师在法定时间内及时与承办法官取得联系，取得调查令并顺利调取证据。

此外，由于调查令易增加被调查人的心理压力，引起不安情绪，律师持令调查时，应有意识地与被调查人耐心沟通，尽量避免制造对立气氛。例如，曾有被调查单位因不满律师过于强势的取证态度，拖延交付证据材料的情况。而反之，调查过程中与被调查人进行耐心沟通，或许会收获意外成果。例如，某同行曾在向质监部门调取建材检测报告时，通过交流发现被调查人处存档了一份更有利的报告，经沟通被调查人提供了原件供笔者翻阅但禁止拍照、复印。事后该律师通过向法院补充申请调查令的方式，成功调取了相关报告。

## （三）特殊岗位员工争议解决

陈某作为南京某氢能源公司人力资源总监，其纠纷发生与岗位之间具有直接的联系，该事实与判决结果也有一定关联。我们在诸多案件的承办中，发现案件如果涉及高管和高级技术人员，会有不同于一般劳动争议的特点存在。对此北京市海淀区人民法院、北京市第一中级人民法院均有系统性总结。

2015 年北京市海淀区人民法院发布《关于高管和高级技术人员涉及劳动争议类型白皮书》，披露：

1. 近年来，就涉案劳动者而言，虽然普通员工占绝大多数，但企业高管和高级技术人员所占的比例呈逐年上升趋势。

2. 高管和高级技术人员涉诉案件具有如下 3 个方面的突出特点：第一，相较于普通劳动者，由于高管和高级技术人员的薪酬待遇普遍较高，因此涉诉标的额较大。第二，高管和高级技术人员在管理能力、工作经验、学历水平等方面较普通劳动者突出，往往能收集和掌握核心证据，应诉能力较强，维权也相对较为理性。因此，高管和高级技术人员的胜诉比例也明显高于普通劳动者。第三，由于高管和高级技术人员属于用人单位的核心人才资源，矛盾纠纷发生后，对企业的经营管理甚至生存发展都带来较大冲击，因而该类人员涉案比例的上升，将成为影响核心区劳动关系稳定的突出要素。

2020 年 12 月 4 日，北京市第一中级人民法院召开涉公司高管劳动争议十大典型案例新闻发布会，披露：

1. 涉公司高管劳动争议二审案件整体呈稳中有增趋势。近两年此类案件数量增长幅度较大。

2. 具体来看，案件呈现以下特点：第一，诉讼请求复合化，当事人在提起诉讼时一般会同时主张多项权利，涉及工资、奖金提成、加班费、竞业限制义务、违法解除赔偿金等多项内容。第二，涉诉标的金额较高，公司高管的工资待遇普遍较高，除固定工资外，还可能有股票期权、风险奖金等其他收入，而普通劳动者的工资收入则较为固定。因此相对而言，该类案件标的额通常较高。第三，高管应诉能力较强，相对于普通劳动者而言，公司高管谈判能力更为突出，工作经验更为丰富，对劳动关系中双方所需要承担的权利义务更为明了，具有良好的证据意识和举证能力。同时由于职务原因，公司高管能够有效地收集和掌握核心证据，应诉能力较强。第四，新兴行业涉诉较多。第五，法律适用存在交叉，此类案件的审理不仅涉及劳动法律规范的适用，还存在与公司法、反不正当竞争法等其他部门法交叉的情况。例如，违约责任与侵权责任的竞合，股权激励的劳动法属性与公司法属性并行，这都给案件审理带来了一定挑战。

综合以上，律师在承办涉及高管和高级技术人员类案件应注重其岗位特点与争议解决之间的关系，用人单位在日常管理过程中也应做好分类管理的工作。

# 用人单位违法解除劳动合同，劳动者能否请求继续履行

## ——南京某广告公司与胡某劳动争议案

关键词 违法解除 劳动合同 继续履行

## 基本案情

2018 年 3 月 15 日，胡某入职南京某广告公司（以下简称某公司），双方签署劳动合同，约定胡某在某公司从事人力资源工作，劳动期限为 2018 年 3 月 15 日至 2021 年 3 月 14 日。2018 年 11 月 16 日胡某分娩，并于 2018 年 11 月 17 日至 2019 年 3 月 27 日休产假。

由于胡某在工作过程中有多次不服从用人单位管理的情况，且工作成果亦无法达到某公司要求。

2019 年 3 月 11 日，某公司向胡某出具解除劳动合同通知书，以“胡某不服从新的岗位调整，不符合我司用人标准”为由，告知胡某于 2019 年 3 月 27 日解除劳动合同。

胡某则主张，某公司从未告知要求其换岗。后胡某申请劳动仲裁、提起诉讼，请求法院判决某公司继续履行劳动合同。

法院认为，某公司解除劳动关系行为违法，但提供证据证明了不具有继续履行劳动合同主、客观条件，判决驳回胡某继续履行劳动合同的主张，并释明有权另行起诉要求某公司支付违法解除劳动合同的赔偿金。

## 法律分析

《劳动合同法》第42条规定，劳动者有下列情形之一的，用人单位不得依照本法第40条、第41条的规定解除劳动合同：……（4）女职工在孕期、产期、哺乳期的。本案中，胡某2019年3月27日结束产假后仍然处于哺乳期，某公司虽主张依据《劳动合同法》第39条第2款，以胡某旷工严重违反规章制度为由与其解除劳动关系，但是并不能提供证据证明双方已就调岗事宜达成一致，或其他合法的单方调岗事由。因此，本案中某公司系违法解除劳动合同并无争议。本案主要争议点在于，在用人单位违法解除劳动合同的情形下，劳动者要求继续履行的，能否被支持。

《劳动合同法》第48条规定，用人单位违反本法规定解除或者终止劳动合同，劳动者要求继续履行劳动合同的，用人单位应当继续履行；劳动者不要求继续履行劳动合同或者劳动合同已经不能继续履行的，用人单位应当依照本法第87条规定支付赔偿金。根据该规定，胡某可以依法要求某公司继续履行劳动合同，但是某公司是否需要继续履行劳动合同，还需要考虑该合同客观上是否能够继续履行。

《江苏省人事争议疑难问题研讨会纪要》第2条第7款规定，对于劳动合同不能继续履行的审查，应当基于用人单位的抗辩而启动。审查时既要考量用人单位主观不愿继续履行的意思表示，还要审查劳动合同不能继续履行的客观情形。仲裁机构在确认劳动合同已无法继续履行，应当向劳动者进行释明，告知其可以变更仲裁请求为要求用人单位支付违法解除劳动合同的赔偿金。如果劳动者坚持不变更，则应当驳回继续履行劳动合同的请求，并告知可以另行主张违法解除劳动合同的赔偿金。根据上述规章的规定，法院在审查劳动合同能否继续履行时，通常从以下两个方面进行考察：

### （一）是否具备继续履行劳动合同的客观条件

所谓“继续履行劳动合同的客观条件”，即劳动者能否回到原岗位（或类似岗位）工作的客观情况。

## 参考案例

**案例一：**劳动合同中约定岗位仍存在且劳动者同意到岗的，劳动合同应继续履行——宁夏回族自治区高级人民法院（2013）宁民终字第3426号

**基本案情**

2011年7月18日，万某与某投资公司签订劳动合同，约定工作内容为商务代表，从事销售工作。自2012年3月29日起，万某以停经待查、先兆流产等事由多次请假。2012年4月12日，某投资公司以书面通知的方式根据《劳动合同法》第40条第1款第2项解除了其与万某之间的劳动合同，理由为万某未提供明确诊断记录证明确已怀孕，且自2011年7月18日入职以来，没有销售业绩。

**裁决理由**

南京市中级人民法院认为，某投资公司虽然称其公司在上海的办事处已经撤销，但劳动合同的用人单位为某投资公司，且某投资公司南京公司仍存在合同中约定的劳动岗位，万某亦同意到南京工作，故此情形并不符合劳动合同不能继续履行的情形，某投资公司应当继续履行合同。

**案例二：** 劳动者要求恢复劳动关系并非客观上不可能，劳动合同应继续履行——江苏省南京市中级人民法院（2018）苏01民终2827号

**基本案情**

杨某于2009年10月9日入职某软件公司，工作岗位为系统产品研发岗位。2016年12月25日，某软件公司作出《关于无线产品经营部－无线研究院－CNN一部岗位编制调整的决定》，杨某所在的xGW特性F1团队编制人数由11人减少为10人，该决定自2017年1月1日起执行。2017年1月，某软件公司以杨某不能胜任工作、经培训或调动仍不能胜任工作为由，于2017年2月28日解除与杨某的劳动合同，并将解除劳动合同通知书邮寄给了杨某。

**裁决理由**

南京市中级人民法院认为，某软件公司提供案外人出具的证言证明杨某的工作已经由其他同事共同承担，无空余岗位可供杨某恢复劳动关系，但未提供其他证据予以证明。因此被上诉人杨某要求恢复劳动关系并非客观上不可能，一审判决恢复双方劳动关系并无不当。

**案例三：** 岗位已被他人取代，劳动者与用人单位的劳动合同客观上不能继续履行且主观上双方失去互信基础的，劳动合同已无继续履行的必要——江苏省南京市中级人民法院（2018）苏01民终494号

唐某1999年3月入职，某分店主张唐某在最终警告有效期内再次发生同一层级的最终警告违法行为，两次最终警告合并升级为“解聘”处分，并提供了管理层排班规定、2017年6月和7月的排班表、出勤统计及监控视频截图，欲证明唐某作为店总经理应当按排班表到岗，但唐某有多次未按时上班且未履行说明手续。唐某称并未收到2016年11月1日后的警告通知，2017年6月10日谈话中才被告知受到警告的情况，且

管理层排班规定未履行告知手续，不得作为考核依据。

**裁决理由**

南京市中级人民法院认为，某分店违法解除与唐某的劳动合同后已另行聘用案外人担任总经理职务，唐某的职位已被他人取代，双方之间的劳动合同客观上不能继续履行，且某分店明确表示双方已失去信任，主观上不愿继续履行劳动合同。综合主客观情况来看，唐某与某分店之间的劳动合同已无继续履行的基础，故对于唐某要求继续履行劳动合同的诉讼请求，不予支持。

---

### （二）用人单位对于继续履行劳动合同的主观态度

因为劳动合同具有强烈的人身依附性，需要劳动者与用人单位之间的相互信任，在双方矛盾较大的情况下，仍然要求继续履行劳动合同，可能会引发新的纠纷。所以，劳动者和用人单位的主观态度也会对法院判决产生影响。

本案中，某公司提供证据证明，公司员工总数不超过10名，人力资源管理岗位仅需要一名员工，而在胡某离开工作岗位之后，张某已经替代了其职位。此外，公司的其他员工及负责人均发表声明表示反对胡某回来工作。法院考虑到某公司在庭审中多次明确表述拒绝继续履行劳动合同的主观态度，以及胡某的岗位已经被取代的客观情况，判决某公司支付胡某产假期间工资，但驳回了胡某继续履行劳动合同的请求。

## 胜诉指引

### （一）帮助用人单位制定合理的诉讼目标，是律师案件代理工作的重要组成部分

承办律师在最初接触本案件时，用人单位提出劳动者工作中存在诸多问题，

希望争取法院认定解除劳动合同合法。承办律师在详细了解案件情况后，向用人单位释明证据链不闭合，且劳动者处于哺乳期，在保护“三期”女员工的基本原则下，该诉讼目标基本上无法实现。

同时承办律师提出，作为用人单位，解除合同行为被认定为违法解除固然是难以接受的，但是，如果判决继续履行劳动合同，则会对用人单位造成更大影响。因为其结果不仅仅是对用人单位解除劳动合同合法性的否认，更是对用人单位管理体系的挑战。从实际出发，本案应以不再继续履行劳动合同为诉讼目标。

## （二）用人单位与承办律师良好配合，有助于诉讼目标的实现

违法解除劳动合同是劳动争议中较为典型的类型，劳动者往往选择要求用人单位支付违法解除劳动合同赔偿金，但是在特定的环境下部分劳动者选择继续履行劳动合同。常见的特定环境有三类：第一类是劳动者工龄短，但是工资较高，选择继续履行劳动合同的同时主张诉讼期间工资损失，一旦得到支持判决金额将远远高于违法解除劳动合同赔偿金金额；第二类是劳动者是“三期”女员工，选择继续履行劳动合同，是其希望享受完整的“三期”待遇，同时考虑到该情况下短时间内不便应聘新的岗位；第三类是纯粹的法律之争，劳动者内心确认用人单位解除劳动合同违法，并希望继续履行劳动合同。

本案中，胡某依法享有“要求某公司继续履行劳动合同”的请求权，而作为某公司的代理人，为维护委托人利益，我们必须选择最优的诉讼策略，证明某公司主观上不愿意继续履行劳动合同，并且客观上劳动合同已经无法履行。

一方面，我们提交了公司其他员工反对胡某回来继续任职的意见，充分表明公司的态度。另一方面，提交了公司与张某签订的《劳动合同》《劳动合同补充协议》《岗位调整补充协议》，用于证明张某自 2018 年 4 月 16 日与某公司建立劳动关系，岗位为总经理助理。2018 年 11 月 5 日岗位协商调整为人事部经理。某公司工作人员不满 10 人，客观上不可能需要两个人事部经理，胡某原先从事的工作岗位现已不存在，而公司内部其他岗位专业性较强，胡某均无法胜任。

本案在代理律师与公司的配合下，形成了良好的庭审效果，最终帮助公司实现了诉讼目标。

# 第三章

# 劳动报酬与工时休假

# 约定不缴纳社会保险，主张经济补偿能否获得支持

## ——南京某汽配公司与何某经济补偿纠纷案

关键词 约定不缴社保 法律效力 经济补偿

### 基本案情

何某1982年4月15日出生，于2010年2月12日进入南京某汽配公司（以下简称公司）工作，双方签订了劳动合同。何某向公司出具申请书，明确表示放弃缴纳社会保险。公司未为何某缴纳社会保险，每月向何某支付社保补贴400元。

2020年10月27日，何某向公司邮寄解除劳动合同通知书，以公司未缴纳社会保险为由提出解除双方劳动合同，该通知书于2020年10月28日送达公司。

此后，何某先后申请仲裁、向南京市某区人民法院起诉，要求公司支付经济补偿105,800元。

何某认为，自己向公司出具的放弃缴纳社会保险的申请书无效。公司未缴纳社会保险属于违法行为，自己依据《劳动合同法》第38条规定与公司解除劳

动合同，公司应当支付经济补偿。

公司认为，何某自愿放弃参加社会保险的申请是其真实意思表示。公司已按照每月 400 元的标准向何某发放社保补贴。何某自愿放弃社保并获得社保补贴后反悔，主张经济补偿没有依据，不应当得到支持。

双方争议焦点：(1) 何某向公司出具的放弃缴纳社会保险的申请书是否有效？(2) 公司是否应向何某支付经济补偿？

本案经过劳动仲裁、法院一审，法院认为，虽然用人单位未为劳动者缴纳社保应支付经济补偿，但何某系自愿放弃参加社保，现又以此为由主张经济补偿，有违诚实信用。对何某主张经济补偿的诉讼请求，不予支持。

## 法律分析

### (一) 劳动者自愿放弃或双方约定不缴纳社会保险的效力

《劳动法》第 72 条规定：“社会保险基金按照保险类型确定资金来源，逐步实行社会统筹。用人单位和劳动者必须依法参加社会保险，缴纳社会保险费。”

《社会保险法》第 4 条第 1 款规定：“中华人民共和国境内的用人单位和个人依法缴纳社会保险费，有权查询缴费记录、个人权益记录，要求社会保险经办机构提供社会保险咨询等相关服务。”

用人单位为劳动者参加社会保险是法律规定的强制性义务，并不因双方约定而免除。实践中，有些劳动者会提出一些看似合理的理由，如已经缴纳农村养老保险或者短期外出务工等，要求用人单位支付一定的社保补贴而不缴纳社保，这种行为因违反法律规定而无效。本案中，何某向公司申请不缴纳社会保险，公司按月向何某支付社保补贴，这种约定看似公平，实则无效。

## 参考案例

**案例一：**用工双方约定不参加社保无效——2014年江苏省苏州市中级人民法院劳动者权益保护典型案例

**基本案情**

苏州某公司职工李某向公司提交申请，主要内容为："公司已依法告知参加社会保险事宜，并敦促提供相关资料，经本人慎重考虑，决定不参加社会保险。因此而产生的责任及后果均由我本人承担。请将公司应承担之社会保险费随工资发放给本人。"

为此，该公司未为李某办理企业职工社会保险参保手续。后来，李某因脑出血、肋骨骨折、肺挫伤在医院住院治疗，共支付医疗费6万余元。李某申请公司支付相关医疗费。法院经审理认为，双方之间合意因违反法律强制性规定而无效，故判决某公司全部赔偿李某相应的医疗费损失。

**裁决理由**

为职工参加社会保险是用人单位的法定义务，属于法律规定的强制性义务。李某申请不参加社会保险，某公司未为李某参加社会保险，双方之间合意因违反法律强制性规定而无效。

李某患病产生的医疗费因未参加社会保险而无法获得基本医疗保险基金的支付，由此产生的损失应由用人单位承担。

### （二）劳动者放弃缴纳社会保险后，能否以未缴社会保险为由主张权利

用人单位不缴纳社会保险的行为违反了法律规定，存在很多风险。作为劳动者，即使放弃缴纳社会保险，由于该行为无效，仍可以向用人单位主张权利。

1. 要求用人单位补缴社会保险

这种情况下，用人单位应当补缴，但可以要求劳动者承担补缴社保产生的滞纳金。如果向劳动者发放了社保补贴的，可以要求全额返还。

2. 要求用人单位承担未缴纳社会保险的损失

最高人民法院《关于审理劳动争议案件适用法律问题的解释（一）》第1条规定："劳动者与用人单位之间发生的下列纠纷，属于劳动争议，当事人不服劳动争议仲裁机构作出的裁决，依法提起诉讼的，人民法院应予受理：……（五）劳动者以用人单位未为其办理社会保险手续，且社会保险经办机构不能补办导致其无法享受社会保险待遇为由，要求用人单位赔偿损失发生的纠纷……"

此时的损失可能是医疗费、生育津贴，也可能是工伤保险待遇、养老保险待遇。

《工伤保险条例》第62条第2款规定，依照本条例规定应当参加工伤保险而未参加工伤保险的用人单位职工发生工伤的，由该用人单位按照本条例规定的工伤保险待遇项目和标准支付费用。

江苏省高级人民法院、省劳动人事争议仲裁委员会《关于印发〈关于审理劳动人事争议案件的指导意见（二）〉的通知》第20条规定："劳动者超过法定退休年龄请求用人单位赔偿养老保险待遇损失，且经社会保险经办机构审核确实不能补缴或者继续缴纳养老保险费的，自该用人单位依法应当为劳动者办理社会保险之日起，如果劳动者在用人单位连续工作未满十五年，用人单位应按照每满一年发给相当于一个月当地上一年度职工月平均工资标准一次性支付劳动者养老保险待遇赔偿。如果劳动者在用人单位连续工作满十五年，用人单位应按统筹地区社会保险经办机构核定的，以当地最低社会保险缴费基数为缴费基准，并按其应当缴费年限确定养老金数额，按月支付劳动者养老保险待遇，并随当地企业退休人员养老金水平调整而调整。"

用人单位赔偿损失时，如果之前向劳动者发放了社保补贴的，可以要求劳动者全额返还。

### （三）劳动者能否以用人单位未依法缴纳社会保险为由解除劳动关系并主张经济补偿

江苏省高级人民法院、省劳动争议仲裁委员会《关于印发〈关于审理劳动争议案件的指导意见〉的通知》第16条规定："因劳动者自身不愿缴纳等不可归责于用人单位的原因，导致用人单位未为其缴纳或未足额缴纳社会保险费，或者未参加某项社会保险险种，劳动者请求解除劳动合同并主张用人单位支付经济补偿的，不予支持。"

## 参考案例

**案例二：** 约定不缴纳社会保险，违反法律各自担责——2018年江苏省南通市中级人民法院劳动争议典型案例

**基本案情**

何某于2009年1月与某公司签订劳动合同从事保安工作，其先后多次向公司出具承诺书，称已经缴纳了农村养老保险，不要公司为其缴纳社会保险，如发生工伤意外等均与公司无关。应何某要求，某公司将社会保险费以现金形式定期发给何某。后何某辞职，要求公司赔偿未为其缴纳社会保险费的待遇损失55,980元和经济补偿49,467元。法院认为，其公司应何某承诺而不为其缴纳社会保险，违反了法律强制规定而无效，应支付何某养老保险待遇损失46,436元，已经向何某发放的"社保补贴"总计48,883.8元，不属于劳动报酬，何某应当全额返还。两相抵扣，某公司不再承担给付责任。未缴纳社会保险是何某自身不愿缴纳等不可完全归责于某公司的原因导致，何某据此主张经济补偿，有违诚信，不予支持。

**裁决理由**

劳动者和用人单位双方约定，或者劳动者单方承诺，要求单位不为劳动者缴纳社会保险费、由单位直接支付"社保补贴"，该做法因

违反《社会保险法》强制性规定而无效。劳动者要求单位承担未缴纳社会保险费损失的，单位应当赔偿其损失，但劳动者对已经领取的“社保补贴”应全额返还单位；劳动者以单位未依法缴纳社会保险费为由要求解除劳动关系并主张经济补偿的，因劳动者自身存在过错而不应支持。

---

山东省的法院与江苏省的法院观点一致，认为劳动者放弃缴纳社会保险，之后以未缴纳社会保险向单位主张经济补偿的，有违诚信原则，不应支持。

但是北京市、天津市的法院持相反观点，认为劳动者承诺放弃缴纳社会保险的行为因违反法律强制性规定而无效，劳动者以未缴纳社会保险为由解除劳动关系，主张经济补偿的，仍应支持。

## 参考案例

**案例三：** 劳动者承诺放弃缴纳社会保险无效，用人单位仍需支付解除劳动合同经济补偿——北京市法院劳动关系诚信建设典型案例

**基本案情**

王某在某鞋业公司担任店长职务，双方于2008年12月至2015年2月存在劳动关系。因王某与某鞋业公司解除劳动关系产生纠纷，双方诉至法院。

王某为农村户口，王某主张因工作期间某鞋业公司未为其缴纳社会保险而被迫解除劳动合同，公司应依法支付经济补偿。某鞋业公司认为未缴纳社会保险是由于王某签署承诺书，放弃缴纳社会保险，承诺书内容为：“因自身原因拒绝提供缴纳社会保险所需要的一切材料，且自愿放弃办理社会保险，若日后出现医疗报销等社保纠纷时，自愿承担其后果，如有任何事情与公司无关。”

法院认为，虽然王某本人书写承诺书放弃缴纳社会保险，但该约定违反国家关于社会保险的法律规定，应属无效。王某主张因某鞋业公司未缴纳社会保险而要求公司支付解除劳动合同经济补偿的诉讼请求，法院予以支持。

**裁决理由**

《劳动法》第72条规定："用人单位和劳动者必须依法参加社会保险，缴纳社会保险费。"社会保险具有强制性，不可通过约定排除适用，用人单位和劳动者必须依法参加社会保险。为职工办理社会保险是用人单位法定义务，无论用人单位还是劳动者都不能随意处分这项权利义务。

---

现实生活中，劳动者本人书写的关于放弃缴纳社会保险的承诺虽属真实意思表示，但因违反法律法规的强制性规定而无效。劳动者以此为由解除劳动合同的，有权主张用人单位支付经济补偿。

## 胜诉指引

### （一）注意审查民事法律行为的效力

实务中，我们经常会遇到无效的或者可撤销的民事法律行为。

无效的民事法律行为主要有：

1. 无民事行为能力人实施的民事法律行为；
2. 行为人与相对人以虚假的意思表示实施的民事法律行为；
3. 违反法律、行政法规的强制性规定的民事法律行为；
4. 违背公序良俗的民事法律行为；
5. 行为人与相对人恶意串通，损害他人合法权益的民事法律行为。

本案中，何某向公司出具申请书，明确表示放弃缴纳社会保险的行为即属于以上第 3 项情形，属于无效的民事法律行为。

可撤销的民事法律行为主要有：

1. 基于重大误解实施的民事法律行为；

2. 一方以欺诈手段，使对方在违背真实意思的情况下实施的民事法律行为；

3. 第三人实施欺诈行为，使一方在违背真实意思的情况下实施的民事法律行为，对方知道或者应当知道该欺诈行为的；

4. 一方或者第三人以胁迫手段，使对方在违背真实意思的情况下实施的民事法律行为；

5. 一方或者第三人以胁迫手段，使对方在违背真实意思的情况下实施的民事法律行为。

注意审查民事法律行为的效力，是为了更好地分析案情，客观地判断利弊，以便做出最佳的应对策略。

### （二）分析不同法院的裁判观点，“因地制宜”处理案件

不同的省份，对本案的裁判观点迥异。作为公司的代理律师，本案在江苏、山东审理，自然是不需要考虑调解的，因为我们掌握了案件审理法院裁判观点这张“底牌”，判决对公司更有利。但如果本案在北京、天津审理，恐怕要把主要精力放在能否调解上，因为如果不能及时止损，判决结果肯定对公司不利。

### （三）争取胜诉的同时，也要考虑“标本兼治”

过程有时比结果更重要。承办律师代理本案，不仅取得了公司胜诉的结果，还对公司的用工管理提出了法律建议。

案件办理中，我们发现该公司存在部分职工不缴纳社会保险的情况。在详细询问原因后，我们就职工保险问题向公司提出以下建议：

1. 对于符合缴纳社会保险条件但不愿意缴纳社会保险的职工，立即停发社保补贴，书面通知限期配合办理社会保险参保手续。如果职工不配合，视情况作出处理：普通岗位的职工，解除劳动合同；重要岗位的职工，购买商业保险分散用工风险，并注意约定保险最终受益人为公司。

2. 对于不符合缴纳社会保险条件的职工，如退休后录用的人员，购买商业保险分散用工风险，并注意约定保险最终受益人为公司。

3. 对于符合单独缴纳工伤保险的超龄就业人员和实习生，依据《江苏省超过法定退休年龄人员和实习生参加工伤保险办法》单独缴纳工伤保险。

“治标不治本”在诉讼案件中已经代表着胜诉。但我们追求的不仅是胜诉，“标本兼治”才是终极胜利。

# 劳动者虚假病假的管理

## ——江苏某化工公司与谢某劳动争议案

关键词 虚假病假 在外兼职 规章制度 违纪 民主程序

### 基本案情

2003 年，谢某入职江苏某化工公司，并于 2007 年 9 月起借调到 KH 公司工作，谢某在 KH 公司考勤，工资由江苏某化工公司发放。2019 年 11 月借调终止。后谢某向江苏某化工公司申请病假，并长期未回岗工作。经公司核实，假条系其伪造，且谢某在“病假”期间开设新公司，并在抖音上进行宣传，表明其并不存在因病无法正常工作的情形。公司认为，谢某前述行为违反了劳动纪律和公司的规章制度，并造成了恶劣影响，给予谢某开除处分。谢某向仲裁委申请仲裁，要求江苏某化工公司支付违法解除劳动合同赔偿金。

仲裁委裁决不予支持谢某请求。

一审法院认为谢某在具备正常工作能力的情况下，提供虚假的疾病诊断证明书申请休病假，有违诚信原则，严重违反了劳动纪律，故对谢某的请求，不予支持。

二审法院维持原判。

## 法律分析

### (一)劳动者私自伪造病假条骗取病假的行为属于严重违反劳动纪律，可以辞退。

《劳动法》第25条第2项规定，劳动者严重违反劳动纪律或者用人单位规章制度的，用人单位可以解除与劳动者的劳动合同。原劳动部办公厅关于印发的《关于〈劳动法〉若干条文的说明》的通知中明确，“严重违反劳动纪律”的行为，可根据《企业职工奖惩条例》和《国营企业辞退违纪职工暂行规定》等有关法规认定。但上述两部法规均已失效，当前司法实践中劳动者是否严重违反劳动纪律被归入法院自由裁量的范畴。

而关于劳动者提供虚假病假条、拒不到岗工作的行为，当前司法实践判决观点如以下参考案例观点：

可参考以下案例观点。

## 参考案例

**案例一：**劳动者存在长期不到岗工作、无正当理由消极怠工构成严重违反劳动纪律——江苏省南京市中级人民法院(2019)苏01民终1944号

**基本案情**

2012年7月20日，杨某入职南京HR公司。2017年8月，南京HR公司查岗两次杨某均不在岗，致电要求其返岗后，仍未返岗。2017年11月27日，南京HR公司以杨某“待岗期间多次擅自离岗，并不服从管理影响极其恶劣，直接影响了动车服务部班组正常生产秩序，经批评教育仍不改”为由，解除与杨某的劳动合同关系。

**裁决理由**

南京市中级人民法院认为，《劳动法》第25条第2项规定，劳动者严重违反劳动纪律或者用人单位规章制度的，用人单位可以解除与劳动者的劳动合同。劳动者提供劳动，用人单位支付劳动报酬系劳动合同项下的核心内容，劳动者存在长期不到岗工作、无正当理由消极怠工等严重违反劳动纪律情形的，用人单位可依法解除与劳动者的劳动合同。

**案例二：**劳动者开具虚假病条，构成欺诈，违反诚信原则，属于严重违反劳动纪律——江苏省南京市江宁区人民法院（2018）苏0115民初12674号

**基本案情**

2004年1月1日，洪某入职BT公司。自2016年10月起，洪某提交盖有“江苏省第二中医院医疗专用章”，因腰椎间盘突出、建议休息的诊断证明，并以此申请病假，获BT公司批准。

2018年4月20日，BT公司因对洪某提交的诊断证明有所怀疑，前往江苏省第二中医院了解情况。当日，江苏省第二中医院医务处向BT公司出具证明，声明洪某的13张诊断证明均非该院在职医师开具。2018年4月24日，BT公司作出劳动合同解除通知书。

**判决理由**

洪某提交给BT公司用以申请病假的诊断证明，经本院向医院核实，确属无效证明，洪某也无法提供与诊断证明相对应的其他就诊材料，故应认定洪某的行为构成欺诈，有违劳动者的基本诚信，严重违反劳动纪律和BT公司的规章制度，故BT公司无须支付洪某2017年11月至12月的病假工资，并有权予以解雇，无须支付赔偿金。二审维持原判。

本案中，谢某请病假期间在外经营宠物学校并在接受电视台采访时表示已辞职，该状态与在江苏某化工公司的状态截然不同，抖音账号也显示其在各个推广平台上较高的活跃度。江苏某化工公司据此推定谢某不存在其所诉称的“抑郁症”。在无法以肉眼直接观察判定谢某身体状况的情况下，江苏某化工公司只能依据三甲医院符合正常流程手续出具的病假条或医疗材料来判断谢某的身体状况。经仲裁庭前往医院核查，证明谢某的病假条并非通过医院正常的病假程序系统出具。谢某以伪造的病假条博取江苏某化工公司领导同情、构建虚假病情事实、骗取病假，长期不到岗的行为是一种严重的过失、违反劳动纪律行为，并严重违反了公司的规章制度，可以辞退。

---

**（二）劳动者在外设立公司的兼职行为影响公司利益，用人单位可根据规章制度辞退。**

《劳动合同法》第 39 条第 4 项规定，劳动者同时与其他用人单位建立劳动关系，对完成本单位的工作任务造成严重影响，或者经用人单位提出，拒不改正的，用人单位可以解除劳动合同。

根据上述法律规定，法律并未禁止劳动者在外兼职，但这应当符合相关的条件。如《公司法》禁止担任公司、企业的董事、经理等高级经理人员兼任同类企业的职务；关于私募基金管理人登记的相关公告文件指出，基金公司的合规风控负责人、一般劳动者不得兼职等。同时，一般用人单位在规章制度中明确规定劳动者不得在外兼职的，法院一般认可该规定的合理性。而在规章制度未予规定的情况下，用人单位则需要进一步举证证明劳动者的兼职行为已经对完成本单位的本职工作造成严重影响，或者明确提出异议后仍不改正。

本案中，谢某成立了南京 CX 生态农业科技有限公司、江苏 SN 农业科技有限公司、南京 CX 宠物服务有限公司，并以宠物驯犬师身份在抖音平台上发布宣传，有正常工作的能力。但其却不到江苏某化工公司正常履职，对完成江苏某化工公司的工作任务造成严重影响，公司可以此为由，与其解除劳动关系。

## 胜诉指引

本案中，谢某“泡病假”不到岗，但自己的宠物店却经营得红红火火，在江苏某化工公司职工中造成了恶劣的影响。江苏某化工公司想辞退该劳动者，但一直未找到突破口。律师介入后，设计了处理方案，并最终妥善解决相关事宜。

### （一）解除合同前对劳动者的全面调查与证据收集

用人单位在对劳动者的工作表现不满意，屡次沟通无效后，容易产生解除劳动关系的想法。但由于规章制度不完善、取证不及时等原因，如果直接通知劳动者解除，将面对较大的法律风险。

例如，本案中，谢某长期请假，不愿意到岗工作，但公司在与其交流的过程中发现，其意识清晰，行动敏捷，并不存在明显的不能工作的情况，有“泡病假”的嫌疑。但谢某又确实提交了盖有医院公章、有医生签字的病假条，在请假手续上没有明显瑕疵。由此，公司便陷入了两难的局面，一方面，如果放任不管，将不利于对其他劳动者的管理，损害公司形象；另一方面，如果直接开除，存在被认定为违法解除的风险，更不利于树立公司威信。

代理律师在了解有关情况后，提出从两个角度进行取证的建议。其一，通过企查查等工具软件，核查谢某是否有在外设立公司或任职的记录，向其他劳动者了解谢某的朋友圈、微博、抖音等社交账号中的日常生活轨迹，判断其生活状态与其所称的病假状态是否明显有异。其二，拜访医院，了解谢某提交的病假条的真实性。

通过调查取证，代理律师帮助公司收集到了谢某在外开设3家公司并担任重要职务的工商信息，并且对谢某的抖音账号进行了公证，证明其在病假期间积极地为自身设立的公司做宣传，与其陈述的因病无法提供劳动的情况不符。此外，代理律师拜访了开具病假条的医院，了解到该医院只有一名该名字的医生，但是该名医生并不在病假条所列的科室中工作，代理律师对整个对话过程进行了录音。至此，本案证据收集工作基本完成。

解除劳动合同是否违法是本案的核心争议点，对此代理律师布局的答辩思路未局限于用人单位提供的有限信息，而是结合以往的案件办理经验体系性地分析争议发生过程、明确证据搜集思路。

### （二）规章制度不完善的补救方法

本案的第二个难题在于，江苏某化工公司规章制度存在不完善且过于宽松的问题，如果严格按照规章制度实施，则将极大提高解除的难度。这实际上也是大多数用人单位在面对劳动者的不当行为时，容易陷入的困境。

在此情形下，代理律师提出，援引《劳动法》第25条第2项规定，劳动者“严重违反劳动纪律或者用人单位规章制度的”，用人单位可以解除劳动合同。

同时，鉴于该规定中关于如何认定“严重违反劳动纪律”，法院具有较大的自由裁量权，因此，代理律师向法院提交了类案判决，供法官参考。

### （三）利用法院的调查取证权

上文已经提到，为了证明劳动者提供虚假病假条的事实，代理律师走访了医院，以患者家属的角度询问了开具该病假条的医生情况，并进行了录音。实际上，用人单位曾提出直接要求医院开具情况说明，证明该病假条系伪造。如果能取得有关证据，其证明力无疑是强过间接的录音证据的，但是，代理律师认为该取证方式存在难度，因为医院通常不会对病假条的真实性直接作出判断，特别是当该病假条上盖有医院公章，如果该病假条为虚假病假条，则意味着医院对病假条开具的管理存在一定漏洞，而律师并没有强制要求医院配合调查的权利。如果直接要求医院开具情况说明，极可能得不到医院的配合，甚至增大取证难度。

另外，代理律师提出，民事举证的基本原则为高度盖然性原则，即在民事诉讼中如果全案证据显示某一待证事实存在的可能性明显大于其不存在的可能性，使法官有理由相信它很可能存在，尽管还不能完全排除存在相反的可能性，也应当允许法官认定这一事实。因此，在举证时，当提出的证据使法官产生了信任该事实存在的效果，或对对方提出的事实产生了合理怀疑，则证明目的已基本达到，之后法官可能要求对方进行反证。在本案中，代理律师提交相关证据后，同时提出如果法院对该事实仍存在疑问的，可以行使调查取证权。一审法院到医院调查了解了病条开具的相关情况，并支持了公司的主张。

**（四）笔迹鉴定的驳回**

当一方当事人对对方提交证据签名的真实性提出质疑时，进行笔迹鉴定是惯常采取的措施。但应当明确，最高人民法院《关于民事诉讼证据的若干规定》第30条第1款规定，人民法院在审理案件过程中认为待证事实需要通过鉴定意见证明的，应当向当事人释明，并指定提出鉴定申请的期间。根据上述规定，司法鉴定只是确定证据真实性的方式之一，而并非一方当事人的法定权益，在法官认为当前事实已经达到高度盖然性标准，没有必要进行鉴定时，有权不予准许鉴定申请。

因此作为代理律师，需要注意的是，当我方能够提供证据证明，对方已经以其他方式对该证据真实性进行过确认时（如在庭审过程中确认证据真实性、已经按照合同约定内容履行、其他证据中提及文件签署等），则应当明确提出不同意对方进行鉴定。这一方面是基于节约时间成本考虑，另一方面确实存在代签的可能性，一旦司法鉴定结果为非对方签署，则法官将陷入内心确信与鉴定结果不一致的两难境地，此时，出于规避风险的考虑，极可能作出对我方不利的判决。

本案一审判决后，谢某提起上诉认为，用人单位提交的规章制度上的签名并非其本人所签，存在伪造的情况，并要求进行鉴定。代理律师则提出，谢某在一审庭审中已经明确表示，知悉规章制度规定，因此无须进行鉴定，并提交了一审庭审笔录作为证据。二审法院最终采信公司主张，并未准许进行鉴定。

# 特殊工时工作制度下加班工资的支付

## ——张某与南京某公司拖欠加班工资纠纷案

关键词 加班工资 协商解除 仲裁时效

## 基本案情

2010年9月28日张某入职南京某公司任趸船水手，工作两天，休息两天，工作内容为日常值班，帮助轮船靠岸，工作地点有休息室，可以吃饭、睡觉。双方签订无固定期限劳动合同一份，劳动合同约定实行不定时工作制，但某公司并未办理登记。

2019年3月28日，双方签署《协商解除劳动合同协议书》，约定本协议为甲乙双方解除劳动关系的一次性了结，甲乙双方再无其他任何纠葛与劳动争议。某公司按照合同约定向张某一次性支付了补偿费用。

2020年1月22日，某公司银行卡向张某转账4笔，共计2000多元。

2020年3月27日，张某通过EMS向某公司寄送补偿申请书一份，要求某公司支付加班费近40万元。

某公司未收到上述申请书，张某提起劳动仲裁，要求某公司支付超时加班工资356,400元、节假日加班工资42,460元。

2021年4月12日，南京市中级人民法院作出最终判决，维持原判，驳回张某的诉讼请求。

## 法律分析

本案主要争议焦点为某公司是否应当支付张某加班工资，就这一争议焦点可以从3个路径进行分析，一为加班工资支付条件是否满足；二为员工离职时双方已就劳动报酬完成结算能否另行要求支付加班工资；三为是否已经经过劳动争议仲裁时效。

### （一）加班工资支付条件

《劳动法》第44条第1项规定，用人单位安排劳动者延长工作时间的，支付不低于工资的150%的工资报酬。国务院《关于职工工作时间的规定》第3条规定，职工每日工作8小时、每周工作40小时。因此一般情形下，每周工作时间超过40小时的存在被认定为延长工作时间，应当支付1.5倍工资报酬的风险。此外，根据《劳动法》第44条第3项的规定，用人单位法定休假日安排劳动者工作的，应当支付不低于工资的300%的工资报酬。本案中，张某采取“上二休二”的工作模式，上班时张某需要整日在值班室中值班，张某的显性工作时间每周显然超过40小时。但本案的特殊之处在于，张某的工作场所有供其吃饭、睡觉的设施，工作时间内张某绝大多数时间处在休息等待状态中，实际帮助船舶靠岸的时间很少。

实际上，在用人单位采取工作几日休几日、值班式工作方式等非常规工作时间安排时，加班工资纠纷更为常见。处理该类问题，常见的方法为采用不定时工作制，根据《江苏省工资支付条例》第25条规定，经人力资源社会保障行政部门批准实行不定时工作制的，不执行该条例第20条的规定，即不需要支付加班工资。但由于采用不定时工作制需要进行有关的审批，用人单位或是不了解法律规定，或是认为办理审批过于麻烦，有时仅在劳动合同中进行约定，而没有取得法定审批手续，本案正是这种情况。在这种情形下，存在两种可以尝试的诉讼路径：

1. 虽然未取得审批，但劳动者的工作内容确实符合不定时工作制的特点

2009 年颁布实施的江苏省高级人民法院《关于审理劳动争议案件的指导意见（一）》第 24 条第 1 款规定，劳动者与用人单位因加班工资发生争议，用人单位主张由于劳动者工作性质、工作岗位的特点无法对其实行标准工时制度而实行不定时工作制或综合计算工时工作制，但用人单位未依法履行审批手续的，仍然应当认定其实行标准工时工作制。但劳动者的工作岗位具有不定时工作制或综合计算工时工作制的特点、依据标准工时制计算加班工资明显不合理，或者工作时间无法根据标准工时进行计算，或者其上级单位、行业主管部门已办理了相应岗位、工种的不定时工作制或综合计算工时工作制审批手续的，可以根据实际情况酌情计算劳动者加班工资。

2011 年颁布实施的江苏省高级人民法院《关于审理劳动争议案件的指导意见（二）》第 8 条进一步规定高级管理人员与用人单位发生加班工资争议，用人单位虽未办理不定时工作制审批手续，但高级管理人员的工作性质、工作岗位符合不定时工作制特点，依据标准工时制计算加班工资明显不合理，或者工作时间无法根据标准工时制进行计算的，可以认定高级管理人员实行的是不定时工作制，对其请求支付加班工资的主张不予支持。

南京市中级人民法院、南京市劳动争议仲裁委员会《关于加班工资纠纷审理若干法律适用意见》第 19 条规定，对于可以实行综合计算工作工时工作制和不定时工作制的用人单位，如果未依法办理综合计算工作与不定时工时工作制的审批手续，仍然应当视为实行标准工时工作制，但劳动争议仲裁委员会、人民法院在裁决纠纷时可以综合考虑以下因素，合理计算加班工资：（1）劳动者的工作岗位确具有综合计算工作或不定时工时工作制的特点；（2）依据标准工时计算加班工资等具有明显的不合理性；（3）工作时间无法根据标准工时进行计算；（4）其上级单位或行业主管部门已办理了相应岗位、工种的综合计算工时或不定时工时工作制的审批手续。

司法实践中，前述法律规定一般适用于高级管理人员，近几年逐渐出现适用于驾驶员、销售、私人教练等的情形。对司法判例进行总结，所谓“符合不定时工作制特点”一般表现为：（1）工作时间灵活，不强制打卡；（2）绩效工

资高，占工资总额比重大，加班工资已实际涵盖在绩效工资中。

本案中，双方对工作时间有明确约定，且并未采取高绩效的薪资模式，不完全符合当前司法裁判尺度。

2. 保安、门卫等存在睡班的岗位，工作时间可以进行折算

江苏省高级人民法院《关于审理劳动争议案件的指导意见（一）》第24条第2款规定，对于劳动者工作时间长，但劳动强度与工作时间明显不一致的；或者长期处于等待状态且等待期间有休息场所可以休息、完全认定为工作时间明显不合理的，在认定时可以根据用人单位规章制度或者劳动合同的约定，对工作时间进行合理的折算。

《江苏省劳动仲裁案件研讨会纪要》（劳社仲〔2003〕6号）第3条第2款进一步明确，用人单位的门卫、保安等岗位的工作人员的工作时间，如未经劳动保障行政部门审批实行综合计算工时工作制，其工作时间应实行标准工时制，超过法定工作时间的部分应计算为加班加点时间，用人单位应支付其加班工资。但从公平合理的原则出发，门卫、保安的睡班时间虽需履行一定的工作职责，却无须时刻处于工作状态，如睡班时间全部计算为工作时间，则不尽公平合理，故应允许用人单位与劳动者在劳动合同中约定睡班时间可折算一定的有效工作时间（最低不低于50%），如无合同约定，则睡班时间仍应全部计算为工作时间。

南京市中级人民法院、南京市劳动争议仲裁委员会《关于加班工资纠纷审理若干法律适用意见》略微降低了用人单位的责任，该意见第15条规定，对于特殊工作岗位，如睡班等，劳动争议仲裁委员会、人民法院可酌情扣除生理必需的合理的休息时间，但扣除时间最长不宜超过8小时，对于连续工作6小时以上，根据岗位性质，劳动者能够暂时离开工作岗位的，可酌情扣除相应的用餐时间，双方有约定的，从其约定。第17条规定，对于工作时间长，但劳动强度与工作时间明显不一致的，或者长期处于等待状态，等待期间有休息场所可以休息，完全认定为工作时间明显不合理的，用人单位与劳动者可以约定对工作时间进行一定的折算。如无约定，劳动争议仲裁委员会、人民法院可以酌情折算。

## 参考案例

**案例：** 因工作性质特殊等原因无法按标准工作时间衡量的职工，用人单位可以实行不定时工作制和综合计算工时工作制，但是必须经过劳动行政部门的审批。如未经审批，则仍应按标准工时制计算。但如果劳动者的工作岗位具有特殊性，在工作时间虽需履行一定的工作职责，却无须时刻处于工作状态，可以根据双方的合同约定对工作时间作一定的折算——江苏省南通市中级人民法院2013年发布的“劳动争议十大典型案例”案例三

### 基本案情

王某在南通市某物业公司从事保安工作，每工作两天休息一天，每天工作12小时。双方在劳动合同中约定，如晚上为睡班，则工作时间折半计算，2008年8月，王某离职，双方为加班工资产生争议。

### 裁决理由

法院认为，本案中某物业公司对门卫、保安岗位的工作人员实行综合计算工时工作制，但未经劳动保障行政部门批准，故仍应适用标准工作制，超出法定工作时间的部分应计算为加班加点时间，用人单位应支付加班工资。但考虑到门卫、保安的睡班时间虽需履行一定的工作职责，却无须时刻处于工作状态，如睡班时间全部计算为工作时间，也不尽公平合理，故双方在劳动合同中约定保安的睡班时间工时折半计算亦无不妥之处。本案中，王某每工作两天休息一天、白班和晚班各一天、每天工作12小时，以晚班即睡班工时折半计算其每月工作时间为180小时，已超过法定工作时间，对超出的部分应视为延长工作时间，某物业公司应当依规定支付加点工资。

本案中，某物业公司并未与张某约定可以对工作时间进行折算，即便法院酌情进行折算，张某工作时间亦明显超过法定工作时间，某

物业公司依然需要支付一定的加班费。

---

**（二）协商解除劳动合同，且明确约定结算完毕的，除举证证明双方另有约定，否则劳动者不可另行要求用人单位支付加班工资**

最高人民法院《关于审理劳动争议案件适用法律若干问题的解释（三）》第10条（现最高人民法院《关于审理劳动争议案件适用法律问题的解释（一）》第35条）规定，劳动者与用人单位就解除或者终止劳动合同办理相关手续、支付工资报酬、加班费、经济补偿或者赔偿金等达成的协议，不违反法律、行政法规的强制性规定，且不存在欺诈、胁迫或者乘人之危情形的，应当认定有效。

2019年3月28日，某物业公司与张某协商一致解除劳动合同，并签署《协商解除劳动合同协议书》一份。该协议第3条约定，双方经过平等协商，甲方向乙方一次性支付补偿费用（税前）243,665.3元。第5条约定，本协议为甲乙双方解除劳动关系的一次性了结，甲乙双方再无其他任何纠葛与劳动争议。2019年4月10日，某物业公司向张某转账243,665.3元。依法某公司仅需支付张某经济补偿金183,665.3元（5247.58元/月×35个月），但基于对员工的照顾，已多支付6万元补偿金。该协议完全不存在损害张某利益的情形，应属有效，该协议已经就双方之间的包括加班工资在内的所有劳动争议予以了结，张某的诉讼请求不应当被支持。

**（三）张某的诉讼请求已经经过仲裁时效**

《劳动争议调解仲裁法》（主席令第八十号）第27条规定，劳动争议申请仲裁的时效期间为1年。仲裁时效期间从当事人知道或者应当知道其权利被侵害之日起计算。前款规定的仲裁时效，因当事人一方向对方当事人主张权利，或者向有关部门请求权利救济，或者对方当事人同意履行义务而中断。从中断时起，仲裁时效期间重新计算。劳动关系存续期间因拖欠劳动报酬发生争议的，劳动者申请仲裁不受本条第1款规定的仲裁时效期间的限制；但是，劳动关系终止的，应当自劳动关系终止之日起一年内提出。

司法实践中就加班工资支付争议的仲裁时效起算点尚未达成一致，有些法院认为，应当自劳动关系终止之日起算，有些法院则认为，应当自加班工资欠发之日起算。但达成一致的是，加班工资每一年结算一次。本案中，双方于2019年3月28日解除劳动合同，张某于2020年3月27日向某公司寄送补偿申请，要求某公司支付2018年12月31日之前的加班工资。

承办律师主张，张某应当于2019年12月31日前要求某物业公司支付。其于2020年3月进行主张时，诉讼请求已经经过仲裁时效。

## 胜诉指引

本案表面上是一起由加班工资支付引发的劳动争议案件，争议焦点很简单，即用人单位是否应当向劳动者支付加班工资。一般的思维模式是：（1）核查所适用工时制度，是否存在已经取得不定时工作制度或综合计算工时工作制行政审批而无须支付加班工资的情形。（2）标准工时制下，厘清劳动者的工作内容、工作形式与工作时长，确认是否存在加班事实。对于虽然存在长时间工作的，但同时休息时间也很多，每周工作时间未超过40小时的，无须支付加班工资。（3）厘清加班工资支付相关的规章制度，对加班工资的支付作出规定，例如，规定月工资中有一部分是加班工资。（4）厘清用人单位是否已经支付了部分加班工资。进一步可以考虑是否属于具有不定时工作制或综合计算工时工作制特点的情况。但仅局限于上述法律分析，本案将面临极大的诉讼风险。也正因如此，用人单位在向律师寻求帮助时，认为此案非常棘手。

但是律师在接手本案，跟公司进行短暂沟通后，便找到了经过仲裁时效，及双方已经协商解除劳动合同、确定再无其他争议两种新的诉讼路径。引导用人单位提交相关新证据后，最大限度地提高了本案的胜诉率。

劳动争议案件知识点较为琐碎，作为用人单位的代理律师，劳动者提出的诉讼请求仅是律师制定诉讼策略的思考起点，承办律师应当注意结合整个案件的全部案情，多维度进行思考，制定全面的诉讼策略，尤其是仲裁时效，人民法院遵循不主动审查原则，善于使用仲裁时效作为答辩要点，有利于高效地解决诉讼难题。

# 用人单位未支付加班工资解除问题

## ——南京某家具制造公司与徐某某劳动争议案

关键词 违法解除 加班工资 仲裁时效 无固定期限劳动合同

## 基本案情

徐某某于2015年5月进入南京某家具制造公司从事销售工作，双方签订了劳动合同，最后一期劳动合同期限为2019年5月1日至2020年4月30日。徐某某工作时间为周一至周六，每天8小时，2019年5月之前是手工考勤，5月起实行钉钉考勤。

徐某某2018年7月至2019年7月延时加班169.5小时、休息日加班288小时。徐某某的工资构成为基本工资加绩效工资。徐某某提交的银行卡交易明细与公司提供的经徐某某签字的2018年7月至2019年5月工资表的工资数额一致，该工资表显示徐某某的工资由基本工资、考核工资、平时加班工资、双休日加班工资、节假日加班工资、业务提成构成。徐某某在2019年5~6月提供了正常劳动，公司仅支付5月基本工资。根据公司提供的工资表，公司存在加班工资支付不足的情况。

公司于2019年7月23日，将徐某某从钉钉考勤中移除，未发送解除通知。徐某某认为，公司的行为构成违法解除，因此向南京市江宁区劳动人事争议仲裁委员会申请仲裁，请求公司支付加班工资、未休年休假工资、违法解除劳动合同的赔偿金、未签订无固定期限劳动合同的双倍工资、支付保密费。本案裁决公司补足未经徐某某签字确认的月份的加班工资差额以及2019年度未休年休假工资，其余诉请被驳回。该裁决已经生效。

## 法律分析

### （一）劳动者请求支付加班工资是否适用一年仲裁时效

《劳动争议调解仲裁法》第27条规定："劳动争议申请仲裁的时效期间为一年。仲裁时效期间从当事人知道或者应当知道其权利被侵害之日起计算。劳动关系存续期间因拖欠劳动报酬发生争议的，劳动者申请仲裁不受本条第1款规定的仲裁时效期间的限制；但是，劳动关系终止的，应当自劳动关系终止之日起一年内提出。"

江苏省高级人民法院和江苏省劳动争议仲裁委员会发布的《关于适用〈中华人民共和国劳动争议调解仲裁法〉若干问题的意见》第1条规定："拖欠劳动报酬争议的仲裁时效，适用《调解仲裁法》第二十七条第四款的规定。但克扣工资争议的仲裁时效为自用人单位书面明示拒绝支付劳动者工资之日起计算一年。"

南京市中级人民法院、南京市劳动争议仲裁委员会发布的《关于加班工资纠纷审理的若干法律适用意见》第1条规定："根据《劳动争议调解仲裁法》第二十七条第一款的规定，因用人单位克扣加班工资，劳动者申请劳动仲裁的申诉时效为一年，自劳动者知道或应当知道克扣加班工资之日起计算，超过一年的，一般不予保护。"

这里面涉及两个问题。第一，加班工资是否属于劳动报酬；第二，公司的行为属于“克扣工资”还是属于“拖欠工资”。

1. 关于加班工资是否属于劳动报酬

加班工资俗称加班费，指用人单位根据生产和工作的需要安排劳动者在规定工作时间之外继续生产劳动或者工作所获得的报酬。加班费究竟属于延长劳动者工作时间、占用休息休假时间的一种经济性补偿，还是属于提供了劳动而获得的劳动报酬，该问题在司法实践中并无统一定论，各地法院的裁判规则也不尽相同。有的法院认为，加班工资属于劳动报酬，适用特殊仲裁时效，从劳动关系解除之日起开始计算仲裁时效。而有的法院认为，加班工资不属于劳动报酬，适用一般仲裁时效，从加班发生之日起一年内可以得到支持，并且是主动审查一年仲裁时效。

实践中“工资”与“劳动报酬”被广泛使用，两者究竟是同一个概念的不同表述还是存在差异的两个概念，并无统一的观点。国家统计局发布《关于工资总额组成的规定》第 4 条规定：“工资总额由下列六个部分组成：（一）计时工资；（二）计件工资；（三）奖金；（四）津贴和补贴；（五）加班加点工资；（六）特殊情况下支付的工资。”从该规定可以看出，加班工资属于工资总额组成部分。但是对于加班工资是否属于劳动报酬并没有具体的法律法规予以明确。

主张加班工资不属于劳动报酬的法院认为，《劳动合同法》第 85 条第 1 项一般性的劳动报酬与第 3 项加班费单独列开，两者是并列的概念，不是包含关系，故一般性的劳动报酬未包含加班费。

主张加班工资属于劳动报酬的法院则认为，加班是劳动者根据用人单位的安排延长劳动时间而获得的报酬，因劳动而获得的报酬当然属于劳动报酬。

实践中，经常出现劳动者主张 10 年甚至 20 年加班费的情形，按照前述第二种观点，用人单位是不能以超过 1 年仲裁时效进行抗辩的。但是，即便如此，劳动者的加班费请求一般也很难得到支持或者得到全部支持。主要原因：一是加班争议需要劳动者举证存在加班事实或者用人单位掌握存在加班事实的证据，而劳动者通常很难对此进行举证，从而承担败诉后果；二是一般用人单位仅需对两年内的考勤记录和工资支付记录承担举证责任，劳动者追索两年前的加班费，原则上由劳动者负举证责任，如超过两年部分的加班费数额确实无法查证的，对超过两年部分的加班费一般不予保护。但是，如果劳动者对超过两年的加班事实可以举证证明且用人单位未支付加班费的，用人单位仍需要支付加班费。

2. 关于公司的行为属于“克扣工资”还是属于“拖欠工资”

为区分劳动法上“克扣”与“无故拖欠”劳动报酬这两个概念，我们检索了江苏省内相关案例，（2017）苏民申1866号裁判要旨如下：“克扣”是指用人单位对履行了劳动合同规定的义务和责任，保质保量完成生产工作任务的劳动者，不支付或未足额支付其工资，双方对是否应付及应支付工资数额有争议。“无故拖欠”应理解为，用人单位无正当理由在规定时间内故意不支付劳动者工资，即双方对应付工资数额无争议，对付款时间有争议。

本案中，公司拒绝支付加班工资属于用人单位克扣劳动者工资的情形，根据上述规定，应当适用一年的仲裁时效，自徐某某知道或应当知道克扣加班工资之日起计算。

## 参考案例

**案例一：** 南京某公司与李某某劳动争议二审民事判决书——江苏省南京市中级人民法院（2016）苏01民终9965号

**基本案情**

李某某于2002年2月入职南京某公司，2013年3月，双方签订无固定期限劳动合同，2016年4月，公司向其发送解除通知。李某某主张存在加班事实，公司未支付加班费。2016年5月，李某某申请劳动仲裁，请求裁决公司支付加班费，仲裁裁决未予支持。李某某不服诉至人民法院，一审判决驳回其诉讼请求。

**裁决理由**

关于南京某公司是否需要支付李某某加班工资问题。南京市中级人民法院、南京市劳动争议仲裁委员会《关于加班工资纠纷审理的若干法律适用意见》第 1 条规定，根据《劳动争议调解仲裁法》第 27 条第 1 款的规定，因用人单位克扣加班工资，劳动者申请劳动仲裁的申诉时效为 1 年，自劳动者知道或应当知道克扣加班工资之日起计算，超过 1 年的，一般不予保护。但符合《劳动争议调解仲裁法》第 27 条第 2 款、第 3 款，最高人民法院《关于审理劳动争议案件适用法律若干问题的解释（二）》（已废止）第 12 条、第 13 条规定的情形除外。李某某在领取工资时应当知道公司有无发放加班工资，仲裁时效应从其收到当月工资时计算，其主张 2014 年 6 月和 7 月的加班工资，距 2016 年 5 月 9 日提起劳动争议仲裁，已超过 1 年。李某某既未证明因工作需要单位安排其加班，也未提供证据证明存在仲裁时效中止、中断情形，故其主张南京某公司支付加班工资的请求，一审法院不予支持。

**案例二：**加班费的仲裁时效应当如何认定——人社部函（2021）90 号劳动人事争议典型案例（第二批）案例 10

**基本案情**

张某某于 2016 年 7 月入职某建筑公司从事施工管理工作，2019 年 2 月离职。工作期间，张某某存在加班情形，但某建筑公司未支付其加班费。2019 年 12 月，张某某向劳动人事争议仲裁委员会申请仲裁，请求裁决某建筑公司依法支付其加班费，某建筑公司以张某某的请求超过仲裁时效为由抗辩。张某某不服仲裁裁决，诉至人民法院。一审法院判决某建筑公司支付张某某加班费。张某某与某建筑公司均未提起上诉，一审判决已生效。

**裁决理由**

本案争议焦点是张某某关于加班费的请求是否超过仲裁时效。

《劳动争议调解仲裁法》第 27 条规定："劳动争议申请仲裁的时效期间为一年。仲裁时效期间从当事人知道或者应当知道其权利被侵害之日起计算……劳动关系存续期间因拖欠劳动报酬发生争议的，劳动者申请仲裁不受本条第 1 款规定的仲裁时效期间的限制；但是，劳动关系终止的，应当自劳动关系终止之日起一年内提出。”《劳动法》第 44 条规定：“有下列情形之一的，用人单位应当按照下列标准支付高于劳动者正常工作时间工资的工资报酬……”《关于工资总额组成的规定》（国家统计局令第 1 号）第 4 条规定：“工资总额由下列六个部分组成：……（五）加班加点工资。”仲裁时效分为普通仲裁时效和特别仲裁时效，在劳动关系存续期间因拖欠劳动报酬发生劳动争议的，应当适用特别仲裁时效，即劳动关系存续期间的拖欠劳动报酬仲裁时效不受“知道或者应当知道权利被侵害之日起一年”的限制，但是劳动关系终止的，应当自劳动关系终止之日起一年内提出。加班费属于劳动报酬，相关争议处理中应当适用特别仲裁时效。

## （二）徐某某符合与公司订立无固定期限劳动合同的情形，公司却与其签订固定期限劳动合同，公司是否需要支付二倍工资

《劳动合同法》第 14 条第 2 款规定：“有下列情形之一，劳动者提出或者同意续订、订立劳动合同的，除劳动者提出订立固定期限劳动合同外，应当订立无固定期限劳动合同：……（三）连续订立二次固定期限劳动合同，且劳动者没有本法第三十九条和第四十条第一项、第二项规定的情形，续订劳动合同的。”根据本条的释义，出现了本条规定的三种情形之一的，只要符合一定条件，应当订立无固定期限劳动合同。具体为：劳动者提出续订、订立无固定期限劳动合同的，应当订立无固定期限劳动合同；劳动者提出续订、订立固定期限劳动合同的，应当订立固定期限劳动合同；用人单位提出续订、订立无固定期限劳动合同，劳动者同意的，应当订立无固定期限劳动合同；用人单位提出续订、订立劳动合同，劳动者同意的，即使是用人单位提出续订、订立的是固定期限劳动合同的，也应当订立无固定期限劳动合同。

根据上述规定，公司应当与徐某某订立无固定期限劳动合同，否则应当支付二倍工资。但是，江苏省劳动人事争议仲裁委员会《关于印发江苏省劳动人

事争议疑难问题研讨会纪要的通知》第3条对该问题有过明确的处理意见："用人单位与符合签订无固定期限劳动合同条件的劳动者签订了固定期限劳动合同，劳动者要求支付应当订立无固定期限劳动合同之日起的二倍工资，仲裁机构应当如何处理？劳动者符合签订无固定期限劳动合同条件，但与用人单位签订了固定期限劳动合同而引发劳动争议时，如劳动者有证据证明用人单位存在《劳动合同法》第二十六条规定情形的，仲裁机构应当认定固定期限劳动合同无效，双方应当签订无固定期限劳动合同、并支付二倍工资。反之，则应当认定双方签订的固定期限合同有效，不支持二倍工资的请求。"

## 参考案例

**案例三：**胥某某与镇江某房产公司劳动争议一审民事判决书——江苏省镇江经济开发区人民法院（2021）苏1191民初2758号

### 基本案情

胥某某于2005年10月入职镇江某房产公司，双方签订固定期限劳动合同，一年一签，最后一份劳动合同于2020年12月31日到期，之后双方再未签订书面劳动合同。2021年4月，胥某某申请劳动仲裁，请求公司支付未签订无固定期限劳动合同的双倍工资，仲裁委支持其请求。公司不服诉至法院，一审法院未支持胥某某的诉讼请求。

### 裁决理由

关于2017年1月1日至2021年3月未按法律规定与原告签订无固定期限劳动合同的二倍工资问题。根据法律规定，在符合条件的情况下，劳动者对订立劳动合同的类型具有选择权，劳动者提出订立无固定期限劳动合同的，用人单位应当与之订立无固定期限劳动合同，反之亦可协商订立固定期限劳动合同。本案中，被告与原告每年签订一份书面固定期限劳动合同，明确约定劳动合同期限为一年，应视为双方对订立固定期限劳动合同已协商一致，并且双方合同实际上已履行完毕，故原告在已与被告签订固定期限劳动合同的情形下，要求被告支付未签订无固定期限劳动合同二倍工资的诉请，无事实、法律依据，本院不予支持。2021 年 1 月至 3 月，双方虽未再次签订劳动合同，但依据法律规定视为双方为无固定期限劳动合同，故原告要求此期间未签订无固定期限劳动合同二倍工资的诉请，缺乏依据，本院不予支持。

---

本案中，虽然徐某某符合与某家具制造公司订立无固定期限劳动合同的情形，但是，公司与其签订了固定期限劳动合同。根据江苏省相关规定，除非徐某某提供证据证明公司存在欺诈、胁迫等情形导致合同违背徐某某的真实意思表示，否则，公司不应支付二倍工资。

仲裁庭对徐某某要求支付加班工资的请求多数不予认可，驳回了徐某某主张“违法解除赔偿金”“未签订无固定期限劳动合同双倍工资”等仲裁请求。

## 胜诉指引

### （一）善于引导委托人的预期

代理人要掌握主动权。作为公司的代理人，我们认为，本案是常规的劳动争议，事实与法律关系简单明了。不过，在委托阶段我们发现公司负责人对该员工非常不满，其本意是想开除员工且分文不付。此时，代理人就要正确引导委托人，说服委托人合理调整预期。我们准备好应诉所需要的证据后，又与负责人一起把案件梳理了一遍，并将本案可能出现的情况向负责人作必要说明。在沟通过程中，我们发现负责人的态度逐渐发生变化，语气也开始缓和，尤其在我们分析工资表所涉及的问题时，负责人的态度发生了明显转变，其表示，案件诉讼方案完全交由我们决定。至此，我们让委托人对本案也有了清醒的认知，为后续的庭审减少了一些阻碍。

## （二）权衡利弊后决定是否提交有瑕疵的证据

本案的一个争议焦点就是加班工资。公司一直实行“做六休一”的制度，公司在案涉劳动合同签订之前并未制定相关的考勤管理制度。公司有员工签字确认的（部分）工资表。我们审核了公司提供的2018年7月至2019年7月的工资表，除了6月、7月工资未领取没有签字外，2018年7月至2019年5月的工资表均由徐某某签字。该证据有利也有弊。利处在于，工资表包含了基本工资、双休加班、节假日加班、平时加班工资、实发工资，该工资表有徐某某本人或者其受委托人的签字；弊处在于，工资表中有一项“考核工资”，而该项对应的是负数，其所减少的金额等于徐某某加班工资的数额。

如果我们提交该证据证明公司已经向徐某某发放过加班工资，那么徐某某也很有可能提出其加班工资被公司以“考核工资”的形式扣发了，公司实际上并未支付加班工资。仲裁庭可能会裁决公司将扣除的这部分加班工资全部支付给徐某某。如果公司不提交该份证据，按照举证规则，考勤记录仍然应该由公司提供。鉴于此，我们将可能会产生的后果告知了委托人，委托人表示能接受这种结果，我们便将徐某某签字确认的工资表提交仲裁庭。

如我们所料，徐某某认为，公司变相扣除了其加班工资，应当支付加班工资。对此，我们称工资是经过徐某某确认后发放的，公司实际发放的数额与工资表所载数额一致，徐某某从未对已发放的工资提出过异议。仲裁庭支持了我们的主张。事实上，就本案而言，我们原以为仲裁庭会裁决公司支付以“考核工资”名义扣发的加班工资，但是，仲裁庭认可了我们的主张，没有让公司补发“考核工资”。

## （三）预估对方变更请求的可能性并收集证据备用

《劳动合同法》第38条规定：“用人单位有下列情形之一的，劳动者可以解除劳动合同：（一）未按照劳动合同约定提供劳动保护或者劳动条件的……”《劳动合同法》第46条规定：“有下列情形之一的，用人单位应当向劳动者支付经济补偿：（一）劳动者依照本法第三十八条规定解除劳动合同的……”

虽然公司并未实施解除行为，但是，公司有义务为劳动者提供劳动条件，否则，公司的行为涉嫌违法，劳动者有权提出解除劳动合同并要求公司支付经济补偿。本案中，公司将徐某某踢出钉钉考勤导致其无法打卡且不给徐某某安排工作、不提供办公用品的行为欠妥。

为将公司的行为合法化，我们调取了徐某某的考勤记录。经核实发现，徐某某在2019年5月1日至7月23日钉钉打卡结果显示为“外勤”，但是，其在南京某小区打卡数十次，而该小区与徐某某的居住地仅相距一百多米。徐某某的工作岗位为销售，每个月至少要开发十个新委托人，需要有详细的拜访记录，并且要对委托人进行定位，从打卡的定位来看，徐某某也很难完成每个月的任务。

综上，我们有理由认为徐某某可能并未出外勤，而是在家附近完成了钉钉考勤打卡。我们将该证据提交仲裁庭，以证明公司将徐某某从钉钉考勤上移除的目的是要求徐某某本人到公司上班，并非无故与其解除劳动合同，公司将其移除钉钉考勤的行为也不构成违法解除。

### （四）掌握好庭审节奏以增强委托人的信心

代理人在庭审中的状态很可能会影响委托人的心态。本案审理过程中，对方代理人曾两次变更仲裁请求，仲裁庭让其明确仲裁请求，并提供相关依据和计算明细，但是，对方的请求权基础不明确，甚至出现计算错误、当庭重新计算的问题。相比之下，我们在庭审中并没有发生这些状况。庭审结束后，我们与仲裁员多次沟通并很快寄送了代理词。

### （五）告知委托人仲裁与诉讼充满变数，不可存侥幸心理

就加班工资一事，我们与公司的共同目标是公司向徐某某支付以“考核工资”名义扣发的加班工资。出乎意料的是，仲裁庭完全采纳了我们的意见，以徐某某签字认可为准，并未深究工资构成的问题。徐某某就本裁决也未提起诉讼，该裁决已经生效。欣喜之余，我们更应该理性地看待该结果。一方面，如果劳动者诉至法院，用人单位仍然有败诉的风险；另一方面，为了防范劳动者离职后主张在职期间全部加班费的法律风险，建议用人单位：

1. 依法制作考勤记录和工资支付记录，并至少保存两年备查。考勤记录和工资支付记录应当由劳动者签字确认，劳动者无法签字确认的，应当采取公示方式并保留证据。用人单位可以根据规章制度规定或劳动合同约定，将考勤记录、工资发放表等通过一定方式向劳动者公示，劳动者在合理期限内没有提出异议的，可以视为劳动者认可。

2. 定期对加班时间和加班工资汇总，并由劳动者确认、清零。用人单位可以定期要求劳动者签字确认或者通过电子邮件等其他方式确认某段时间内的加班费已经结清。

3. 在劳动关系解除或终止时，双方对用人单位支付工资、加班费等进行约定并确认结清。劳动者与用人单位就工资、加班费等的计算、支付达成结算协议的，只要是双方的真实意思表示且不违反法律、行政法规的强制性规定的，一般认定为有效。

我们认为，代理人收集证据的能力，对案情的熟悉程度，对案件方向的把握，出庭的状态之类因素的结合往往决定了案件能否取得预期的效果。因此，无论是从提升代理人专业能力的角度，还是从尽职尽责的角度，代理人都应该不断增强对业务能力的训练，提升办案质量，从而在裁判中占据有利地位。

# 学校安排教师值班及在寒暑假从事招生工作，是否支付加班工资

## ——南京某学院与张某追索劳动报酬纠纷案

关键词 教师 值班 招生 加班工资

### 基本案情

张某于2008年12月入职南京某学院（以下简称学院），任高尔夫系主任。学院按照最低缴费基数为张某缴纳了社会保险，每月安排张某值班，且在寒暑假中的部分时间安排张某从事招生工作，招生期间除正常工资外，发放招生补贴。2014年7月9日，张某向学院提交辞职报告，辞职理由是学院未足额支付加班费。张某辞职后，向法院起诉，请求法院判令学院向其支付2009年4月1日至2014年7月8日加班工资66,161元、支付经济补偿39,672元。本案主要争议焦点为学院是否应当支付教师定期值班和寒暑假部分时间从事招生工作的加班工资？

张某认为，2009年4月1日后，学院安排值班，以及寒暑假中要求张某在外地招生，未支付加班费也未安排调休，严重侵害了张某作为劳动者的合法权益。张某因此与学院解除劳动合同合法有据，学院应当支付加班费及解除劳动

合同的经济补偿。

学院认为，张某任高尔夫系主任，工资结构包含基本工资、通信补贴、交通补贴、住房补贴、午餐补贴，每月还享受岗位津贴3500元。因为岗位特点及工作需要，每月值班1~2次，值班期间23时至7时30分可以休息，学院无须支付加班工资。学院根据值班时间的不同，平时值班补贴100元/次，双休日值班补贴200元/次，法定节假日值班补贴500元/次。寒暑假中从来没有停发过张某工资，虽然有时需要招生，也是工作的需要。

本案经过一审、二审，法院驳回了张某的全部诉讼请求。

## 法律分析

本案双方争议的主要法律问题为：

### （一）用人单位安排员工值班，是否应支付加班工资

南京市中级人民法院、南京市劳动争议仲裁委员会《关于加班工资纠纷审理的若干法律适用意见》第20条规定："以下情形中，劳动者要求用人单位支付加班工资的，不予支持：（1）因用人单位消防、安全、节假日等需要担任单位临时安排或制度安排的与劳动者本职工作无关的值班；（2）用人单位安排劳动者从事与其本职工作有关的临时性值班任务，但值班期间是可以休息的。但前述情形中，劳动者可以要求用人单位按照规章制度、集体合同、劳动合同或惯例等支付相应待遇。"

依据前述规定，学院虽然安排张某值班，但值班与张某本职工作无关，学院系出于校园日常管理需求作出的值班安排，且值班期间可以休息，工作量明显低于正常工作要求，因此张某要求学院支付加班工资不能得到支持。

## 参考案例

**案例：**员工值班81个工作日，主张加班工资被驳回——江苏省南京市江宁区人民法院（2018）苏0115民初4156号

### 基本案情

2004年9月14日，杨某入职某学院任辅导员。2009年起，杨某被调往学生处生活指导科从事管理工作。工作内容包括：学生公寓安全工作；文明公寓评比、免检宿舍审核；宿管站监管与考核；三维达物业对接管理；日常常规查课工作；日常常规值班工作。

2011年3月16日，某学院下发《学生工作值班规定（试行）》，其中规定值班时间为当日17时至次日8时，学生处值班职责为：（1）掌握全院学生动态，检查和指导系值班工作和全院学生教育与管理工作；（2）检查系辅导员履行值班规定情况，抽查部分系学生晚自习学习风气、学习纪律情况，检查辅导员进公寓工作情况和学生归宿情况；（3）妥善处理值班时间内发生的学生突发事件，对发现的问题，能处理的要及时处理，重大问题不能处理的要及时向处领导和分管院领导报告，并通报保卫部门和相关系的学生工作主任；（4）值班工作结束后，要详细汇总、整理值班期间的各项工作情况，并在值班记录本上全面准确地记录各种工作信息。值班要求为：（1）坚守岗位，按时到岗，认真履行工作职责，坚决杜绝迟到、早退、脱岗等现象，值班期间务必坚持在岗在位，严禁在值班期间从事与值班要求不相符的事宜，如因特殊事由确需离开值班岗位，须及时报告学生处值班人员，经同意后方可离开；（2）学生处和系值班必须编排人员值班表，学生处值班人员每晚2名（其中生活指导科1名），法定节假日必须安排人员值班；（3）值班人员原则上必须晚上住校，家住在学院附近的值班人员因特殊事由而不住校的，在值班当晚11时后方可离校，

离校前必须向学生处值班人员报告，回家期间必须保持通信畅通，随叫随到，次日7时30分前必须到校。考核办法为：值班人员同年度出现无故缺岗、值班不在岗、不到位问题，第一次给予学生处通报，扣发当月津贴，第二次给予学生处通报，扣发一学期津贴，学年考核"基本称职"，第三次扣发全学年津贴，全院通报，学年考核"不称职"；同年度未经批准无故调换值班达两次，给予学生处通报，扣发一月津贴，达到3次及以上者，给予全院通报，学年考核"基本称职"；值班人员全年度认真履职，工作表现突出，成绩优秀者，列为优秀员工和年终考核"优秀"等级条件之一。某学院为值班人员配备了休息场所和生活设施，值班人员在值班期间可以休息。

2016年9月至2017年11月，杨某在81个工作日内值班，时间为当日16时50分至次日8时，每次补贴30元，在34个休息日和6个法定节假日值班，时间为当日8时至次日8时，每次分别补贴80元、130元，某学院已支付杨某值班补贴5930元。

经过劳动仲裁后，杨某向法院起诉请求：某学院支付其加班费146,042元。

## 裁决理由

案件庭审中，某学院认为，值班是指因安全消防的需要临时安排与劳动者本职无关的工作或非生产性可以休息的工作，杨某从事的就是值班工作，不是加班。

法院认为，加班是指用人单位因工作需要，安排劳动者在法定标准工作时间之外，继续从事本职工作。而值班是指用人单位因安全等需要，或为处理突发事件、紧急公务等原因，安排本单位有关人员在夜间、休息日、法定节假日等非工作时间从事的活动。值班一般没有太大的工作量，有事则忙，无事则闲，一般有较多的时间休息。本案中，杨某的工作内容包括学生公寓安全工作、文明公寓评比、免检宿舍审核、宿管站监管与考核、三维达物业对接管理、日常常规查课工作和日常常规值班工作，而根据某学院相关值班规定，杨某的值班职责为掌握学生动态、检查指导工作、处理突发事件以及汇总值班记录。且某学院为值班人员配备了休息场所和生活设施，杨某在值班过程中可以休息，工作内容明显减少，工作强度明显降低。上述情形均符合值班的性质。法院判决驳回杨某要求某学院支付加班费的诉讼请求。

### （二）学校能否安排教师在暑假从事招生工作？如果学校已经安排教师在暑假从事招生工作，是否要支付加班工资

《教师法》第7条规定，教师享有按时获取工资报酬，享受国家规定的福利待遇以及寒暑假期带薪休假的权利，但对于教师应享受寒暑假假期的长短、学校能否在寒暑假为教师安排工作任务、教师在寒暑假从事学校安排的任务是否应当支付加班工资，均无法律规定。

本案中，张某虽然在暑假从事了学校安排的招生工作，但学院已发放了相应的招生补贴，且张某客观上仍然享受了一定时间的寒暑假带薪休假，故其要求学院支付暑假招生期间加班工资的请求不应支持。

### （三）员工辞职理由不成立，用人单位无须支付经济补偿

《劳动合同法》第38条规定，“用人单位有下列情形之一的，劳动者可以解除劳动合同……（二）未及时足额支付劳动报酬的……”

《劳动合同法》第46条规定，“有下列情形之一的，用人单位应当向劳动者支付经济补偿：（一）劳动者依照本法第三十八条规定解除劳动合同的……”

员工以《劳动合同法》第38条提出辞职，若理由成立，用人单位须支付解除劳动合同经济补偿。本案中，张某向学院提交辞职报告，辞职理由是学院未足额支付加班费。如果拖欠加班工资的事实不存在，张某的辞职理由即无法成立，学院自然也就无须向张某支付经济补偿。

## 胜诉指引

在诉讼案件中，诉讼地位影响诉讼策略的侧重点，而诉讼策略往往直接影响到案件结果。

作为学院的代理人，在本案中处于防御方，承办律师在对案件进行全面分析后，制订了如下诉讼方案：

### （一）釜底抽薪，直接瞄准案件的核心焦点进行反击

张某的诉讼请求分别是支付加班工资和支付经济补偿，两个诉讼请求虽内容不同，却是密切关联的。拖欠加班工资的事实成立，两个诉讼请求均会获得支持。反之，两个诉讼请求均会被法院驳回。

### （二）围绕加班工资问题进行充分举证，并结合事实及法律规定做详细说明，证明学院已经支付了依法应当支付的全部工资

诉讼案件代理中，切忌脱离法律规定盲目举证。举证是为了影响案件结果，而能够影响案件结果的证据在真实性能够被确认的同时，还必须要有对应的法条或法理的支撑。

本案一审、二审均在南京市，恰好可以适用南京市中级人民法院、南京市劳动争议仲裁委员会《关于加班工资纠纷审理的若干法律适用意见》第20条规定："以下情形中，劳动者要求用人单位支付加班工资的，不予支持：（1）因用人单位消防、安全、节假日等需要担任单位临时安排或制度安排的与劳动者本职工作无关的值班；（2）用人单位安排劳动者从事与其本职工作有关的临时性值班任务，但值班期间可以休息的。但在前述情形中，劳动者可以要求用人单位按照规章制度、集体合同、劳动合同或惯例等支付相应待遇。"张某因岗位特点及工作需要，每月值班1～2次，值班期间23时～7时30分可以休息，按照该指导意见学院无须支付张某加班工资。

关于张某主张的寒暑假休假时间在外招生，学院未支付加班工资的问题，

张某的工资卡记录可以表明，学院在寒暑假期间一直正常支付张某工资，甚至还支付了招生期间的补贴，对于张某利用寒暑假在外招生情况，学院亦及时安排调休，有时甚至提前安排调休。主张加班工资必须要有加班的事实及法律规定支撑，学院并不存在违反法律规定的未支付加班工资的情形，张某主张招生期间的加班工资自然也缺乏依据。

**（三）时效抗辩能用则用，不可忽略**

考虑到案件审理过程中裁判口径有可能发生变化，承办律师不放过任何一个有效的抗辩点，同时提出了时效抗辩。依据《劳动争议调解仲裁法》的规定，劳动者申请劳动争议的时效为一年。张某主张的加班工资已超过一年时效，即使支持，也只能支持一年以内的部分。

**（四）在第（二）点的基础上，结合法律规定说明张某的辞职理由不能成立，进而抗辩学院不用支付经济补偿**

张某向学院提交辞职报告，辞职理由是学院不能足额支付劳动报酬。学院依法无须支付张某加班工资，未拖欠张某的劳动报酬，故张某的辞职理由不成立，学院无须支付经济补偿。

通过专业知识和诉讼策略的综合运用，最终，法院采纳了学院方承办律师的全部观点，驳回了张某的全部诉讼请求。

# 员工主张拖欠工资加付赔偿金，法院为何不支持

## ——江苏某科技公司与徐某追索劳动报酬纠纷案

关键词 责令限期支付劳动报酬 逾期不支付 加付赔偿金

### 基本案情

2016年7月6日，徐某入职江苏某科技公司，担任总经理助理职位。劳动合同约定徐某年薪250,000元，每月发放10,000元，年终考核合格后发放余款。

2018年1月10日，公司认为，徐某2017年度工作表现不佳，年度考核不合格，拒绝发放年薪差额部分130,000元。

徐某认为，自己完成了本职工作，公司没有证据证明自己未完成合同约定的工作任务。考核不合格只是公司单方面作出的结论，没有事实依据。公司未按约定支付年薪差额部分，属于典型的拖欠劳动报酬行为。

公司认为，双方的劳动合同明确约定，年终奖余款部分根据年度考核情况发放。鉴于徐某未在合同约定的期限内完成既定工作，公司有权不予发放剩余年薪，公司没有拖欠徐某劳动报酬。

2018 年 3 月 15 日，徐某申请劳动仲裁，要求公司支付拖欠的 2017 年度的工资 130,000 元，以及支付拖欠工资的加付赔偿金 130,000 元，共计 260,000 元。

本案经过劳动仲裁、法院一审，没有支持徐某加付赔偿金的诉讼请求。

## 法律分析

用人单位延迟支付或拖欠劳动报酬，是否必须支付加付赔偿金？

《劳动合同法》第 85 条规定："用人单位有下列情形之一的，由劳动行政部门责令限期支付劳动报酬、加班费或者经济补偿；劳动报酬低于当地最低工资标准的，应当支付其差额部分；逾期不支付的，责令用人单位按应付金额百分之五十以上百分之一百以下的标准向劳动者加付赔偿金：(1) 未按照劳动合同的约定或者国家规定及时足额支付劳动者劳动报酬的；(2) 低于当地最低工资标准支付劳动者工资的；(3) 安排加班不支付加班费的；(4) 解除或者终止劳动合同，未按照本法规定向劳动者支付经济补偿的。"

《劳动合同法》第 85 条的立法本意是劳动行政部门在依照行政职权认定用人单位存在拖欠工资、加班工资、经济补偿的情况下，作出责令限期支付的行政处理，用人单位逾期不支付的一种惩罚性赔偿。这种惩罚性赔偿的前提是劳动行政部门已对拖欠行为进行调查核实和责令限期支付。

最高人民法院《关于审理劳动争议案件适用法律若干问题的解释（三）》第 3 条规定："劳动者依据《劳动合同法》第八十五条规定，向人民法院提起诉讼，要求用人单位支付加付赔偿金的，人民法院应予受理。"此条仅说明法律赋予法院对于要求支付加付赔偿金受理的权限。但该项诉请若想得到支持仍需要具备其他条件，即经过劳动行政处理的前置程序，认定存在拖欠行为且用人单位逾期未支付劳动报酬。

江苏省高级人民法院、江苏省劳动人事争议仲裁委员会《关于审理劳动人事争议案件的指导意见（二）》第15条对能够支持加付赔偿金的情形做了明确和细化，用人单位存在《劳动合同法》第85条规定之违法情形，经人力资源社会保障部门责令限期支付劳动报酬、加班费、经济补偿、工资差额后，用人单位逾期仍不支付，劳动者请求用人单位赔偿应付金额50%以上100%以下的加付赔偿金的，应予支持。

## 参考案例

**案例一：** 要求用人单位加付赔偿金的诉讼请求，未经劳动行政部门处理，法院不予理涉——江苏省南京市中级人民法院（2020）苏01民终4856号

### 基本案情

吴某于2006年12月6日至某超市从事防损员工作。双方签订了劳动合同，最后一期劳动合同期限自2016年5月1日起的无固定期限劳动合同，其中约定加班工资按南京市最低工资标准发放。吴某的工作时间为当日21时30分至次日7时30分，每周工作6天，休息1天。工作内容为每晚21时门店闭店后巡查门店、消除安全隐患及安全设防工作，工作完成后可在食堂睡觉休息至次日5时左右，休息时间如有保洁人员工作或供货商送货时需开门。吴某工作至2019年5月31日，6月1日至5日休年假，后一直休病假。2019年6月13日，吴某就某超市未支付其夜班加班费向南京市秦淮区劳动保障监察部门投诉。2019年10月14日，吴某以某超市未足额支付加班工资为由提出离职，并邮寄了离职申请书。某超市于2019年10月15日签收该邮件。后吴某向南京市劳动人事争议仲裁委员会申请仲裁，要求某超市支付其加班工资23,421.55元，并加付加班费的25%赔偿金5855.39元、经济补偿金40,737.75元。南京市劳动人事争议仲裁委员会作出宁劳人仲案字（2019）第1809号仲裁裁决书，裁决：驳回吴某的全部仲裁请

求。吴某不服该仲裁裁决，诉至一审法院。一审法院作出（2019）苏0106民初13643号民事判决书，判决：驳回吴某的全部诉讼请求。吴某不服该一审判决，诉至南京市中级人民法院。

**裁决理由**

南京市中级人民法院认为，《劳动合同法》第85条第3项规定，用人单位安排加班不支付加班费的，由劳动行政部门责令限期支付劳动报酬、加班费或者经济补偿；劳动报酬低于当地最低工资标准的，应当支付其差额部分；逾期不支付的，责令用人单位按应付金额50%以上100%以下的标准向劳动者加付赔偿金。据此，吴某要求某超市加付赔偿金的诉讼请求，未经劳动行政部门处理，本院不予理涉。

**案例二：** 劳动者未提交相应证据证明劳动行政部门已责令用人单位限期支付劳动报酬，主张加付赔偿金，缺乏法律依据，不予支持——上海市第一中级人民法院（2020）沪01民终6390号

**基本案情**

李某于2018年4月9日进入某电建公司处，担任海外四部全球项目开发总监。李某、某电建公司签订了有效期自当日起至2021年4月9日止的劳动合同。该合同载明，李某每月基本工资为45,000元。某电建公司于每月18日左右以银行转账方式发放李某上月工资。2019年8月21日，某电建公司通知李某解除劳动合同，解除理由为《劳动合同法》第39条第2项，拒绝公司的工作安排，长期旷工，严重违反公司规章制度。李某于8月24日收到某电建公司以EMS形式送达的上述解除通知。收到解除通知后，李某提起诉讼，要求某电建公司支付项目奖金8,000,000元及拖欠工资的100%赔偿金8,000,000元。

**裁决理由**

上海市第一中级人民法院认为，依照《劳动合同法》第85条的规

定，用人单位未按照劳动合同的约定或者国家规定，及时足额支付劳动者劳动报酬、低于当地最低工资标准支付劳动者工资、安排加班不支付加班费、未按法律规定支付解除或者终止劳动合同的经济补偿的，由劳动行政部门责令限期支付。逾期不支付的，由劳动行政部门责令用人单位按应付金额50%以上100%以下的标准向劳动者加付赔偿金。鉴于李某未能提供证据证明其加付赔偿金的请求已经劳动行政部门责令限期某电建公司支付，且某电建公司拒不支付，故李某的该项请求，缺乏依据，不予支持。

---

本案中，即使公司存在拖欠劳动报酬的行为，由于未经过劳动行政部门的处理的前置程序，徐某直接要求公司加付迟延支付劳动报酬赔偿金的主张也不能得到支持。

## 胜诉指引

### （一）准确理解法条是有效应对诉讼的必备条件

对法条的理解切忌断章取义。实践中，我们经常遇到当事人甚至律师只关注对自己有利的法条，或者对法条作片面的、对己方有利的解释。这种做法无异于掩耳盗铃，最终难以得到支持。要做到准确理解法条，必须结合上下文，有时候还要结合司法解释、指导意见，甚至是不同法院的裁判口径综合考量。

《劳动合同法》第85条规定的“加付赔偿金”是一种惩罚性赔偿，前提是劳动行政部门已对拖欠行为进行调查核实和责令限期支付。加付赔偿金的诉讼请求要想获得支持，这是一个必备条件，不可或缺。

### （二）庭前相关材料的收集及相关事实的调查直接决定着抗辩成功率

接受公司委托后，承办律师及时向公司收集材料并了解情况，同时向劳动保障监察大队核实，得知劳动保障监察并未向公司作出责令限期支付的通知。基于这一事实，我方向法庭指出，徐某主张加付赔偿金的诉讼请求前提条件不具备。我方的抗辩理由既符合案件事实，也符合法律规定，毫无悬念地得到法庭采纳。

# 面对巨额绩效奖金争议，律师如何维护委托人合法权益

## ——江苏某能源投资公司与谭某劳动争议案

关键词 绩效奖金　国有企业　法官思维　诉讼思路设计

## 基本案情

2017 年 4 月 6 日，谭某入职江苏某能源投资公司，任职销售岗位。

2019 年 12 月 23 日谭某因自身原因提出离职，并提出劳动仲裁、诉讼，要求江苏某能源投资公司支付 2018 年度、2019 年度效益工资、绩效奖金差额及滞纳金，诉讼标的超过 4000 万元，其中主要争议为“绩效奖金差额”。

关于劳动报酬，谭某与江苏某能源投资公司约定：谭某月基本薪资为 15,000 元；浮动性绩效工资 60,000 元/年，根据工作完成情况核定；每月租房或者支付房补 1500 元；每月交通补贴 1500 元；每月通信补贴 300 元。

谭某认为，《售电运行管理办法（暂行）》规定：“绩效奖励，当年新增售电量全部收益的 70%，扣除市场开发包干费用（含差旅费、招待等各项报销款项）后的结余部分全部奖励给售电人员，由售电业务部门提出分配意见，报公司批准后实施。”因此，新增售电量全部收益为 100%，减去

代理商分配金额 70%，剩余 30% 收益部分的 70% 扣除市场开发包干费用（含差旅费、招待等各项报销款项）后的结余部分全部奖励给售电人员，即新增售电量全部收益 21% 扣除市场开发包干费用（含差旅费、招待等各项报销款项）后的结余部分全部奖励给售电人员，同时主张所有业务均由其本人拓展产生。谭某根据其解释方式及售电数据计算，其绩效奖励目前尚有差额为 4358 万元。

而江苏某能源投资公司则认为，《售电运行管理办法（暂行）》应当与《关于印发售电业务补充规定的通知》结合进行理解。因为江苏某能源投资公司将代理商分配金额核定在 70%，根据《售电运行管理办法（暂行）》规定，现有代理商销售电量销售人员无绩效奖励，所以，《关于印发售电业务补充规定的通知》明确售电人员直接签约的电量仍按照《售电运行管理办法（暂行）》执行，通过代理商签约电量价差收益按 70% 结算给代理商，售电人员不再奖励。基于售电人员在维护代理商关系过程中确需一定工作量，对售电人员可根据售电情况酌情给予适当奖励，具体由人资部门会同售电部门提出初步意见，总经理办公会研究后实施。《关于印发售电业务补充规定的通知》印发后，通过会议告知相关员工，并未要求员工进行签字确认。

江苏某能源投资公司按照相关规章制度的规定，结合实际情况进行综合考量后，于 2019 年年底至 2020 年年初决定酌情向售电团队发放效益工资 118, 000 元，绩效奖励 910, 000 元，合计 1, 028, 000 元，其中谭某的份额为 220, 000 元（包括效益工资、绩效奖励，其中绩效奖励 200, 000 元）。

由此，双方争议焦点可总结为：（1）《关于印发售电业务补充规定的通知》，仅通过会议告知相关员工但未要求其签字确认，是否有效？（2）《售电运行管理办法（暂行）》有关绩效奖励方面的规定，应如何解释？

本案经过仲裁、一审、二审，最终就“绩效奖金差额”这一争议焦点，南京市中级人民法院确认江苏某能源投资公司向谭某支付绩效奖金工资 20 万元。

## 法律分析

### （一）规章制度未经公示，对员工不具有约束力

本案中《关于印发售电业务补充规定的通知》印发后，通过会议告知相关员工，并未要求员工进行签字确认。谭某以该通知未经过公示程序为由，否认该通知的法律效力。

《劳动合同法》第4条第4款规定："用人单位应当将直接涉及劳动者切身利益的规章制度和重大事项决定公示，或者告知劳动者。"

《江苏省劳动合同条例》第4条第3款规定："用人单位依法制定、修改或者决定的直接涉及劳动者切身利益的规章制度和重大事项，应当主动、如实告知劳动者，或者采取公告栏、书面文本、电子邮件、本单位网站等便于劳动者知晓的方式公示。"

《江苏省高级人民法院劳动争议案件审理指南》规定："劳动规章制度必须公示。用人单位应当将直接涉及劳动者切身利益的规章制度和重大事项决定公示，或者告知劳动者。'告知劳动者'可以有多种方式，如在劳动合同中约定，或在职工手册中告知，或者通过一些告示牌来告知，形式不限，关键在于必须使劳动者能够知悉该规章制度内容。"

所有法律规范均要求用人单位严格履行告知程序，否则规章制度对于劳动者不具有约束力。

## 参考案例

**案例：** 职工未经同意请假被解除劳动关系，公司为何还要支付赔偿金？——2018年江苏省镇江市人力资源和社会保障局发布典型案例

**基本案情**

2013年10月15日，徐某应聘进入某物业公司从事会计工作，双

方签订书面劳动合同，缴纳社会保险。2018年9月28日，徐某因事请假，向公司部门负责人递交了一份未写明具体天数的请假条，便开始休假。10月24日，公司以徐某未经公司批准请假情况下自行休假、严重违反单位规章制度为由，与其解除劳动合同关系，并办理了停保手续。徐某得知后，向公司讨要说法，认为其并不知晓公司规章制度有关内容，公司也未曾向其主动提供、告知或公开公示过公司规章制度，属于非法解除。某物业公司则认为，徐某在未征得公司同意的情况下擅自不来上班，明显属于旷工行为，严重违反了单位规章制度，因此并不存在违法解除。协商未果后，徐某遂向当地劳动人事争议仲裁院申请仲裁，要求某物业公司支付违法解除劳动合同赔偿金。

**裁决理由**

案件庭审中，该物业公司认为徐某应当知晓单位规章制度，但未能向仲裁庭出示企业规章制度制定程序及向员工公示或公告的相关证据。仲裁院认为，徐某虽然构成旷工，但未经公示或公告的公司规章制度尚未完全生效，公司单方面解除与徐某的劳动关系属于违法解除。根据《劳动合同法》第85条、第87条有关赔偿金的规定，仲裁院最终裁定，物业公司支付徐某违法解除劳动合同赔偿金。

---

本案中，承办律师引导江苏某能源投资公司提交会议记录等证据，证明该通知已经在会议中通过口头方式完成了公示程序。法院认为，结合《售电运行管理办法（暂行）》、其他员工确认收到绩效工资的情况说明等证据，认为江苏某能源投资公司的主张具有高度盖然性，予以支持。

借此，提醒广大用人单位，对涉及劳动者切身利益的规章制度和重大事项决定，应当及时向劳动者公示告知，并注意保存相关证据。例如，通过张榜公布、发放工作手册、集中学习或者将规章制度作为合同附件等方式，使劳动者对有关规章制度或决定及时应知会知，防止在日后劳动争议举证时处于被动局面。

### （二）规章制度解释方法

本案承办过程中的一个重大难点就在于对《售电运行管理办法（暂行）》

的解释与运用。

1. 合同解释相关法律规定

《民法典》第142条规定："有相对人的意思表示的解释，应当按照所使用的词句，结合相关条款、行为的性质和目的、习惯以及诚信原则，确定意思表示的含义。"

无相对人的意思表示的解释，不能完全拘泥于所使用的词句，而应当结合相关条款、行为的性质和目的、习惯以及诚信原则，确定行为人的真实意思。

《民法典》第466条规定："当事人对合同条款的理解有争议的，应当依据本法第一百四十二条第一款的规定，确定争议条款的含义。

"合同文本采用两种以上文字订立并约定具有同等效力的，对各文本使用的词句推定具有相同含义。各文本使用的词句不一致的，应当根据合同的相关条款、性质、目的以及诚信原则等予以解释。"

2. 合同解释方法的适用分析

合同是当事人合意诉诸文字的产物，因此，首先，对合同进行解释应考虑对合同的用语按照通常的理解进行文义解释。只有这种方法不能确定当事人的真实意思的时候才能采用其他的方法进行解释。其次，采用其他方法进行解释时结合相关条款、行为的性质和目的、习惯以及诚信原则，确定意思表示的含义。

（1）文义解释的适用

《民法典》第498条规定："对格式条款的理解发生争议的，应当按照通常理解予以解释。对格式条款有两种以上解释的，应当作出不利于提供格式条款一方的解释。格式条款和非格式条款不一致的，应当采用非格式条款。"文义解释应当是合同解释的首要方法，因为合同条款是当事人意思表示最直接的表示方法，是当事人意思自治的重要体现，一般情况下最接近于当事人的真实意思，故当事人就合同条款发生争议时，应当首先判断合同条文字面的意思表示，即采用文义解释的方法进行解释。只有在文义解释不能确定合同条文的准确含义时，才能运用其他的解释方法。

《售电运行管理办法（暂行）》载明："售电部门业务包括开发新业务、维护老客户、发展售电代理商、参与市场化交易及结算、对口联系相关部门，其中开发新业务又包括省内新准入用户的开发、技术对接、商务谈判、购售电签约、平台绑定、三方合同签订等，售电部门每位员工协同工作各司其职。新增售电量全部收益的70%用于市场开发，实行市场开发费用包干，超支自负，节约部分全部奖励给售电业务人员。绩效奖励，当年新增售电量全部收益的70%，扣除市场开发包干费用（含差旅费、招待等各项报销款项）后的结余部分全部奖励给售电人员，由售电业务部门提出分配意见，报公司批准后实施。”

《售电运行管理办法（暂行）》附件一《售电业务管理办法》第4.1.3条规定，新增售电量全部收益的70%用于市场开发，实行市场开发费用包干，超支自负，节约部分全部奖励给售电业务人员。第4.2.3条规定，效益奖励。当年新增电量全部收益的70%，扣除市场开发包干费用（含差旅费、招待等各种报销款）后的节余部分全部奖励给售电人员。

综合上述规定，从文义解释角度，应认为绩效奖励按照如下规则发放：新增售电收益的30%为公司固定成本收益，70%用于市场开发，包括代理商分成、差旅费、招待费用等，70%扣除上述款项后有节余的即为售电人员奖励，若没有节余甚至亏损的也由售电人员自行承担。另外，上述绩效奖励为售电团队奖励，非谓某个人奖励。

（2）整体解释

所谓整体解释，又称体系解释，是指将全部合同的各项条款以及各个构成部分作为一个完整的整体，根据对各个条款以及各个部分的相互关联性、争议的条款与整个合同的关系、争议条款在合同中所处的地位等各方面因素的考虑，来确定所争议合同条款的含义。合同由各个条款组成，作为一个整体，合同的各个条款必须协调，无矛盾，当事人才可顺利按照合同约定行使权利，履行义务。在文义解释不能确定合同条款的准确含义，或者根据字面意思解释合同将导致冲突时，应当结合整体解释的方法确定合同的真实含义。具体而言：

同一合同中，格式条款与非格式条款相冲突时，应根据非格式条款所表达的意思进行解释。因为格式条款是一方当事人为反复使用而订立、未与对方当事人协商的条款，而非格式条款为双方当事人协商后订立，更能准确地反映双方当事人的合意。实践中应当注意区分格式条款与印刷条款，并非印刷条款就是格式条款，两者之间存在本质区别，格式条款是反复使用的条款，印刷条款只是载体形态为非手写。同一合同中印刷条款与手写条款相矛盾时，应当认定手写条款优先，理由是手写条款为当事人亲笔所写，更接近于当事人的真实意思。特别条款优于一般条款。在合同中，特别条款通常是对一般条款的修正，或者是对某项问题的特别约定，故就同一事项，一般条款与特别条款的约定相冲突时，优先采纳特别条款的约定。

本案中有关制度的出台与实施有其政策、制度背景：2017 年 8 月 9 日江苏省人民政府办公厅发布《江苏能源监管办江苏省售电侧改革试点实施细则》和《江苏省增量配电业务改革试点实施细则》，江苏省开启了售电改革工作。作为江苏省政府设立企业，江苏某能源投资公司积极响应改革工作，申报并获得了售电企业资格，并组建售电业务团队，业务团队包括谭某在内共 7 人。

为鼓励包括售电部员工在内的所有人员积极参与售电工作，江苏某能源投资公司出台通知，即江苏某能源投资公司关于印发《售电运行管理办法（暂行）》的通知。

团队组建及《售电运行管理办法（暂行）》发布后，并未达到预期市场开发目标。为迅速占有市场，江苏某能源投资公司选择代理商销售这一市场主流销售模式。在其他售电公司给代理商的分配金额为 50% ~60% 的背景下，江苏某能源投资公司将代理商分配金额核定在 70% 。

经过销售政策调整，江苏某能源投资公司发现根据《售电运行管理办法（暂行）》规定，市场开发费用封顶占比 70% ，则现有代理商销售电量销售人员无绩效奖励。因此，江苏某能源投资公司发布《关于印发售电业务补充规定的通知》，明确售电人员直接签约的电量仍按照《售电运行管理办法（暂行）》执行，通过代理商签约电量价差收益按 70% 结算给代理商，不再奖励售电人员。基于售电人员在维护代理商关系过程中确需一定工作量，对售电人员可根据售电情况酌情给予适当奖励，具体由人资部门会同售电部门提出初步意见，总经理办公会研究后实施。《关于印发售电业务补充规定的通知》印发后，通过会议告知相关员工，并未要求员工进行签字确认。

结合相关制度文件的出台背景与演变经过，法院采信了江苏某能源投资公司的制度解释方案。

## 胜诉指引

### （一）讲好故事，应从背景描述开始

在诉讼案件中，案件事实与法律规范将法官、律师和当事人相互连接。在法律规范与案件事实两者间，法律规范通常是明确而具体的，虽偶有争议，但通常可以解决。相较之下，案件事实则显得扑朔迷离，令人难以琢磨。究其原因，莫过于事实的发现、梳理、表达差异极大，而这种差异往往成为一起诉讼案件的“胜负手”。因此对于诉讼律师而言，如何讲好一个故事十分重要。

接触的案件越多，越发体会到案件事实的重要，而事实梳理更是处理疑难复杂案件的深层“瓶颈”。从初次会谈中听客户“讲故事”，到案件准备阶段重新架构案件事实，再到向法官呈现一个可以支撑我们结论的“小前提”，回归案件的基本面，案件事实一定是决定判决结果的重要因素。

初学民法时，我们即掌握“法律事实”这个概念，这让我们保持着一个法律人的理性与逻辑。工作后，律师的“行话”更多表述为“如何讲好一个故事”。法律事实也好，讲一个故事也罢，其本质都是在为判决书中的“经审理查明”做准备。从律师工作来看，无论是制作证据册，还是起草法律意见，本质也是在协助法官梳理、还原案件事实，并引导法官进一步去探寻案件的“小前提”，最终争取得出我们主张的“结论”①。

而在一遍遍讲故事的过程中，我们发现描述清晰故事背景对于讲好故事有非常大的帮助。

故事背景主要分两种，一种是微观背景，另一种是宏观背景。

微观背景又叫“小场景”，是指故事中的人物形象。而宏观背景又被称为“大背景”，是指故事发生的社会环境、社会发展状态。

我们都知道，在一部小说中，地点和时间的布局不仅仅是为人物出场提供

① 程园园：《诉讼律师如何讲好一个故事》，载“天同诉讼圈”，2020 年 9 月 12 日。

一个舞台，有些时候，背景描写也能塑造人物形象。小说中涉及的所有背景，包括社会习俗、自然风光、地区方言等，都决定了整个小说发展的基调和走向。

在民事案件审判过程中，诉讼主体的人物形象、纠纷发生过程中的社会发展背景，在一定程度上将影响法官对于案件事实的认定，影响案件最终的判决结果。

如何构建故事背景，是每一位代理律师在每一个案件中都需要思考的问题，答案也不完全一致。本案我们通过以下两种路径进行背景描述。

第一，社会背景描述，将双方争议的《售电运行管理办法（暂行）》出台背景举证证明——“2017年8月9日江苏省人民政府办公厅发布《江苏能源监管办江苏省售电侧改革试点实施细则》和《江苏省增量配电业务改革试点实施细则》，江苏省开启售电侧改革工作”。该背景说明，明确了江苏某能源投资公司制定文件的出发点、真实意思表示内容，对于法官理解争议条款有较大的帮助。

第二，人物形象描述，披露江苏某能源投资公司股权结构（人民政府100%控股）、历史工资管理文件、现有员工工资发放情况，以描述江苏某能源投资公司信用信息、行为规范信息；披露谭某连续与前后3家用人单位发生劳动争议、私刻公章、利用职务谋取私利，以描述谭某的价值观及行为准则。

### （二）争议条款解释理解，现场还原是有效路径

关于“绩效奖励，当年新增售电量全部收益的70%，扣除市场开发包干费用（含差旅费、招待等各项报销款项）后的结余部分全部奖励给售电人员，由售电业务部门提出分配意见，报公司批准后实施”的理解，出现了较大的争议。为明确争议条款的真实意思，我们深入对江苏某能源投资公司人事部、法务部、销售部参与文件制定的工作人员进行访谈，并且对文件实施后的履行过程进行调查。经过现场还原，通过文义解释和整体解释的适用，可以明确得出合同真实解释。在通篇文字表达中“包干”最为核心，庭审过程中我们也是多次就此向法官进行说明。

### （三）尊重法官思维，妥善设计诉讼思路

该案件发生诉讼争议时，江苏某能源投资公司并未就绩效奖励进行明确及

发放。因此，就现状而言，案件审判时，法官审判的核心问题将确定在规则的解读上，审判结果并不能妥善解决矛盾，并且该审判涉及其他员工利益，将会增加法官的判决压力。对此，我们基于对《售电运行管理办法（暂行）》的正确理解，落实制度的执行，即将绩效奖励核算并经销售团队其他成员确认后进行发放。

根据销售业绩，经江苏某能源投资公司经理办公会讨论，参照售电部门的分配意见，江苏某能源投资公司决定向全体售电人员发放效益工资及绩效奖励合计1,028,000元，其中效益工资118,000元、绩效奖励910,000元，绩效奖励是对效益工资的补充。其中谭某补发效益工资20,000元、核定绩效奖励200,000元。该奖励分配方案得到除谭某之外售电部门全体员工的认可，并最终得到法院认定。

第 四 章

# 劳动合同解除与终止

# 劳动者在外设立公司，公司如何处理

## ——南京某商业管理有限公司劳动争议案

关键词 兼职 设立公司 解除劳动合同

## 基本案情

南京朗某商业管理有限公司（以下简称南京朗某公司）以及其关联公司上海朗某商业管理有限公司（以下简称上海朗某公司）、杭州朗某商业管理有限公司（以下简称杭州朗某公司）同时与多位劳动者发生关于“在外设立公司”解除的劳动纠纷案件，本文将该系列的案情汇总如下。

**案例一：**

2017 年 4 月 12 日，许某进入上海朗某公司工作。双方劳动合同约定：劳动合同自 2017 年 4 月 12 日起至 2020 年 4 月 12 日止。

2017 年 4 月 25 日，许某与上海朗某公司签订《员工保密协议》，协议载明：在任职期间，非经公司书面同意，不得在与公司生产、经营同类产品或提供同类服务的其他企业内担任任何职务，包括董事、监事、经理、职员等，也不得成为上述机构的股东、合伙人；如违反协议，许某应向上海朗某公司支付违约金 20,000 元，无论违约金给付与否，上海朗某公司均有权立即解除劳动合同，如违约金不足以弥补损失的，应另行赔付。

2020 年 4 月 2 日，上海朗某公司以许某违反劳动合同约定及劳动合同法规定在外注册公司为由，决定与其解除劳动合同。

**案例二：**

2018 年 5 月 14 日，王某进入南京朗某公司工作，双方劳动合同约定：劳动合同自 2018 年 5 月 14 日起至 2021 年 5 月 14 日止。

同日，双方签订《员工保密协议》，协议约定王某承诺其在公司任职期间，非经公司书面同意，不得在与公司生产、经营同类产品或提供同类服务的其他企业、事业单位、社会团体内担任任何职务，包括董事、监事、经理、职员、代理人、顾问等，也不得成为上述机构的股东、合伙人。

2019 年 6 月 1 日，因工作调动原因，王某与南京朗某公司终止劳动合同关系；王某另行与南京朗某公司关联公司杭州朗某公司重新签订劳动合同。劳动合同第 6 条第 5 款约定：王某承诺，其在公司任职期间，非经公司事先书面同意，不得在经营同类或类似产品或提供同类或类似服务的其他单位或机构担任任何职务，包括但不限于股东、合伙人、董事、监事、经理、职员、代理人、顾问，也不得为他人提供有偿或无偿服务。

2020 年 4 月 2 日，杭州朗某公司以王某违反劳动合同约定及劳动合同法规定在外注册公司为由，决定与其解除劳动合同。

**案例三：**

2018 年 10 月 25 日，冯某进入南京朗某公司工作，从事室内设计岗位工作。当日，双方签订了期限为 2018 年 10 月 25 日至 2021 年 10 月 24 日的劳动合同及保密协议。冯某实际工作地点为杭州拱墅区瓜山新苑。

劳动合同第 6 条、第 9 条约定，劳动者有兼职行为或者作为股东经营与用人单位所经营同类或者类似产品、服务，用人单位有权解除劳动合同；劳动者与其他用人单位建立劳动关系的，用人单位有权解除劳动合同。保密协议第 6 条约定：“乙方承诺其在甲方任职期间，非经甲方书面同意，不得在与甲方生产、经营同类产品或同类服务的其他企业、事业单位、社会团体内担任任何职务，包括董事、监事、经理、职员、代理人、顾问等，也不得成为上述机构的股东、合伙人。”第11条第1款约定：“乙方如违反本协议任一条款，应当一次性向甲方支付违约金两万元。如违约金不足以弥补甲方损失的，乙方应当另行赔付。”

2020年4月2日，南京朗某公司以冯某违反劳动合同约定及劳动合同法规定在外注册公司为由，决定与其解除劳动合同。

**案例四：**

2017年4月5日，陈某进入南京朗某公司工作。双方在劳动合同中约定：劳动合同自2017年4月5日起至2020年4月5日止；合同期内，陈某不得兼职于其他单位；陈某承诺，其在公司任职期间，非经公司事先书面同意，不得在经营同类或类似产品或提供同类或类似服务的其他单位或机构担任任何职务，包括但不限于股东、合伙人、董事、监事、经理、职员、代理人、顾问，也不得为他人提供有偿或无偿服务。陈某有下列情形之一的，公司可以立即解除劳动合同：……（4）严重违反劳动纪律、甲方或甲方上级单位规章制度的；（5）同时与其他用人单位建立劳动关系的。

2019年11月19日，南京朗某公司以陈某私自在外注册公司、违反公司规章制度为由，与其解除劳动关系。

在上述案件中，法官确认上海朗某公司、南京朗某公司、杭州朗某公司系关联公司。

2016年12月27日，上海朗某公司注册成立，经营范围为：企业管理及咨询，自有房屋、家具家电租赁，房地产经纪，房地产咨询，物业管理，保洁服务，市场信息咨询与调查，公关活动策划，旅馆等。

2017年1月18日，南京朗某公司注册成立，经营范围为：企业管理咨询；企业形象策划设计；自有房屋租赁；公寓管理；酒店管理；物业管理；房地产经纪；房地产咨询；保洁服务；会务服务；家用电器、电子产品、家具、家居用品、日用百货销售；国内各类广告设计、制作、代理、发布；市场营销策划；市场信息咨询、调查；停车场管理服务；公关活动策划；住宿服务；住房租赁经营；室内外装饰装修工程。

2018 年 9 月 4 日，杭州朗某公司注册成立，经营范围为：企业管理咨询；企业形象策划；社会经济咨询服务；市场营销策划；酒店管理；专业保洁、清洗、消毒服务；停车场服务；项目策划与公关服务；咨询策划服务；住房租赁；信息技术咨询服务；广告发布；信息咨询服务；劳务服务；组织文化艺术交流活动；会议及展览服务；广告设计、代理；日用家电零售；家用电器销售；家用电器零配件销售；电子产品销售；家具销售；日用品批发；日用百货销售；本市范围内公共租赁住房的建设、租赁经营管理；物业管理；非居住房地产租赁。

2020 年 3 月 25 日，杭州朗某文化发展有限公司注册成立，上述案例中的许某、王某、冯某为该公司股东及监事，经营范围为：艺术品代理，园区管理服务，住房租赁，非居住房地产租赁，会议及展览服务，社会经济咨询服务，办公设备租赁服务，柜台摊位出租，商业综合体管理服务等。

上述劳动者在外设立公司系列案件的争议焦点，主要有二：一是劳动者在外设立公司的，用人单位是否有权解除劳动关系？是否构成违法解除劳动关系？二是若存在用人单位违法解除劳动关系的风险，如何更好地与劳动者谈判。

## 法律分析

### （一）用人单位是否有权解除与在外设立公司的劳动者的劳动关系

《劳动合同法》第 39 条第 4 项规定，劳动者同时与其他用人单位建立劳动关系，对完成本单位的工作任务造成严重影响，或者经用人单位提出，拒不改正的，用人单位可以解除其与劳动者的劳动合同。

从文义解释上看，该条款的适用较为严格，即需满足“劳动者兼职 + 对其工作产生严重影响”或者“劳动者兼职 + 拒不改正”两个要件之一。之所以设定“产生严重影响”“拒不改正”这两个要件，是因为现行法律并未禁止劳动者与多个用人单位建立劳动关系：

其一，《劳动合同法》第69条第2款并未禁止非全日制用工与其他用人单位建立劳动关系，其规定："从事非全日制用工的劳动者可以与一个或者一个以上用人单位订立劳动合同；但是，后订立的劳动合同不得影响先订立的劳动合同的履行"。

其二，该观点得到最高人民法院公报2019年第12期案例、(2020)最高法民申2531号案的确认。

因此，用人单位以《劳动合同法》第39条第4项规定为由解除劳动合同时，除了应当注意"产生严重影响""拒不改正"这两个要件外，还应当注意"劳动者兼职"的要件。

上述系列案件中劳动者均在外设立公司，其行为影响程度与其他兼职行为不同。需要注意的是，并不是劳动者在外设立公司，用人单位都有权解除劳动合同。用人单位须对劳动者在外设立公司的事实以及产生的实质性影响承担举证责任。

1. 用人单位承担劳动者在外设立公司事实的举证责任

## 参考案例

**案例一：**用人单位承担劳动者在外设立公司的举证责任，劳动者对此否认的应提供反证，承担未"兼职"的举证责任——宁夏回族自治区高级人民法院（2015）宁民终字第899号

**基本案情**

2009年7月14日金某进入东某公司从事销售代表工作，自2010年7月14日起担任销售主管，2014年1月17日起担任大区经理。双方签订了书面劳动合同，最后一期劳动合同期限为2012年7月14日至2015年7月13日。2014年5月16日东某公司解除了与金某的劳动合同。

东某公司主张金某在南京某某府公司兼职，严重影响在其处的正常销售工作，该行为违反了双方签订的劳动合同及员工手册。东某公司并提交了以下证据：南京某某府公司的工商登记资料和关于提前解除劳动合同的通知打印件各一份，证明南京某某府公司从事医药医疗机械批发，与其属同行业，金某在南京某某府公司兼职的行为造成在其处的业绩下滑，其已在解除劳动合同通知书中告知了金某；员工手册复印件及2012年7月14日至2015年7月13日的劳动合同书各一份，证明根据员工手册第19章第75条第36项的规定，员工不得与其他用人单位建立劳动关系。

**裁决理由**

南京市中级人民法院认为，金某主张其未实际兼职，金某对该主张负有举证责任。金某在二审补充的证据不能证明其主张，而其辩解称其在某某府公司是挂名，只是朋友开公司用其名字凑人数，缺乏说服力。

---

2. 用人单位应举证劳动者在外设立公司行为对公司造成严重影响或劳动者拒不改正

## 参考案例

**案例二：** 劳动者在外设立的公司与其本人就职的公司经营关系重合的，该行为远比同时与其他用人单位建立劳动关系造成的影响更为严重——浙江省杭州市中级人民法院（2017）浙01民终6670号

**基本案情**

2014年8月1日，夏某与华某公司签订劳动合同一份，双方约定：劳动期限自2014年8月1日起至2019年6月30日止，夏某有下列情

形之一的，华某公司可以解除本合同：……（4）同时与其他用人单位建立劳动关系，对完成华某公司工作任务造成严重影响，或者经华某公司提出，拒不改正的。

2016年6月，夏某与他人就设立公司的相关事宜进行商榷。2016年7月1日，夏某作为4名股东之一，成立杭州某视有限公司，占股25%。该公司的经营范围为，服务：制作、复制；发行：专题、专栏、综艺、动画片、广播剧、电视剧；演艺经纪；平面设计、制作；文化艺术交流活动策划（除演出及演出中介）；广告设计、制作、代理；企业形象策划；市场营销策划；企业管理咨询；体育赛事策划；公关活动策划；舞台设计。华某公司的经营范围为：企业管理咨询服务；技术服务；营销策划；软件技术开发及配套服务；知识产权咨询服务（涉及许可证的凭证经营）。

2016年11月16日，华某公司向夏某发送邮件，载明："本公司于2016年11月4日发函解除你与公司的劳动合同关系。"

**裁决理由**

一审法院认为，本案中，夏某未经华某公司同意，与华某公司单位的其他同事一同擅自设立从事部分同类业务的公司，该行为远比同时与其他用人单位建立劳动关系对华某公司造成的影响更为严重。

劳动者在用人单位任职期间，参与投资成立与用人单位经营范围存在重合的公司，且在用人单位提出后并无退股或其他改正的意思表示，这一行为不仅违反了双方劳动合同的约定，亦违反了其作为劳动者在履行劳动合同过程中应负的诚信原则和忠诚义务，用人单位可以依法与其解除劳动合同。

---

在上述系列案件中，法院均考虑到劳动者在外设立公司是否对本职工作造成重大影响的问题。根据司法实践经验分析，重大影响一般可以从两方面分析，一是劳动者在职时设立的公司与就职公司若经营范围重合，法官会认为该行为

远比同时与其他用人单位建立劳动关系的行为造成的影响更为严重；二是考虑劳动者在外设立公司所担任的职务，是否对本职工作造成影响。

## （二）调解的协商之道——经济补偿的税法适用

在上述系列案件的案例一中，用人单位仍欠发劳动者一定的奖金数额，因此该案件用人单位仍需向劳动者支付较大数额的奖金。为了更好地促进调解，减少用人单位的损失，通过分析经济补偿与税法相关的规定，承办律师代表用人单位与法院、劳动者三方协商，要求以经济补偿的替代工资的方式向劳动者支付欠发奖金数额。

2018 年国家财税局修改了经济补偿个人所得税的相关规定（本文中以下简称新政策），相比于以往的规定（本文中以下简称旧政策），旧政策中一次性经济补偿需要先除以工作年限（最多 12 年），再计算个人所得税；而在新政策中无须考虑工作年限，即使工作 1 年就被辞退，也适用年度税率表，优惠力度较之旧政策更大。

依据新政策规定，经济补偿是否免税要视劳动者与用人单位劳动关系的解除方式而定，即劳动合同解除的，依规定部分免税；劳动合同终止的，不免税。

本文针对不同解除方式的经济补偿计算方法作简要梳理。

财政部、国家税务总局《关于个人所得税法修改后有关优惠政策衔接问题的通知》第 5 条第 1 款规定："个人与用人单位解除劳动关系取得一次性补偿收入（包括用人单位发放的经济补偿、生活补助费和其他补助费），在当地上年职工平均工资 3 倍数额以内的部分，免征个人所得税；超过 3 倍数额的部分，不并入当年综合所得，单独适用综合所得税率表，计算纳税。"

该条款明确经济补偿免征个人所得税的前提条件：一是经济补偿数额在当地上年职工平均工资 3 倍数额以内；二是个人与用人单位解除劳动关系，不包括劳动合同终止时经济补偿数额在当地上年职工平均工资 3 倍数额以内。

其中，根据《劳动合同法》第 46 条规定，符合劳动合同解除情形的（《劳动合同法》第 36 条、第 38 条、第 40 条、第 41 条第 1 项）以及劳动合同终止情形的（《劳动合同法》第 44 条第 1 项，第 44 条第 4 ~ 5 项），用人单位应当向劳动者支付经济补偿。

(1) 劳动关系解除的经济补偿计算方法。

## 参考案例

**案例三：**劳动关系解除的经济补偿在当地上年职工平均工资3倍数额以内的，免征个人所得税——江苏省南京市浦口区人民法院(2020)苏0111执异20号

**基本案情**

新宇某公司与付某劳动争议纠纷二审达成调解，协议约定新宇某公司于2019年9月30日前一次性给付某35,000元；如新宇某公司未按时足额给付某上述款项，则新宇某公司同意按照本案一审判决确定的数额（经济补偿合计51,898.1元）给付某相应款项。

后付某向法院申请强制执行，认为新宇某公司未完成经济补偿支付义务，应按照调解书内容另支付剩余款项17,798.1元。新宇某公司主张在2019年9月共缴纳93名工作人员的个人所得税，并基于自然人税收管理系统扣缴客户端计算出35,000元应缴纳900元个人所得税，故于2019年9月25日向异议人付某工资账户汇款的金额为34,100元，900元个人所得税已实际缴纳，并非故意针对异议人，且新宇某公司也愿意将扣缴的900元税费再补给异议人。

**裁决理由**

案涉经济补偿35,000元，未超过当地上年职工平均工资3倍数额，应予免征。新宇某公司扣缴异议人900元个人所得税，显然不当，其应将该款返还给异议人。

---

(2) 劳动关系解除的经济补偿超过3倍数额的部分，不并入当年综合所得，单独适用综合所得税率表，计算纳税。(见表2)

表2 综合所得税率表

| 级数 | 全月应纳税所得额 | 税率/% | 速算扣除数/个月 |
|---|---|---|---|
| 1 | 不超过3000元的部分 | 3 | 0 |
| 2 | 超过3000元至12,000元的部分 | 10 | 210 |
| 3 | 超过12,000元至25,000元的部分 | 20 | 1410 |
| 4 | 超过25,000元至35,000元的部分 | 25 | 2660 |
| 5 | 超过35,000元至55,000元的部分 | 30 | 4410 |
| 6 | 超过55,000元至80,000元的部分 | 35 | 7160 |
| 7 | 超过80,000元的部分 | 45 | 15,160 |

经济补偿应纳税额的计算公式及示例如下：

应纳税额 =（一次性经济补偿收入 - 3 × 当地上年职工平均工资 - 实际缴纳的住房公积金、医疗保险费、基本养老保险费、失业保险费）× 适用税率 - 速算扣除数

【示例】

问题：给员工甲一次性经济补偿税后50万元，单位需要缴纳多少税？单位实际需要承担多少费用？（以南京为例，假设甲在该单位工作年限数为8年，2020年南京当地上年职工月平均工资为10,846.25元，无其他扣除项目。）

答案：若需缴纳个人所得税为X元，单位实际需要承担费用为Y元。

①X =（X + 500000 - 10846.25 × 12 × 3）× 10% - 2520

②Y = X + 500000

此时，需缴纳个人所得税为9370.56元，单位实际需要承担的费用为509,370.55元。

需要注意的是，公式中“实际缴纳的住房公积金、医疗保险费、基本养老保险费、失业保险费”指的是个人与用人单位解除劳动关系取得一次性补偿收入时，单位按政策规定一次性补缴社保费和住房公积金、一次性补交社保费而实际缴纳到税务机关、劳动社会保障部门或政府住房公积金管理部门指定专户的部分，并不是单位平时按月为员工正常缴纳的“三费一金”。

在案例一中，由于劳动者要求的调解数额过高，在劳动关系解除的经济补

偿在当地上年职工平均工资3倍数额以内的，能够免征个人所得税的情形下，用人单位以经济补偿的形式发放欠发金额，一方面劳动者能够获得更多的经济收入，另一方面也能够减少公司的经济压力负担，双方共赢。

在案例二、三中，由于仲裁裁决结果均判决劳动者败诉，在后续一审过程中，案例二劳动者王某撤诉，案例三冯某仍需向用人单位支付违约金，最后劳资双方以调解的方式结案。

## 胜诉指引

南京朗某公司及其关联公司与多位劳动者发生关于“在外设立公司解除劳动关系”的案件，目前该系列案件已结案。不同地区法院法官对在外设立公司的关注点不同，有些法官更关注劳动者设立的公司是否与用人单位的经营范围存在重合，从而认定劳动者在外设立公司行为是否给原用人单位产生严重影响。

在上述案例四办理的过程中，承办律师发现，劳动者设立的公司与南京朗某公司的经营范围并不完全重合，甚至仅有两个业务范围重合，不足以对劳动者本职工作造成严重影响，因此该案仍然存在用人单位被认定为违法解除劳动关系的风险。为规避该风险，承办律师从多方面引导法官确认该劳动者在外设立公司对本职工作的影响：

其一，承办律师向法官比对两家公司的工商信息，确认两家公司经营范围重合的地方，说明劳动者在外设立公司的行为难以避免不对本职工作造成重大影响；承担初步的举证责任后，要求劳动者对本职工作不造成重大影响作出说明；

其二，承办律师向法官解释劳动者在外设立公司所担任职务的重要性。案例四劳动者抗辩仅担任公司法定代表人、执行董事，不影响其本职工作，承办律师从劳动者的忠实义务分析，公司法定代表人、执行董事是代表法人从事民事活动的负责人，一般来说具有实权，由公司内部的管理、决策核心人员担任，劳动者是否实际行使该权力或承担该义务不影响其任职的性质，因此该抗辩难以成立。

有些法官则直接认定劳动者在外设立公司行为影响重大，用人单位解除劳动合同行为符合法律规定。

以上系列案件中，用人单位与劳动者均签署了劳动合同，对劳动者不得在与公司经营范围存在重合的公司兼职或设立该类公司进行了明确约定，并签署了保密协议，为该系列案件胜诉奠定了重要基础。因此，建议用人单位在部分重要岗位的劳动合同中，可设置该类条款，避免劳动者在外设立公司。

# 女员工签署解除协议后发现怀孕，能否反悔

## ——某外资企业与李某劳动争议案

关键词 女员工协商解除 怀孕

### 基本案情

A公司为一家美资汽车零部件厂商，内部分设多个事业部。2016年年初，因公司总部业务布局规划调整，经决议后将关闭控制技术业务部的生产经营活动，就此将对该事业部的相关员工作出安置。2016年3月，经商议后，公司发布公告宣布关闭事业部，并公布了员工安置的方案，对于愿意与公司解除劳动关系的员工，公司可以支付经济补偿，而对于不愿意与公司解除劳动关系的员工，公司将安排放假，并依法支付放假工资。

安置方案公布后的数日内，经过与员工的多轮谈判沟通，全部员工与公司签署了协商解除协议，包括女员工李某。

2016年3月8日，李某自愿与A公司签署协商解除协议，但因A公司尚有部分遗留生产任务收尾工作未完结，故在协商解除协议中，双方约定A公司与李某的劳动合同解除日期为2016年5月31日，协商解除协议中就经济补偿、

工资支付等问题作了详尽的约定。

2016 年 5 月初，李某向 A 公司告知其已经怀孕，随后公司安排人事陪同李某至医院检查，确认李某已经怀孕，医生初步诊断怀孕约 11 周。后李某向 A 公司提出双方签署的协商解除协议无效，要求 A 公司按照赔偿金标准重新计算解除劳动合同的经济补偿，并要求 A 公司补偿其“三期”期间的费用。A 公司认为在签署协商解除协议时李某并未披露其怀孕的情况，双方签订的协商解除协议真实有效，所以拒绝了李某的要求。

因与 A 公司沟通无果，李某将 A 公司诉至当地劳动仲裁委，要求 A 公司继续与其履行劳动合同。

## 法律分析

### （一）劳动法中关于劳动关系解除的规定

劳动法中关于劳动关系解除的相关规定主要见诸《劳动合同法》第 36 条（协商一致解除）、第 37 条（劳动者提前通知解除）、第 38 条（劳动者“推定解除”）、第 39 条（用人单位因劳动者过错单方解除）、第 40 条（用人单位“无过错”解除）、第 41 条（经济性裁员）。

在以上解除的法定情形中，第 40 条、第 41 条受限于女职工“三期”的情形，即《劳动合同法》第 42 条规定：劳动者有下列情形之一的，用人单位不得依照本法第四十条、第四十一条的规定解除劳动合同：……（四）女职工在孕期、产期、哺乳期的……根据此条规定女职工在“三期”期间本人或者用人单位有第 40 条、第 41 条情形的，可以豁免被解除劳动关系。

### （二）本案中协商解除协议是否成立并生效

《劳动合同法》第 36 条规定：“用人单位与劳动者协商一致，可以解除劳动合同。”既称为“协商一致”，即表示双方或者多方经共同商议后就某一事项达成了统一意见，即双方就协商解除劳动关系事项达成了合同。合同是平等主体的自然人、法人、其他组织之间设立、变更、终止民事权利义务关系的协议。婚姻、收养、监护等有关身份关系的协议，适用其他法律的规定。《民法典》第 502 条第 1 款规定："依法成立的合同，自成立时生效，但是法律另有规定或者当事人另有约定的除外。"

1. 本案中协商解除协议的形式及主要内容

本案中，李某与 A 公司于 2016 年 3 月 8 日签署协商解除协议，并约定如下内容：(1) 经协商一致，双方同意解除劳动关系，并同意劳动关系解除的时间为 2016 年 5 月 31 日；(2) 双方经友好协商，就劳动关系解除及经济补偿等事宜达成协议；(3) 按照李某在 A 公司的工龄，A 公司向李某支付的经济补偿为其离职前 12 个月平均工资乘以 5 个月后的数额，另外 A 公司向李某支付 2.5 个月的工资作为额外补偿；(4) 双方确认，本协议所作的支付构成乙方（李某）可能提出的、因对乙方的聘用期间及聘用关系和劳动关系之终止而产生的任何性质的所有主张的全部和最终解决；(5) 双方劳动关系系协议解除，就工资、社保、公积金、经济补偿及其他事项等不存在任何争议。本协议经甲方盖章、乙方签字后生效，协议生效后，双方再无经济和劳动关系纠葛，乙方不再向甲方提出任何要求……

2. 本案协商解除协议是否存在无效情形

《民法典》第 144 条、第 146 条、第 153 条、第 154 条规定了民事法律行为无效的情形，其中包括无民事行为能力人实施的民事法律行为、虚假意思表示、违反法律、行政法规强制性规定、违背公序良俗、恶意串通损害他人合法权益。

根据本案协商解除协议形式及内容，不存在上述无效情形，且在协议中约定经签字或盖章后即生效，因此协商解除协议已然生效。

3. 本案协商解除协议是否存在可撤销情形

《民法典》第 147 条、第 148 条、第 150 条、第 151 条规定了可撤销民事法律行为的情形，主要包括重大误解、受欺诈方因一方欺诈而在违背真实意思后实施的行为、受胁迫方因受到胁迫在违背真实意思的情况下实施的行为、受损害方因处于危困状态、缺乏判断能力等情形下实施的显失公平的行为。本案中，李某主张撤销协商解除协议的依据为重大误解，即本人在签署协议时并不知晓怀孕，故在错误的认知下对自身的权利作出了错误的处置，因此主张撤销协商解除协议，要求A公司恢复履行双方的劳动关系。

民法典中所谓的“重大误解”是指行为人因对行为的性质，对方当事人，标的物的品种、质量、规格和数量等的错误认识，使行为的后果与自己的意思相悖，并造成较大损失的情形。本案中李某在签署协商解除协议时显然不存在错误认识的情况：

首先，李某在签署协商解除协议时，对协议约定解除劳动合同的内容并不存在错误认识，对其签字所产生的法律后果也是明知的，同意解除劳动合同是李某的真实意思表示。

其次，李某作为已婚女性，对于解除劳动合同这一关系到其切身利益的重大事项，应当是在充分考虑各种可能性后作出的慎重决定，即便李某称订立协议时不知道自己已怀孕，也是对自身生理状况的认识错误，并非对协商解除协议的内容、性质以及行为的后果存有误解。

最后，协商解除协议中对于解除劳动关系后的经济补偿、法律后果、双方权利义务的解决等作出了明确约定，李某作为完全民事行为能力人对协议的签字确认即应当视为对协议条款的理解和确认。

因此，A公司与李某之间签订的协商解除协议合法有效，李某无权基于其怀孕的事实主张撤销协商解除协议。

### （三）A公司不存在违法解除劳动合同情形，无须恢复履行与李某的劳动合同

《劳动合同法》第48条规定：“用人单位违反本法规定解除或者终止劳动合同，劳动者要求继续履行劳动合同的，用人单位应当继续履行……”本案中A公司与李某解除劳动关系合法，无须恢复履行与李某的劳动合同，主要理由如下：

1. A公司与李某签署协议时，并不知晓也无法知晓李某怀孕与否，更无法定义务确认李某在签署协议时是否怀孕，李某作为成年人应当对处置自身权利

的行为负责，双方协商解除劳动合同的合意并不因李某存在怀孕的事实而被撤销。

2. 如前所述，李某作为完全民事行为能力人，对解除劳动关系的性质有清晰、准确的认识，双方经协商达成的解除协议，应当被严格遵守，且《劳动合同法》中并无条款禁止用人单位与“三期”女职工协商解除劳动关系，对于与“三期”女职工协商解除劳动关系情况也并无高于法定标准的额外补偿规定。

## 参考案例

**案例一：** 许某与装饰有限公司劳动争议——江苏省南京市中级人民法院（2020）苏01民终2057号

### 基本案情

许某于2013年7月31日入职装饰有限公司，双方签订了劳动合同，合同约定许某的岗位为工程师，工资20,000元/月，每月25日前支付上月工资。装饰有限公司已实际发放工资至2017年1月。

2017年2月，许某向装饰有限公司提出离职申请，后双方签订了《解除劳动合同（关系）协议书》，约定：（1）双方同意于2017年3月31日起解除之前订立的劳动合同（关系）；（2）许某于本协议书签署前完成了同装饰有限公司的工作交接，并未在装饰有限公司承建（监）的建设工程项目中继续担任项目负责人；（3）截至本协议书签署日，双方间不存在任何纠纷及未了结的债权债务。

之后，许某向一审法院起诉请求：（1）判令装饰有限公司支付2017年2月1日至3月31日工资差额40,000元；（2）判令装饰有限公司支付2016年7月31日至2017年3月31日未续签劳动合同二倍工资差额160,000元（20,000元/月×8个月）；（3）判令装饰有限公司支付解除劳动关系经济补偿80,000元（工作3年8个月，按照4年计算，20,000元/年×4年）；（4）2013年7月31日至2017年3月31日未休年假工资 11,535 元。

## 裁决理由

劳动者与用人单位就解除或者终止劳动合同办理相关手续，支付工资报酬、加班费、经济补偿或者赔偿金等达成的协议，不违反法律、行政法规的强制性规定，且不存在欺诈、胁迫或者乘人之危情形的，应当认定有效。本案中，双方签订的《解除劳动合同（关系）协议书》不违反法律、行政法规的强制性规定，许某亦未举证证明其签署该协议时，装饰公司存在胁迫、欺诈或乘人之危的情形。因此，应认可该协议的效力，双方均应受该协议约束，故对许某的全部诉讼请求不予支持。二审法院经审理后，判决维持原判。

**案例二：** 万某与英某资源贸易（中国）有限公司劳动合同纠纷——上海市第一中级人民法院（2020）沪 01 民终 13411 号

## 基本案情

万某于 2018 年 5 月 8 日进入英某资源贸易（中国）有限公司担任行政助理，双方签订了期限自 2018 年 5 月 21 日起至 2020 年 5 月 20 日止的劳动合同，约定每月工资 9,416.67 元。2020 年 2 月 19 日，公司向万某发出对话邀请，并商谈协商解除劳动关系事宜。当日 14 时 40 分，公司将解除协议文本通过电子邮件形式发送给万某，并要求万某在下班前回复确认邮件以及告知快递地址。万某于当日 14 时 52 分邮件回复："我接受公司的协议。" 2 月 20 日上午，公司通过快递形式将已加盖公司印章的《劳动合同解除协议书》原件两份送到万某住所要求现场签署后再由快递取回其中一份，万某遂签署。

《劳动合同解除协议书》约定：经双方友好协商一致同意劳动合同及双方劳动关系自 2020 年 3 月 20 日解除，公司向万某支付经济补偿人民币 56,301.02 元，万某承认且同意，除上述约定的经济补偿外，公司不存在其他应当向其支付的，因其与建立、履行、解除其与公司之间的劳动关系产生的或与其有关的任何款项和补偿，包括但不限于工资、加班费、奖金、补贴、带薪假期、经济补偿、社会保险、住房公积金、福利待遇和其他任何款项，也无义务支付上述任何款项。如公司被认为还应当依法向员工支付任何补偿或任何其他性质的款项，那么此协议所列经济补偿金额应当被认为已经包括对这些款项（如有）的支付。各方确认，各方之间因建立、履行及解除劳动关系而产生的或与之有关的任何未决或潜在的争议均已因本协议的签订而获得全部解决。在解除日之前或公司要求的其他时间内，员工应按照公司的要求完成所有离职交接手续。另外，员工声明，其完全理解本人的法律地位及本协议每一条款的内容，并自愿签署本协议。

2020 年 2 月 20 日下午，万某向公司申请 2020 年 2 月 24 日至 3 月 4 日休婚假。同年 3 月 10 日，万某以邮件形式告知公司已怀孕。次日，万某经上海市浦东新区周浦医院诊断“目前已孕 49 天”。2020 年 3 月 13 日，公司邮件回复万某解除协议有效，双方劳动关系于 2020 年 3 月 20 日解除。2020 年 3 月 23 日，公司向万某寄送退工证明及劳动手册，万某拒收。2020 年 4 月 14 日，万某向上海市浦东新区劳动人事争议仲裁委员会申请仲裁，要求公司自 2020 年 3 月 21 日起恢复劳动关系。经仲裁裁决，对万某请求不予支持。万某不服该裁决，遂起诉来院。

**裁决理由**

法院认为，根据法律规定，用人单位与劳动者协商一致，可以解除劳动合同。万某与公司签订的《劳动合同解除协议书》系双方真实意思表示，未违反法律、法规强制性规定，合法有效，双方均应恪守。根据该协议的内容，双方就劳动合同解除日期、解除劳动合同补偿、工作交接等解除劳动合同事宜进行了约定，系双方协商一致解除劳动合同；万某所称该协议系对劳动合同终止期限的变更，因缺乏依据，法院对此不予采纳。至于万某主张因协议约定的解除日期为 2020 年 3 月 20 日，现万某已于 2020 年 3 月 11 日告知公司其怀孕的事实，故根据《劳动合同法》第 45 条的规定，劳动合同不应于 2020 年 3 月 20 日解除，而应顺延至万某“三期”结束。对此，根据《劳动合同法》第 45 条的规定：“劳动合同期满，有本法第四十二条规定情形之一的，劳动合同应当续延至相应的情形消失时终止。”该条规定的是劳动合同正常到期时出现法定顺延事由，劳动合同应当顺延。本案中，系双方协商一致约定劳动合同于 2020 年 3 月 20 日解除，并不适用该条之规定，故万某以此为由主张劳动合同应当顺延至“三期”结束，于法无据，判决确认双方劳动合同因协商一致已于 2020 年 3 月 20 日解除。

## 胜诉指引

《劳动合同法》第 36 条关于协商一致解除劳动关系的规定，充分体现了劳动法中对劳动者自主择业权和用人单位自主用工权的保护，赋予劳资双方以契约的方式自由处置自身的权利，实践中，协商解除的方式也被作为劳资双方解除劳动关系的优先选择，这一解除方式不仅避免了解除行为潜在的法律风险，也在一定程度上友好地化解劳资双方之间的矛盾。

虽然该方式存在种种的优势，但是在某些特殊情形下，仍不能完全避免或者排除劳动关系解除后遗留的隐患问题。除本案中遇到的“三期女职工”协商解除后能否要求撤销的问题外，实践中还可能遇到工伤员工与用人单位签署协商解除协议后反悔的问题，对此司法实践也有相应的规定：

江苏省高级人民法院《劳动争议案件审理指南》规定：劳动者受到工伤后，用人单位与劳动者达成赔偿协议后，劳动者又提起仲裁和诉讼，要求用人单位按照工伤保险待遇赔付的，对该协议的效力应当区分情况处理：

（1）如果该赔偿协议是在劳动者已认定工伤和评定伤残等级的前提下签订，且不存在欺诈、胁迫或者乘人之危情形的，应认定有效；但是如果劳动者能举证证明该协议存在重大误解或显失公平等情形，符合合同变更或撤销情形的，可视情况作出处理。

（2）如果该赔偿协议是在劳动者未经劳动行政部门认定工伤和评定伤残等级的情形下签订的，且劳动者实际所获补偿明显低于法定工伤保险待遇标准的，可以变更或撤销补偿协议，裁决用人单位补充双方协议低于工伤保险待遇的差额部分。

上海市高级人民法院《关于工伤保险待遇争议中的 4 个疑难问题解答》中规定："四、如何认定劳动者与用人单位自愿签订的赔偿协议效力的问题。劳动者在工作中发生伤害事故，之后在未经社会保险行政部门工伤认定的情况下，与用人单位签订了相关赔偿协议，该协议明确双方存在劳动关系、劳动者系在工作中受伤且双方自愿达成赔偿协议。用人单位据此协议向劳动者支付了赔偿协议中约定的费用。之后，社会保险行政部门、劳动能力鉴定委员会依劳动者一方申请，作出了工伤认定和伤残等级鉴定结论。现劳动者以该赔偿协议存在重大误解、显失公平为由起诉要求用人单位支付工伤保险待遇。对此，劳动者是否需首先提起撤销赔偿协议的民事诉讼。若劳动者坚持不提起撤销之诉，其要求用人单位支付工伤保险待遇的请求是否应予支持，部分法院对此存在分歧。

"倾向性意见认为，对于劳动者发生工伤后与用人单位签订了相关赔偿协议，系用人单位与劳动者自愿达成的协议，如不违反法律、行政法规的强制性、禁止性规定，且不存在欺诈、胁迫或乘人之危等情形的，应认定有效。如上述协议的签订确实存在重大误解、显失公平情形的，劳动者请求撤销的，法院应予支持。

"为避免讼累，法院可在审理工伤保险待遇案件中直接审查是否存在可撤销赔偿协议的情形，就协议是否撤销以及是否支付工伤保险待遇一并进行处理，无须劳动者先行提起撤销赔偿协议的诉讼。"

以上的裁判观点倾向于保障劳资双方自愿达成协议的效力，除非发生显失公平、重大误解等情形时才可以主张撤销。因此，在签署协商解除协议的时候应当注意以下几点：

1. 作为用人单位一方，应当尽量了解员工的情况，对可能涉及的补偿事项在解除协议中尽可能列举并作出解决，以免遗漏争议事宜，造成潜在法律风险。

2. 对于特殊员工（“三期”、工伤、医疗期等），考虑员工个体的特殊情况，用人单位在协商解除时可以在法定补偿基础上考虑额外给予适当补偿，以体现人文关怀和帮助。

3. 作为劳动者，在接受用人单位协商解除劳动关系前应当谨慎考量，通过不同途径了解、咨询解除劳动关系的相关法律知识及解除后果，以免对自身权益不当处置造成利益受损。在签署协议之后，也应当秉承诚信的原则遵守履行双方约定，切忌无端违约。

# 劳动者行使“推定解雇权”的限制

## ——某外资企业与员工经济补偿纠纷案

关键词 《劳动合同法》第38条　推定解雇　经济补偿

### 基本案情

2007年8月11日，员工师某入职某法资L公司（以下简称L公司），双方签订劳动合同，其中约定师某的工作岗位为生产线操作工。师某于2015年7月11日以快递邮件的方式向L公司寄送《解除劳动合同通知》一份，其中载明“由于公司未按规定支付工资，本人提出解除劳动合同”。

2016年5月27日，L公司收到师某的劳动仲裁申请书，仲裁请求为：

1. 要求L公司向其支付基本工资差额3万元；

2. 要求L公司向其支付双休日加班工资差额7000元；

3. 师否基于L公司存在欠付基本工资、双休日加班工资的情况提出解除劳动合同，要求L公司向其支付解除劳动合同的经济补偿5万元。

因此案超出劳动仲裁审限，劳动仲裁委未作出裁决，后师某以同样的事实与理由起诉至某区人民法院，提出以上诉请。

## 法律分析

### （一）L公司是否存在欠付师某每月基本工资的事实

师某与L公司签订的劳动合同约定：乙方（师某）在甲方（L公司）之工作岗位为“生产线操作员”（类别为A）……第5条约定：乙方之起薪为人民币×元/月，师某认为该“起薪”为其岗位对应的“基本工资”。

L公司的员工工资单中包含如下项目：基本工资、全勤奖、当月考勤工资、加班费（平日加班、周末加班、国定假加班）、补贴、病假、旷工、事假、扣除等项目。其中“基本工资+全勤奖”的金额为当月考勤工资数额，该金额与劳动合同中约定的起薪数额一致。

师某认为其与L公司在劳动合同中约定的“起薪”应当是本人的月基本工资，而工资单中每月列明发放的基本工资与劳动合同中约定的“起薪”存在差额，L公司应当补足，因此提出第一项诉讼请求，要求L公司向其补足入职以来的每月基本工资差额部分。

本案中，L公司在劳动合同、工资单中关于工资的表述用词各有不同，导致员工认为用人单位未按照约定足额支付基本工资，如不经过仔细对比和调查取证，很难对员工的请求提出反驳。在与L公司人事充分了解、沟通公司的薪酬制度后，我们发现L公司特别制定有工资制度，其中规定：A类员工的薪资结构：全额工资=基本工资（占比75%）+全勤奖（占比25%）。师某于2007年入职时参加了入职培训并签字确认知悉该制度的相关内容。就此，我们结合该制度并比对员工工资单发现，工资单中的“基本工资+全勤奖”的金额与劳动合同中约定的“起薪”数额一致，且“基本工资”“全勤奖”的比例占“全额工资”的比例与工资制度中的规定一致。

经梳理后，我们向一审法院仔细呈现了各个不同名称之间的差异，并且解释了它们之间的逻辑关系，虽存在表述上的不尽一致，但是起薪、当月考勤工资、全额工资所表达的意思一致，对于“基本工资”的范畴是有明确的约定及规定的，即“基本工资”占月工资的75%，L公司未欠付基本工资。

本案中师某在L公司入职后工作8年之久，按月收到L公司支付的工资及工资单，其间从未就L公司工资制度提出过任何异议，表明其对公司工资制度明知且认可，所以我们向一审法院提出，师某诉请中提出要求支付基本工资差额的主张纯属混淆概念、歪曲事实，其关于基本工资差额的请求没有事实及法律依据。

## （二）关于加班工资差额的问题

2010年1月至2013年12月、2014年5月至2015年6月，L公司均获得当地人社部门实施综合计算工时工作制的批复，其中列明的岗位（工种）包含：生产线操作员、生产领班等，L公司与师某签订的劳动合同约定师某岗位为“生产线操作员”，属于可以适用综合计算工时工作制的岗位范围。据此，L公司根据综合计算工时工作制加班工资支付的规定，对员工超过法定工作时间之外的加班加点时间按照1.5倍的标准足额计发了加班工资，且在此期间，L公司计算加班时间时未扣除员工每日的用餐时间（1小时），也就是说，L公司将员工用餐时间计入每日总工作时间中，实际上每日多向员工支付了1个小时的加班工资。2014年1月至5月，因当地人社部门内部工作流程调整等原因，L公司综合计算工时工作制审批存在空档，在此期间L公司仍按照原综合计算工时工作制适用期间的加班结算方法向员工结算薪资。

师某认为，在此期间L公司未取得综合计算工时工作制审批，应当适用标准工时制度规定结算员工薪资，即应当区分平日延时加班1.5倍及周末加班2倍的工资结算标准，遂其提出第二项诉讼请求，要求L公司应当补足该期间发生的周末加班工资0.5倍差额部分。

针对师某的主张，我们认为应当透过事情的表面现象，从法意是否受损的角度去解释L公司的行为是否存在不当。2014年1月至5月L公司确实存在综合计算工时工作制审批空档，如果严格从法律层面解释，该期间确实存在加班工资计算的争议问题，但是考虑到L公司综合计算工时工作制审批空档非自身主观原因造成，且在2014年6月再次获得审批，在此期间，L公司的生产条件、经营状况、员工岗位、师某的工作安排未发生实质性变更，再者L公司在计算加班时数时未扣除每日1小时的用餐时间，综合相关因素来看，该期间L公司实行综合计算工时工作制是之前制度的延续，且此后即时再次获得了审批，符合相关岗位员工的合理预期，也未损害员工的合法利益，因此L公司按照1.5倍的标准结算该期间的加班工资并无明显不当，无须向师某补发其所主张的差额部分。以上意见亦得到了一审法院的认可，并载入判决文书中。

### （三）师某以《劳动合同法》第38条提出解除劳动合同，并要求L公司支付经济补偿的诉请能否成立

师某于2015年7月11日以L公司未按规定支付工资为由提出解除劳动合同，并要求L公司支付劳动合同解除的经济补偿。如前分析，师某关于欠付基本工资及加班工资的主张均未得到支持，故其解除劳动关系所依据的事实即不能成立，因此无法按照《劳动合同法》第38条、第46条的规定向L公司主张经济补偿。

## 参考案例

**案例一：**孙某、钟楼区五星郭某璐箱包店劳动争议二审民事判决书

——江苏省常州市中级人民法院（2020）苏04民终1519号

**基本案情**

孙某系钟楼区五星郭某璐箱包店（以下简称郭某璐箱包店）员工，担任店长职务。2015年6月30日，孙某与郭某璐箱包店签订员工劳动合同，约定合同期限为2015年6月30日至2020年6月29日，孙某从事销售工作，工作地点在江苏省常州市，实行经劳动保障行政部门批准的综合计算工时工作制，结算周期按月结算，根据郭某璐箱包店确定的孙某的薪酬为核定基本工资1900元＋补贴400元＋考核150元。郭某璐箱包店未为孙某参加社会保险，按月缴纳社会保险费，郭某璐箱包店在孙某工资中代为扣缴应由孙某缴纳部分。2019年11月6

日，孙某向郭某璐箱包店发出解除劳动合同通知书，主要内容为因郭某璐箱包店未给孙某缴纳社会保险费，严重违反孙某本人意愿，多次与郭某璐箱包店协商但未予答复。郭某璐箱包店安排孙某周六、周日及法定节假日上班，既不安排调休，也未足额支付加班费用，依照《劳动合同法》相关规定，要求解除与郭某璐箱包店之间的劳动合同。

2019年11月27日，孙某申请仲裁，常州市钟楼区劳动人事争议仲裁委员会审查认为仲裁申请不符合受理条件，于2019年11月29日向孙某作出决定不予受理通知书。孙某遂提起诉讼至常州市钟楼区人民法院。

在一审庭审中，郭某璐箱包店提交孙某向其提出不参加社会保险的申请及双方签订的协议书，主要内容为孙某本人要求不参加各类社会保险，向郭某璐箱包店申请将应缴纳的社会保险费用以补贴方式发放给孙某。郭某璐箱包店在协议书中同意将社保补助及每月工资一起发放给孙某，孙某承诺不再向郭某璐箱包店主张工作期间的社保待遇，承诺放弃通过劳动部门或法院主张社保待遇的权利。郭某璐箱包店提交于2017年8月、9月、11月、12月及2018年3月的补贴发放记录，证明郭某璐箱包店已将应缴纳的社保费用以补贴形式发放给孙某。郭某璐箱包店还提交孙某2018年5月至2019年8月的工资发放记录，发放记录记载孙某工资包括个人奖金、店铺奖金、考勤工资、补贴、加班费、其他补贴、激励奖金及高温费等，其中2019年6月和7月加班费计23.75元、22.98元。

孙某、郭某璐箱包店认可周六、周日加班和周二调休的事实。

## 裁决理由

《劳动合同法》第38条规定的目的是促使劳动合同当事人双方都要诚信履行，用人单位和劳动者行使权利、履行义务都不能违背诚实信用原则。如果用人单位存在有悖诚信，拖延支付或拒绝支付劳动报酬，劳动者因此严重影响其正常生活并无法继续工作，导致劳动者被迫提出解除劳动关系，才属于立法所要规制的对象。用人单位因主观恶意未及时、足额支付劳动报酬或未缴纳社保费用的，可以作为劳动者解除劳动合同的理由，造成劳动者辞职的应视为“推定解雇”，用人单位应当支付经济补偿。但劳动者应当对用人单位具有主观恶意及存在过错负有举证证明责任。用人单位有证据证明确因客观原因导致计算标准不清楚、有争议，劳动者以用人单位未及时、足额支付劳动报酬或未缴纳社保费为由解除劳动合同，要求用人单位支付经济补偿的，应不予支持。

本案孙某要求郭某璐箱包店支付经济补偿，应依法不予支持。理由如下：第一，案涉劳动合同约定郭某璐箱包店确定孙某的薪酬为核定基本工资1900元+补贴400元+考核150元，该项约定不包括加班加点费。在孙某发出解除劳动合同通知前，郭某璐箱包店已向孙某逐月支付案涉劳动合同约定的薪酬，还逐月支付奖金、工作日延长工时的加班加点费和其他补贴等。第二，案涉劳动合同约定实行综合计算工时工作制，但郭某璐箱包店未向劳动保障行政部门依法履行批准手续，其后，双方没有根据孙某的营业员岗位性质及工作要求确定周末加班费的计算基数和支付方法，双方对周末加班费约定不明所产生的诉讼争议均有责任。第三，孙某、郭某璐箱包店均认可周六、周日加班和周一调休，郭某璐箱包店未支付剩余一天的周末加班费，根据日常生活经验，一般不会影响孙某的正常生活。第四，孙某没有举证证明发出解除通知前曾向郭某璐箱包店提出要求支付周末加班费，也没有举证证明其因此无法继续工作。综上所述，郭某璐箱包店未支付剩余一天的周末加班费，不能认定其存在违背诚信并且造成孙某被迫解除劳动合同的主观恶意，孙某以此为由向郭某璐箱包店主张经济补偿，不予支持。第五，双方约定因孙某不愿意缴纳社会保险，导致郭某璐箱包店无法履行缴纳社保义务，郭某璐箱包店将社保费用以补贴方式支付给孙某，该约定违反《劳动法》第72条、《社会保险法》第10条规定的用人单位和劳动者必须依法参加社会保险、缴纳社会保险的法定义务，不具有法律效力。

本院认定孙某自愿放弃郭某璐箱包店为其缴纳社保费用，系其真实意思表示，郭某璐箱包店已举证证明向孙某支付社保补贴，孙某未举证证明发出解除通知前曾向郭某璐箱包店提出为其补办社保手续及缴纳社保费用。因此，孙某未能参加社保的情形不应全部归责于郭某璐箱包店，郭某璐箱包店不存在侵犯孙某合法权益的主观恶意。孙某以郭某璐箱包店未缴纳社保费用为由解除劳动合同，向郭某璐箱包店主张经济补偿，违背诚实信用原则，不予支持。

**案例二：** 周某与无锡某立营销有限责任公司、南京昂立保健食品有限公司经济补偿、追索劳动报酬纠纷——南京市中级人民法院（2018）苏01民终836号

**基本案情**

2000年10月，周某入职南京某立营销有限责任公司（以下简称南京某立营销公司）。2001年4月1日，周某与南京某立营销公司签订了劳动合同，期限自2001年4月1日起至2004年3月31日止。2001年4月至2007年5月，南京某立营销公司为周某缴纳了社会保险费。2007年6月，南京某立营销公司办理了注销手续。

2007年6月，周某入职无锡某立营销有限责任公司（以下简称无锡某立公司）任南京营销部经理，双方签订了自2011年6月1日起的无固定期限劳动合同。2007年6月至2012年6月，由南京某人力资源开发服务有限公司为周某缴纳社会保险费。

2012年7月，周某入职南京某立公司任南京营销部经理，双方签订了劳动合同，期限自2012年7月12日起至2015年7月11日止。2012年7月至2013年4月，由南京某立公司为周某缴纳社会保险费。

2011年9月至2012年8月，周某的应发工资分别为：7150元、7150元、8650元、8650元、8220元、10,720元、8220元、8220元、

11,220 元、8320 元、8220 元、9120 元。无锡某立公司及南京某立公司主张，南京某立公司核算出周某 2012 年 9 月工资 6895 元，通知周某领工资，但周某一直未领。

2012 年 11 月 20 日，无锡市公安局北塘分局就周某涉嫌职务侵占一案，决定立案。2013 年 2 月 25 日，周某被刑事拘留。2013 年 4 月 4 日，无锡市公安局北塘分局对周某执行取保候审。

2013 年 6 月 23 日，周某发函给无锡某立公司，载明：自 2013 年 5 月以来，你公司没有依法缴纳社会保险、自 2012 年 9 月没有及时足额支付劳动报酬等……现本人根据《劳动合同法》第 38 条规定决定自 2013 年 6 月 24 日起解除劳动合同。2013 年 7 月 8 日，无锡某立公司与南京某立公司回复周某：(1) 因周某涉嫌触犯法律，故不同意解除与周某的劳动合同；(2) 公司于 2012 年 10 月 26 日以挂号信方式邮寄员工清账通知；(3) 周某涉嫌侵占公司财物，公司保留对周某的追诉权。

2013 年 7 月 5 日，周某向南京市劳动人事争议仲裁委员会申请仲裁申请，2014 年 9 月，周某撤回仲裁申请。

2014 年 9 月 16 日，周某再次向南京市劳动人事争议仲裁委员会提起仲裁申请，要求无锡某立公司支付其解除劳动合同补偿金、2012 年 7 月至 2013 年 6 月的工资、2012 年奖金共计 307,660 元，补缴 2000 年 9 月至 2013 年 7 月的社会保险费，报销相关费用，办理社会保险转移证明手续并承担未办理手续的损失。2014 年 11 月 4 日，该仲裁委员会以该案在法定期限内尚未审结为由，作出终结审理的决定，周某遂诉至法院。在诉讼过程中，周某要求追加南京某立公司为被告，且要求无锡某立公司及南京某立公司承担连带责任。

## 裁决理由

关于南京某立公司及无锡某立公司是否应当支付周某经济补偿 167,212.5 元的问题。南京市中级人民法院经审查认为，周某于 2012 年 10 月 8 日被免除职务后，其已经被停止从事的原销售经理的工作。

周某主张其仍从事原业务工作，且卖场销量与其业绩挂钩，但其未能举证证明其工作内容、工作业绩仍与此前相同。另经查，2012 年 10 月 8 日，无锡某立公司作出通知，仅是要求周某配合清查工作，周某于 2012 年 11 月，因涉嫌侵占公司财物被公安机关立案侦查，后被采取强制措施，故此后南京某立公司向周某支付的工资是按照最低工资标准支付，而非对其作为销售经理提供的劳动支付相应的劳动报酬，故无锡某立公司及南京某立公司不存在恶意拖欠周某 2012 年 10 月至 2013 年 2 月劳动报酬的情形。无锡某立公司及南京某立公司于 2012 年 10 月 26 日向周某邮寄员工清账通知的行为，表明其愿意支付周某 2012 年 9 月工资，故其也不存在恶意拖欠周某 2012 年 9 月工资的情形。因无锡某立公司及南京某立公司主张将开票额作为发放 2012 年度奖金的依据，与周某关于将销售额作为发放依据的主张存在争议，无锡某立公司及南京某立公司据此未及时向周某发放 2012 年度奖金。综上，无锡某立公司及南京某立公司不存在未及时足额支付周某劳动报酬的恶意。另外，2013 年 2 月周某被刑事拘留，客观上未再继续向无锡某立公司及南京某立公司提供劳动。双方劳动关系中止，无锡某立公司及南京某立公司无须为周某缴纳此后的社会保险费。据此，周某于 2013 年 6 月 23 日以无锡某立公司及南京某立公司不再为其缴纳 2013 年 5 月起的社会保险费及未及时足额支付劳动报酬为由提出解除劳动合同，无锡某立公司及南京某立公司无须支付其解除劳动合同经济补偿。

## 胜诉指引

### （一）用人单位不同意劳动者提出的解除理由，应当如何应对

如果用人单位收到员工以《劳动合同法》第 38 条为由解除劳动关系的通

知，但是并不认可员工通知中所载明的原因时（如用人单位存在未足额支付劳动报酬、未依法缴纳社会保险等情况），应当如何处理？

遇到类似情况，我们建议用人单位以书面方式拒绝认可员工的解除理由。特别是在部分地区（如江苏省无锡市），劳资双方劳动关系解除/终止后，用人单位需要为劳动者办理退工手续并需要选择/填写双方劳动关系解除的理由，人社部门会根据用人单位的填报出具书面的退工单，此时如果用人单位以劳动者提出的解除理由记入退工单，可能被视为接受员工的解除理由。本案中，当L公司收到师某2015年7月11日的解除通知后，在律师的建议下L公司向师某发送了书面的回函通知，接受其解除劳动关系的意思，但是不认可其解除劳动关系依据的理由，所以该解除方式仅视为其向公司提出辞职，法律依据为《劳动合同法》第37条，即“劳动者提前三十日以书面形式通知用人单位，可以解除劳动合同”，该回应措施为后续本案在劳动仲裁和一审中组织证据、陈述答辩/代理意见等起到了积极的效用。

### （二）劳动者行使“推定解雇权”的限制

《劳动合同法》第38条规定，在法定情形下，劳动者可以行使“推定解除权”，即劳动者不仅有权单方提出解除劳动关系，还有权向用人单位主张经济补偿。这项法律规定倾向于保护劳动者的利益，但是我们认为其根本目的是促使劳动合同当事人双方都能诚信履行劳动合同，无论是用人单位还是劳动者，其行使权利、履行义务都不能违背诚实信用原则。因此，劳动者行使该权利必须符合严格的适用条件、有严格的限制条件，否则将造成权利滥用，无端加重用人单位的负担。

司法实践中，为了限制劳动者滥用“推定解雇权”，审判机关通常会对《劳动合同法》第38条的情形作出严格的限定，即在认定用人单位是否存在“未及时足额支付劳动报酬”“未依法缴纳社会保险”等情形时应当把握尺度。

根据江苏省高级人民法院的意见，考虑到劳动报酬和社会保险的计算标准在实际操作中往往比较复杂，因此，用人单位存在有悖诚信的情况，从而拖欠支付或拒绝支付的，才属于立法所要规制的对象。也就是说，用人单位因主观恶意而未“及时、足额”支付劳动报酬或者“未缴纳”社会保险的，可以作为劳动者解除劳动合同的理由。但对确因客观原因导致计算标准不清楚、有争议，导致用人单位未能“及时、足额”支付劳动报酬或“未缴纳”社会保险的，不能作为劳动者解除劳动合同的理由。另外，我们认为“用人单位是否出于迫使劳动者辞职的主观恶意而损害劳动者的权利”以及“用人单位未及时足额支付劳动报酬的行为已对劳动者继续履行劳动合同造成根本影响，而迫使员工不得不提出辞职的程度”也应当成为员工是否可以获得经济补偿的考量因素。

本案中，L 公司不存在未及时足额支付师某工资及加班工资的情形，双方劳动合同的解除应当视为师某主动提出辞职，师某所主张的解除劳动合同的理由不符合法律规定的适用条件。退一步讲，即便师某就起薪与基本工资的异同、周末加班工资的计算方法等问题与 L 公司存在争议，也无法证明 L 公司系恶意拖欠师某的劳动报酬，师某所主张的欠付金额也不可能影响双方劳动合同的继续履行。

### （三）诚信履行劳动关系是劳动关系双方应秉承的原则

劳动关系双方均应努力维持劳动关系的存续，而不应一旦发生争议，即企图以极端的方式解决，如单方解除劳动合同或提出劳动仲裁。双方应当本着互相理解与信任的原则解决可能存在的矛盾或争议，这样一方面有利于企业的管理，另一方面也有利于为全体劳动者营造良好的工作环境。

本案中，在劳动关系存续的 8 年期间，师某从未向 L 公司提出过相关的权利主张，而最后以一纸通知的方式基于莫须有的理由提出解除劳动关系，并索要经济补偿，实属意外并有违诚信，师某直接提出解除劳动关系的行为给 L 公司造成了困扰，为了了解师某所述的情况，L 公司再三联络却无果。

另外，在本案中我们还发现一个细节，师某提起劳动仲裁的时间为 2016 年 5 月 27 日，距离劳动争议仲裁时效（1 年）届满仅剩 1 个月左右的时间，在此期间师某实际已在老家再行就业，而师某的代理人曾代理过 L 公司前员工与 L 公司类似案由劳动争议案件（他案），他案中员工的操作方式和手法与本案雷同，因此我们推测师某有效仿他人“碰瓷作案”的嫌疑。

在目前的司法制度下，劳动争议案件的诉讼成本较低，劳动者的维权意识日益增长，与此同时也不免出现一些“恶意”诉讼的情况，在我们执业的数年中，遇到过多起员工“碰瓷”或有意为用人单位“设陷”的行为，对于该类案件和员工，不仅要从案件本身据理力争，还应当从法律规定的原则、劳动者基本义务以及社会道德要求的角度对员工的行为进行谴责，以便纠正不良的就业心态，创造诚信的用工环境，打造和谐的劳资关系。

# 企业怎样送达解除劳动合同通知书才有效

## ——孙某与某建设公司劳动合同纠纷案

关键词 通知 解除无效 恢复劳动关系

### 基本案情

孙某自 1983 年 1 月到某建设公司工作，1995 年 12 月 25 日孙某与某建设公司签订了劳动合同书一份，约定合同期限自 1996 年 1 月 1 日起，为无固定期限，工作岗位（工种）为车工。劳动合同所附的补充条款约定：某建设公司有权根据企业生产和工作需要变更孙某的工作岗位和工种，孙某如连续旷工超过 15 天，某建设公司有权解除劳动合同。

2005 年 8 月 22 日，某建设公司（甲方）与孙某（乙方）签订了离岗挂编协议书一份，主要内容为：（1）离岗挂编期限一年，自 2005 年 9 月 1 日起至 2006 年 8 月 31 日止；（2）乙方离岗挂编期间，甲方只保留乙方在册编制，乙方不享受甲方各种福利待遇及休假政策；（3）在离岗挂编期间，乙方必须每月月底前按规定全额缴纳甲乙双方应上缴的各种社会保险费用及其他费用，如连续 3 个月不上缴上述费用的，甲方有权对乙方按自动离职给予处理，同时解除与其所签的劳动合同。

某建设公司于2008年11月5日通过邮政快递发通知、2012年11月17日在报纸上公告、2012年12月7日通过邮政快递发通知、2013年1月9日在报纸上公告、2013年8月14日某建设公司工作人员张贴通知、2013年8月15日通过邮政快递发通知、2013年8月29日在报纸上公告，通知孙某到单位报到上班。

2013年12月13日，某建设公司作出了《关于与孙某解除劳动合同的决定》，主要内容为：孙某于1996年1月1日与单位签订无固定期限的劳动合同，这几年一直都是离岗挂编，从2006年7月起孙某没有缴过五险一金费用。2013年8月14日通过特快专递，在家庭住址门前张贴通知，并于2013年8月28日在报纸上登出通知，通知孙某前来我处报到上班，之后孙某一直未来报到，严重违反了企业规章制度，经处党政联席会议研究，并征得工会同意，决定解除与孙某签订的劳动合同，劳动关系即行终止。该决定于2014年1月9日通过邮政邮寄送达，经查询该邮件未有效送达，于2014年1月13日退回某建设公司，退回原因为：收件人不在指定地址。2014年1月10日某建设公司在报纸上刊登公告一份，主要内容为：孙某……经研究决定，已解除与你的劳动合同，现依法公告。请你于2月2日前到人力资源科领取失业保险金申领告知书并办理失业登记……

2017年1月11日，孙某得知某建设公司早在2013年就已单方解除劳动关系。于是，孙某以某建设公司违法解除劳动关系为由向徐州市劳动人事仲裁委员会申请仲裁，要求撤销解除劳动合同决定，恢复劳动关系并补发其基本生活费用。徐州市劳动人事仲裁委员会以申请请求超过申请时效为由作出不予受理通知书，后孙某以上述请求事项诉至法院。某建设公司辩称，孙某的诉请超过诉讼时效，双方的劳动关系已合法解除，要求法院驳回孙某诉请。经审理，法院作出撤销某建设公司作出的《关于与孙某解除劳动合同的决定》，继续履行双方签订的劳动合同，驳回孙某其他诉请的判决。

## 法律分析

### （一）单位以劳动者旷工为由解除劳动合同，单位是否有通知劳动者返岗的义务

按照劳动合同约定提供劳动是劳动者应尽的义务。如果劳动者和用人单位在旷工事实发生前劳动合同履行处于非正常状态，如待岗、休病假或工伤停工留薪等，则用人单位以劳动者旷工为由解除劳动合同前应先行通知劳动者返岗；如旷工事实发生前劳动合同履行处于正常状态，则用人单位无须再行通知劳动者返岗。（引用徐州市中级人民法院、市人社局关于审理劳动争议案件若干问题的解答中的观点）

在正常劳动关系期间，劳动者依法享有休假的权利，休假期满向用人单位提供劳动，是劳动者应尽的义务。此种情况下，不能扩大和加重用人单位通知义务，否则将造成权利和义务的不对等。在劳动合同处于非正常状态下，如用人单位让职工长期待岗、长期休病假等，如果企业不通知劳动者返岗直接解除劳动合同，对劳动者有失公平。从保护劳动者的合法权益，遵循对劳动者负责的原则，用人单位应当书面通知劳动者返岗。

本案中，2005 年 8 月 22 日，某建设公司与孙某签订了离岗挂编协议书，双方约定离岗挂编期限为一年。离岗挂编协议期满后，双方未再续期，后孙某一直未向某建设公司提供劳动，某建设公司在 2008 年 11 月之前也没有通知孙某返岗。2008 年 11 月之后某建设公司才通过邮寄、张贴、报纸公告的方式通知孙某返岗。某建设公司在作出解除劳动合同决定之前已经履行通知孙某返岗的义务，但为什么没有胜诉？这就引出了下一个法律问题。

### （二）单位以旷工为由解除劳动合同，通知的送达方式

根据原劳动部办公厅《关于通过新闻媒介通知职工回单位并对逾期不归者按自动离职或旷工处理问题的复函》（现已废止）规定：“……企业对有旷工行

为的职工做除名处理，必须符合规定的条件并履行相应的程序。因此，企业通知请假、放长假、长期病休职工在规定时间内回单位报到或办理有关手续，应遵循对职工负责的原则，以书面形式直接送达职工本人；本人不在的，交其同住成年亲属签收。直接送达有困难的可以邮寄送达，以挂号查询回执上注明的收件日期为送达日期。只有在受送达职工下落不明，或者用上述送达方式无法送达的情况下，方可公告送达，即张贴公告或通过新闻媒介通知。自发出公告之日起，经过三十日，即视为送达。在此基础上，企业方可对旷工和违反规定的职工按上述法规做除名处理。能用直接送达或邮寄送达而未用，直接采用公告方式送达，视为无效……”本案中，某建设公司通知孙某返岗和解除劳动合同通知的邮寄地及张贴地址均为某某小区 22 号楼 3 单元 501 室及 3 单元入口处，该地址均未有效送达，而孙某住址为某某小区 22 号楼 2 单元 501 室，二者差别在于单元号。虽然，某建设公司通过邮寄和张贴公告的方式进行送达，但由于送达地址填写和张贴地址错误，致使邮件和张贴公告未能有效送达。某建设公司明知孙某的手机号码，通过电话和短信直接送达更为方便和快捷，但某建设公司从未电话和短信通知孙某，而采用邮寄和张贴公告方式送达且送达不到的情况下采用公告的方式送达，应视为无效。

## 参考案例

**案例：** 解除劳动合同通知送达瑕疵，被法院认定违法解除——江苏省连云港市中级人民法院（2020）苏 07 民终 543 号

### 基本案情

1995 年 12 月，卞某入职某制药厂，后某制药厂改制为某公司。2010 年 1 月起，某公司未安排卞某工作，但每月向卞某支付工资 2150 元并为其缴纳社会保险费。2019 年 1 月 5 日，卞某因脑梗死进行住院治疗，2019 年 1 月 9 日出院。2019 年 1 月 10 日，卞某因脑梗死、高血压病及糖尿病伴右侧肢体无力、言语不能 6 天，住院治疗，当月 22 日

出院。2019 年 1 月 10 日，某公司向卞某劳动合同书中书写的地址“连云港新浦区陇海东路××幢×室”寄送限期报到通知，快件填写了收件人手机号码，通知限期报到时间为 2019 年 1 月 17 日前，该快件于当月 12 日因“无此号、电话长期无法接通”被退回。某公司于 2019 年 1 月 23 日在《江苏商报》登载公告，公告载明：卞某应于 2019 年 1 月 30 日前到某医药行政大楼 606 室人力资源部报到，逾期未报到将视为严重违反公司规章制度，并将与其解除劳动合同关系。卞某在限期内未到指定地点报到。2019 年 2 月 12 日，某公司向工会去函，函件载明：卞某因严重违反公司规章制度，公司将依据《劳动合同法》第 39 条规定决定与其解除劳动关系，并以此请求工会提出意见。同日，工会作出同意的意见。2019 年 2 月 13 日，某公司通过 EMS 向卞某寄送解除劳动合同通知书，该快件于当月 15 日因“无此地址、电话不通、拒接”被退回，当日，某公司通过《江苏商报》登载公告，公告载明：公司与卞某解除劳动合同关系，时间为 2019 年 2 月 13 日。

## 裁决理由

法院认为：某公司采取向卞某未实际居住地址送达告知上述事宜，后在卞某不知情前提下，某公司旋即向卞某发送解除劳动合同通知书，由于某公司与卞某之间先前长期形成的工作方式或习惯约定即非常规“坐班制”，故从一般社会生活经验的合理认知角度看，某公司此举过于简单草率，对于《劳动合同法》中规定的劳动者“严重”违反用人单位规章制度的定性出现认知偏颇，有损卞某的合法权益。最终，一、二审法院均认定某公司存在违法解除劳动合同的事实，支持了卞某要求某公司支付赔偿金的请求。

虽然原劳动部办公厅《关于通过新闻媒介通知职工回单位并对逾期不归者按自动离职或旷工处理问题的复函》被人社部 2017 年 11 月 24 日下发的《关于第五批宣布失效和废止文件的通知》宣布废止，但裁判实务中，上述送达方式仍是劳动人事争议仲裁委员会和人民法院认可的有效送达方式。2019 年 11 月印发的徐州市中级人民法院、市人社局《关于审理劳动争议案件若干问题的解答（2019）》中关于送达方式的观点基本上沿用上述规定，具体内容：用人单位解除与劳动者的劳动合同，应以直接送达为原则，以留置送达、邮寄送达为补充方式，除非用人单位有证据证明劳动者下落不明或无法采用其他方式送达，可以适用公告送达。

## 胜诉指引

### (一) 劳动争议案件的举证责任

民事诉讼案件的举证原则是“谁主张，谁举证”，即当事人应当对自己的主张承担举证责任，如果举证不能应当承担对其不利的法律后果。根据《民事案件案由规定》第 17 条、第 18 条的规定，劳动人事争议案件属于民事案件的范围，同样适用“谁主张，谁举证”的原则。但是，在劳动关系中，劳动者与用人单位之间是管理与被管理的关系，这种地位的不平等，直接导致劳动者无法获取或很难获取用人单位保存的相关证据材料。若严格按照“谁主张，谁举证”的原则来分配劳动争议案件的举证责任，势必会加重这种不平等，不利于保护劳动者的合法权益，违反《劳动合同法》的立法精神。《劳动争议调解仲裁法》第 6 条规定：“当事人对自己提出的主张，有责任提供证据；与争议事项有关的证据属于用人单位掌握管理的，用人单位应当提供；用人单位不提供的，应当承担不利后果。”第 39 条第 2 款规定：“劳动者无法提供由用人单位掌握管理的与仲裁请求有关的证据，仲裁庭可以要求用人单位在指定期限内提供。用人单位在指定期限内不提供的，应当承担不利后果。”

从上述规定可以看出，劳动争议案件对于由用人单位掌握、管理的证据，实行的是举证责任倒置的原则。虽然劳动争议中劳动者举证责任相对于用人单位的举证责任要轻，但并不代表劳动者没有举证责任。

本案第一次庭审结束后，针对某建设公司送达程序上的问题，承办律师积极与委托人孙某沟通，通过承办律师的引导，孙某回忆，在2007年至2012年因其妻子工伤问题，孙某一直与单位进行协商，并诉到法院。最终，向法庭提交了一份民事裁定书，该份民事裁定书，明确记载了孙某的住址，且能够有效证明双方因孙某妻子工伤问题一直保持联系。某建设公司完全可以直接送达却未送达，而采用邮寄、张贴、公告的方式进行送达。该份民事裁定书让承办法官对某建设公司的送达程序有了新的看法。

### （二）案件办理时应注重并把控细节

该案在庭审中，某建设公司提供了EMS邮寄单、张贴通知的照片，通过对这些证据质证时，承办律师发现某建设公司送达的地址与孙某的实际居住地址不符，二者差别仅在单元号。如果对证据的审查不仔细，很难发现这细小的差别；如果没有发现这细小的差别，很难对某建设公司送达程序瑕疵提出有效抗辩；如果没有发现这细小的差别，该案的诉请也不会得到法院的支持。细节决定成败，因此，律师在办理案件时，应注重每一个细节，特别是案件证据材料较多的时候。

### （三）善于转变思维，探寻问题核心

承办律师担任多家企业的法律顾问，通过参与处理企业的劳动争议，协助企业建立和完善劳动管理制度，最大限度维护用人单位的合法权益。得益于丰富的工作经验，承办律师从某建设公司提交的企业规章制度、职工代表大会的决议、规章制度学习、公示的相关证据进行分析，认为某建设公司的规章制度较为完善，很难从规章制度方面来否定其单方解除劳动合同的合法性。我们只有另辟蹊径，从其他方面寻找案件的突破口。

就本案而言，虽然某建设公司履行通知义务，但是，承办律师与孙某进行沟通时发现孙某从未收到此类通知，而孙某一直在劳动合同中载明的地址居住。这个疑点就是本案关键。抓住了这个疑点，深入挖掘，彻底将问题放大并呈现给法官，最终实现案件的转折，摘下胜利的果实。

# 劳动者严重违反劳动纪律，用人单位可行使解除权

## ——李某与南京某公司劳动关系解除案

关键词 劳动纪律　规章制度　《劳动法》第25条

### 基本案情

2018年3月，李某入职南京某公司，担任工程工作。南京某公司是一家从事公寓租赁的商业管理公司，李某平时居住在某公司提供的出租大楼房间内。

2019年11月21日23时22分左右，李某醉酒后在南京某公司出租大楼10楼东走廊走来走去，并敲多户租客房门。之后，南京某公司收到了多家租客投诉，称李某当晚的行为造成了租户的恐慌。南京某公司因此解除与李某的劳动合同。李某遂提起劳动争议诉讼，要求南京某公司支付违法解除劳动合同赔偿金、带薪年休假工资、项目提成。

## 法律分析

### （一）严重违反劳动纪律或职业道德，用人单位可行使解除权

劳动争议诉讼中，由于解除劳动合同关系而引起的诉讼是最为常见的，出于保护劳动者的考虑，《劳动法》《劳动合同法》在用人单位辞退劳动者方面，对企业一方通常有较为严格的要求，但依然保留了用人单位的基本用工自主权。

《劳动合同法》第39条规定了6种过错性解除的情形，分别为：(1) 在试用期间不符合录用条件的；(2) 严重违反用人单位的规章制度的；(3) 严重失职，营私舞弊，给用人单位造成重大损害的；(4) 劳动者同时与其他用人单位建立劳动关系，对完成本单位的工作任务造成严重影响，或者经用人单位提出，拒不改正的；(5) 以欺诈、胁迫的手段或者乘人之危，使用人单位在违背真实意思的情况下订立或者变更劳动合同的；(6) 被依法追究刑事责任的。

其中，使用频率最高的是，用人单位以劳动者存在严重违反规章制度的情形将其解除。当规章制度没有规定相应情形，且缺乏合适的兜底性规定时，用人单位还可以根据劳动合同的约定或者《劳动合同法》中规定的其他具体情形，寻求解除劳动合同的合法事由。

当上述情况皆不符合而确有合理的解除事由时，用人单位可以尝试使用《劳动法》第25条第2款进行兜底，该条款规定："劳动者有下列情形之一的，用人单位可以解除劳动合同：……（二）严重违反劳动纪律或者用人单位规章制度的。"该条款规定了过错性解除的另一种法定事由，即劳动者严重违反劳动纪律。

原劳动部《关于〈劳动法〉若干条文的说明》第25条规定，本条中"严重违反劳动纪律"的行为，可根据《企业职工奖惩条例》和《国营企业辞退违纪职工暂行规定》等有关法规认定。但值得注意的是，《企业职工奖惩条例》已于2008年1月15日废止，《国营企业辞退违纪职工暂行规定》也于2001年10月6日废止，本规定是否已经失效以及如何适用本规定是亟待解决的问题。

## 参考案例

**案例一：** 殴打同事，员工会因为公司没有制度规定而不受处罚吗？——无锡市2017年度劳动人事争议典型案例之五

**基本案情**

方某系某物业公司出纳，主要负责向某小区居民收取停车及物业费用。2017年1月17日，方某在工作时间因私人口角追打小区保洁员徐某并致其受伤。多名业主因此围观，一度造成小区道路通行不畅。其间，有居民向物业公司反映及报警。2017年1月18日，物业公司以方某在工作期间殴打他人为由解除了双方的劳动合同。2017年3月1日，方某将物业公司诉至仲裁委员会。方某认为，物业公司的规章制度中没有殴打他人可以解除劳动合同的规定，解除劳动合同的行为系违法解除，其要求物业公司支付违法解除劳动合同的赔偿金。仲裁委员会对方某的仲裁请求不予支持。

---

该案的争议焦点在于劳动纪律是否可以作为用人单位解除劳动合同的依据。

方某在工作期间殴打同事，引发小区业主围观，造成小区道路通行不畅，其行为破坏了单位的管理秩序，有悖于物业公司对小区环境和安全的管理与服务职责，属于明显的严重违反劳动纪律的行为。虽然公司规章制度没有将殴打他人作为违纪的情形加以明确，但是遵守劳动纪律是对劳动者最基本的要求。即便在用人单位规章制度未作出明确规定，劳动合同中亦未明确约定的情况下，劳动者严重违反劳动纪律的，用人单位依然可以依据《劳动法》第25条第2项的规定行使解除权。

从规范用工管理的角度，用人单位制定规章制度，要求尽最大可能健全完善。但是，客观来讲，规章制度的制定很难穷尽所有。此时，劳动纪律和职业道德作为劳动者行为准则的补充作用就体现出来。对劳动者来说，根据社会认

知所普遍需要遵守或根据工作职责需要应当遵守的劳动纪律和职业道德，是默示的行为准则和无形的“紧箍咒”。一旦违反，同样需要承担相应的不利后果。对此，切不可大意。

## 参考案例

**案例二：** 严重违反劳动纪律或职业道德，用人单位可行使解除权——北京市人力资源和社会保障局发布2017年本市十大典型劳动争议仲裁案例之九

**基本案情**

范某于2006年6月23日入职某汽配公司，任公司保洁职务，双方签订无固定期限劳动合同。范某于2015年12月28日在该汽配公司二楼女厕内向正在如厕的人事行政部经理的头部及身体上泼洒尿液，并与该经理发生了肢体冲突。经过调查核实，某汽配公司于2016年1月5日向范某送达了解除劳动合同通知书，以其严重违反劳动纪律为由与其解除了劳动合同。范某向仲裁委提出仲裁申请，要求汽配公司支付违法解除劳动合同赔偿金。

**裁决理由**

仲裁委审理后认为，范某在工作期间向人事行政部经理泼洒尿液，已经对人事行政部经理构成侮辱，属于严重违纪行为，虽然汽配公司未能提交相关规章制度，但范某的违纪行为情节严重，故裁决驳回了范某要求汽配公司支付违法解除劳动关系赔偿金的请求。

---

《劳动法》第3条第2款中规定，劳动者应当遵守劳动纪律和职业道德。《劳动法》第25条中规定，劳动者严重违反劳动纪律或者用人单位规章制度的，用人单位可以解除劳动合同。因此，即便在用人单位规章制度未作出明确规定，劳动合同中亦未明确约定的情况下，劳动者严重违反劳动纪律或职业道德的，

用人单位仍可依据《劳动法》的相关规定行使解除权。实践中，用人单位应当尽可能依法建立和完善规章制度，保障劳动者享有劳动权利和履行劳动义务。同时，劳动者亦应遵守基本的劳动纪律和职业道德，不能以规章制度未规定为由规避用人单位合理合法的管理行为。

## 参考案例

**案例三：**拒绝提供劳动、不按时工作是属于违反劳动纪律的情形，劳动者违反劳动纪律情形的，用人单位有权解除劳动合同——江苏省南京市中级人民法院（2020）苏01民终1373号

### 基本案情

吴某因与用人单位就劳动合同约定事项发生争议，拒签用人单位寄送的劳动合同书，并未继续前往工作岗位。用人单位以其旷工为由与其解除了劳动关系。

### 裁决理由

南京市中级人民法院认为，《劳动合同法》第39条第2项规定，劳动者严重违反用人单位的规章制度的，用人单位可以解除劳动合同。《劳动法》第25条第2项规定，劳动者严重违反劳动纪律或者用人单位规章制度的，用人单位可以解除劳动合同。本案中，吴某于2018年10月20日以科某博电气公司未与其签订劳动合同为由，不再至科某博电气公司工作的行为缺乏法律依据。即使科某博电气公司存在未与吴某签订劳动合同，吴某应当通过协商或依法解决该事宜，而不能以拒绝提供劳动的形式来对抗。在吴某拒绝提供劳动的情形下，科某博电气公司于2018年11月16日以吴某旷工为由，依据《劳动合同法》第39条第2项的规定及公司规章制度，解除与吴某劳动合同符合法律规定。即使吴某不知晓科某博电气公司的规章制度，但作为一名工作多年的员工，也应当知晓拒绝提供劳动、不按时工作是属于违反劳动

纪律的行为，在吴某违反劳动纪律的情形下，科某博电气公司解除与吴某劳动合同并无不当。

---

从以上三案可以看出，《劳动法》第25条“劳动者有下列情形之一的，用人单位可以解除劳动合同：……（二）严重违反劳动纪律或者用人单位规章制度的”规定并没有废止，但在适用时法院有较大的自由裁量权。建议各用人单位应当尽可能依法建立和完善规章制度，并在规章制度中留有兜底性条款。

### （二）离职员工年休假支付

《劳动法》第45条规定，国家实行带薪年休假制度。劳动者连续工作一年以上的，享受带薪年休假。具体办法由国务院规定。

《职工带薪年休假条例》第3条规定，职工累计工作已满1年不满10年的，年休假5天；已满10年不满20年的，年休假10天；已满20年的，年休假15天。

《企业职工带薪年休假实施办法》（人力资源社会保障部令第1号）第12条规定，用人单位与职工解除或者终止劳动合同时，当年度未安排职工休满应休年休假的，应当按照职工当年已工作时间折算应休未休年休假天数并支付未休年休假工资报酬，但折算后不足1整天的部分不支付未休年休假工资报酬。前款规定的折算方法为：（当年度在本单位已过日历天数÷365天）×职工本人全年应当享受的年休假天数－当年度已安排年休假天数。用人单位当年已安排职工年休假的，多于折算应休年休假的天数不再扣回。第10条规定，用人单位经职工同意不安排年休假或者安排职工年休假天数少于应休年休假天数，应当在本年度内对职工应休未休年休假天数，按照其日工资收入的300%支付未休年休假工资报酬，其中包含用人单位支付职工正常工作期间的工资收入。

因此，根据上述法律规定，用人单位与劳动者解除劳动合同而未安排员工休满年度年休假的，应当进行折算支付未休年休假工资报酬。其中有几点需要注意：

第一，计算员工的年休假并不是依据员工在现任单位的工作时间，而要根据职工累计工作的期限，即工龄；

第二，折算方法为：(当年度在本单位已过日历天数 ÷ 365) ×职工本人全年应当享受的年休假天数 - 当年度已安排年休假天数，不满一天的不支付。

此外，用人单位可以采取提前安排劳动者休年休假的方式避免支付300%的年休假工资报酬。例如，可以在劳动者离职交接单中的离职日期上写明“正式离职日期为××月××日”，并在备注栏中注明“××月××日至××月××日是公司安排的年休假”，并由劳动者在离职交接单上签字确认。

当然，实践中可能存在员工拒绝休假的情况，此时，可以要求员工填写自愿放弃法定年休假申请书。《企业职工带薪年休假实施办法》第10条第2款规定：“用人单位安排职工休年休假，但是职工因本人原因且书面提出不休年休假的，用人单位可以只支付其正常工作期间的工资收入。”

如果劳动者依旧拒绝签署的，建议用人单位至少两次通过书面形式安排其休年休假，并保留好员工拒绝休假的证据，一旦发生争议，能一定程度降低公司的过错程度。但根据目前实务中的处理口径，用人单位仍不能完全免责，有可能仍要向员工支付相应的未休年休假补偿金。因此，最佳解决途径应当是用人单位在前期做好防范，比如在员工请休无薪事假时，与员工商量安排其先休年休假，不足部分再按事假休，最大限度降低可能需要支付的年休假补偿金。

## (三) 项目奖金

一般认为，奖金系用人单位根据自身经营情况和劳动者工作表现，向劳动者支付的奖励，属于用人单位自主经营权的范畴。当前法律、法规对奖金的规定较少，给司法判决留有自由裁量的空间。事实上，关于奖金制度是否需要经过民主程序、告知程序是存在一定争议的。

“李某与信某财富（北京）资产管理有限公司劳动争议”一案［(2017) 京02民终9853号］中，北京市第二中级人民法院认为：“根据《专项资产管理业务项目业绩管理试行办法》的内容，该办法属激励性质的提成奖励，并非对日常工作的基础报酬，故李某以其在职期间从事了该项目的大部分工作事项为由，要求提取该项目奖金，缺乏依据，难以支持。关于经营工作任务和奖励发放制度的制定及分配系企业自主经营管理的范畴，李某以信某资产公司发布下达的部门年度经营目标未经有效的制定、讨论程序通过，没有与劳动者协商一致，不能适用为由，否认以完成部门年度经营目标作为提取业务项目奖励提成的前提条件，其理由不成立，不予采纳。”

但在“宏某期货有限公司与刘某劳动争议”一案［（2017）京02民终11016号］中，北京市第二中级人民法院则认为：“一方面，根据《劳动合同法》第4条规定：‘用人单位在制定、修改或者决定有关劳动报酬、工作时间、休息休假、劳动安全卫生、保险福利、职工培训、劳动纪律以及劳动定额管理等直接涉及劳动者切身利益的规章制度或者重大事项时，应当经职工代表大会或者全体职工讨论，提出方案和意见，与工会或者职工代表平等协商确定。在规章制度和重大事项决定实施过程中，工会或者职工认为不适当的，有权向用人单位提出，通过协商予以修改完善。用人单位应当将直接涉及劳动者切身利益的规章制度和重大事项决定公示，或者告知劳动者。’本案中，《递延试行办法》对递延奖金发放时间、发放条件做出了具体规定，直接涉及劳动者获得劳动报酬的权利，但宏某期货公司未就《递延试行办法》经过民主制定程序向法院出示证据。同时，刘某主张宏源期货公司未向其公示该办法，其未见过该办法，而宏源期货公司出示的证据不能充分证明其已向刘某公示。另一方面，用工单位应在遵守法律法规的基础上制定对于劳资双方合理的规章制度，不应侵害劳动者的获得劳动报酬的基本权利。本案中，《递延试行办法》规定宏源期货公司主动离职的不发放上一年度递延部分奖金，侵害了刘某的权利，因此不应适用。”

上述两判决为同一法院所作出，判决时间仅相差一个月，但却在奖金制度是否需要经过民主程序这一问题做出了完全不同的判断。如果进行分析，或许可以解读为，法院在处理这一问题时，会依据“年终奖”的性质进行确定。如果该“年终奖”纯系经营性质的奖励（如项目提成），则法院不便干预企业自主经营。如果该“年终奖”系对劳动者提供劳动的全面奖励，其实际上形成劳动报酬的一部分，如果单位提供相关发放依据，法院则会审查该制度的制定程序问题。

仅从法律规定本身来分析，《劳动合同法》第4条第2款规定，用人单位在制定、修改或者决定有关劳动报酬、工作时间、休息休假、劳动安全卫生、保险福利、职工培训、劳动纪律以及劳动定额管理等直接涉及劳动者切身利益的规章制度或者重大事项时，应当经职工代表大会或者全体职工讨论，提出方案和意见，与工会或者职工代表平等协商确定。

《国家统计局对〈关于工资总额组成的规定〉的说明》第3条第8项规定："关于奖金。原《暂行规定》仅把经常性奖金列入工资总额，而一次性奖金未列入工资总额。实践证明这样划分不够合理。如年终奖的享受面广，数量大，虽属一次性，其性质确属劳动报酬，应列入工资总额。有些奖金，如劳动竞赛奖以及发给劳动模范、先进个人的奖金，很难划分经常性与一次性。为了正确地反映职工实际工资收入情况，这次把各种奖金归为一类，不再区分经常性与一次性，对奖金的范围明确规定为，除根据国务院发布的有关规定颁发的创造发明奖、自然科学奖、科学技术进步奖、支付的合理化建议和技术改进奖以及支付给运动员，教练员的奖金不列入工资总额外，其他各种奖金均列入工资总额。"

可见，一般性的奖金，包括年终奖、项目奖金等应当包含在劳动报酬中，根据《劳动合同法》的规定，其制定和修改应当经过民主及告知程序。江苏没有对项目奖金的直接规定，但《江苏省劳动仲裁疑难问题研讨会纪要》第9条规定："如用人单位规定，年终在册且参加年终考评的职工才有参与年终奖分配的资格，年终前已离职的劳动者要求支付年终奖发生的争议应如何处理？《劳动法》第四十七条规定，用人单位根据本单位的生产经营特点和经济效益，依法自主确定本单位的工资分配方式和工资水平。奖金属工资范畴，用人单位有权自主确定分配方式，因此，只要上述奖金分配方式，是用人单位规章制度规定，且用人单位奖金分配规章制度具备合法性，就可以作为劳动仲裁机构处理的依据。"

"上诉人陆某与被上诉人南京朝某公关策划有限公司劳动争议"一案［（2019）苏01民终3947号］中，一审法院认为："如果用人单位有规章制度，且该规章制度经过民主程序制定并已告知劳动者的，应当按照规章制度执行；

如没有规章制度，则应当按照劳动者与用人单位的约定及惯常操作模式进行综合认定；通常情况下，劳动者不应对用人单位的经营风险承担责任。”二审法院维持了一审判决。

综上，当用人单位以规章制度的方式经过合法程序确立了项目奖金制度，则按照规章制度执行。如果没有相关制度规定的，则按照劳动者与用人单位之间的发放惯例，综合其他情况进行判决。例如“原告张某与被告某光华山科技有限公司劳动争议”一案［（2019）苏 0106 民初 8387 号］中，法院根据双方之间的工资支付银行流水，采信用人单位主张，认为：“项目奖金是针对上一年度考评，劳动者 2018 年工作不满一年，不符合评定条件。”但是，当用人单位不能提供关于项目奖金的规章制度并且从现有证据及双方陈述，难以体现存在支付惯例时，因为对此劳动者仅承担初步举证责任，即举证证明确实存在应当发放奖金的项目，双方之间有发放项目奖金的习惯等；对于项目奖金发放的具体条件、计算方法等的举证责任由用人单位承担。所以当用人单位无法举证时，法院可能会采信劳动者提供的计算方式。

因此，建议用人单位在规章制度或劳动合同中对奖金发放条件及计算方法进行明确规定，以避免诉讼风险。

## 胜诉指引

劳动争议诉讼的涉案标的一般较小，但案件的复杂程度却不亚于其他诉讼，其中原因在于法律规定极为繁杂琐碎，除实体规定之外，易被忽视的程序性规定也可能直接影响案件的成败。此外，各地规定也存在诸多不同，非专业人士在处理劳动争议案件时，如果没有充分的法律检索和执业经验，而仅依据价值判断和粗略检索办案，很可能因为细节忽视而导致败诉。但是，劳动诉讼的处理，仅依靠律师的专业诉讼能力还是不够的，律师的执业能力还体现在指导用人单位进行员工管理上，其中尤其体现在，帮助用人单位建立、完善规章制度之上。

### （一）完善的规章制度有助于降低用工风险

企业依法制定的规章制度是企业内部“立法”，劳动法规范偏向于保护处于弱势地位的劳动者，用人单位在举证层面一般承担着更高的责任。全面而合法的规章制度对企业充分利用法律赋予的用工自由具有极大意义，其中的一个原因就是，清晰的规章制度能很大程度上减轻用人单位的举证责任。

以本案为例，本案最终调解结案，但如果双方没有达成调解，我方存在败诉的风险。

其一，劳动合同、员工手册中并没有员工醉酒闹事可以解除劳动合同的约定或规定，也没有兜底性条款。因此，只能援引《劳动法》第25条第2项“劳动者严重违反劳动纪律”的规定，但该规定的适用在司法实践中尚存争议，一旦法院认为该条款不能单独适用，或者本案不属于该条款所规定的情形，我方就会败诉。

其二，本案中劳动者诉请用人单位支付项目奖金，并给出了具体的计算方法。用人单位主张该项目奖金不符合发放条件，但其制定的规章制度中没有关于项目奖金的明确规定。这种情形下，存在法院认为用人单位应当承担举证不能的责任，采信劳动者对项目奖金的计算方式的可能。上述两种情形下，如果用人单位制定了详细的规章制度对项目奖金的发放条件、计算方法、有权解除劳动合同的情形进行更为详细的规定，或者设置了兜底性条款，则会避免上述被动的局面。

当然，规章制度的适用，还体现在包括加班工资制度设计、试用期员工管理、劳动合同期限延续、竞业限制约定、病假管理等方方面面，如何进行制度设计，帮助用人单位最大限度规避诉讼风险，是律师专业性的重要体现。

### （二）劳动争议案件中，调解更有利于纠纷的解决

在劳动诉讼中，仲裁庭和法院相较于其他类型诉讼往往更强调调解，究其原因，诉讼的根本目的是解决纠纷，裁定、判决虽然能给案件一个暂时的定论，但是通过这种方式作出的判决往往难以让当事人双方都认可，加之劳动争议诉

讼费低，指派法律援助律师，诉讼成本较低，仲裁或判决后败诉一方往往会寻求进一步的法律救济，不利于诉讼资源的高效分配。另外，劳资关系作为社会关系的重要基础之一，对社会稳定、经济发展都具有重要意义，妥善解决劳动争议就显得更为重要。调解的过程往往是双方彼此退让的过程，在保证基本公平的基础之上，司法机构将案件的裁定结果交给双方当事人自行决定，更有利于纠纷的真正解决。

达成调解的是双方当事人，但因为当事人往往带有个人情绪，有些对法律规定又不甚清楚，容易感情用事，所以促成调解的过程往往更需要法官（或仲裁员）以及双方代理律师的努力。调解工作的展开与促成是一项需要技巧与耐心的工程，是执业律师专业性的重要体现，需要专业的法律知识与责任心。作为代理律师，需要了解委托人的需求。有些情形下，委托人出于加强管理、以一案起示范性作用等目的不愿意进行调解，这种情形下，应当遵循委托人的意愿，尽力促成胜诉结果。有些情形下，委托人愿意进行调解，甚至因为希望减小案件影响愿意做出较大的让步。这种情形下，应当积极与对方代理律师及当事人进行沟通，在确保达成调解结果的基础上，尽可能地维护委托人利益。还有一些情形下，委托人带有较大的情绪，不愿意调解，但是案件确实存在诉讼风险，调解结案确实更为有利。在这种情况下，应当特别注重沟通技巧，包括与诉讼相对方进行沟通，展现调解诚意，降低对方心理防线，压低对方诉求金额；与委托人沟通，尽量安抚委托人情绪，告知其诉讼风险和调解的益处，表明自己认真负责的态度；与法官或仲裁员沟通，在促成调解这一事项上代理律师与司法机构意向一致时，法官是十分愿意配合律师工作的，此时，利用好法官或仲裁员，告知委托人司法机构的意向，有利于改变委托人的态度，促成案件调解。

本案为劳动合同解除引发的劳动争议，用人单位的合同解除事由虽然合理，但因为没有相关的劳动合同或规章制度条款可以引用，我们选择以《劳动法》第 25 条第 2 项为法律依据，但因为该条款的适用在司法实践中具有不确定性，因此我们选择以促成调解为主要诉讼方案，并实现了诉讼目标，有效地为用人单位规避了法律风险。

# 劳动者拒不履行交接义务造成损失的，用人单位有权请求赔偿

## ——江苏某管道制造有限公司与位某劳动争议案

关键词 劳动合同补签　双倍工资　交接义务　损失赔偿请求权

### 基本案情

2019年3月1日起，位某开始在江苏某管道制造有限公司（以下简称某管道公司）从事销售工作。

2019年3月10日，为方便位某开展工作，某管道公司将其名下机动车登记编号为A××××的一汽奔腾B30轿车交予位某使用。鲁某系位某在青岛办事处的负责人，位某的日常工作受鲁某安排。

2019年5月7日，某管道公司与位某签订了书面劳动合同，约定的合同期限为2019年3月1日至2020年2月28日，约定工作地点为山东青岛、烟台、威海。

2019年5月23日，位某拆除一汽奔腾B30轿车GPS设备，擅自驾车离岗。

2019年5月27日，鲁某代表某管道公司向位某发出解除劳动合同通知，并要求位某将配发的车辆归还公司。

2019 年 7 月 2 日，位某因迟迟未归还车辆，某管道公司诉至南京六合法院，要求其返还车辆。

2019 年 12 月 24 日，六合法院判决位某向某管道公司返还车辆。因位某迟迟不履行生效判决义务，某管道公司向法院申请强制执行。

2020 年 7 月 8 日，经强制执行程序，位某向某管道公司交还车辆。

2020 年 7 月 9 日，某管道公司委托汽修公司对该车辆进行整车检查，车辆维修费用共 16,009 元。

## 法律分析

### （一）劳动合同补签与倒签行为，用人单位是否需要支付未签订劳动合同双倍工资，不同法院裁判尺度不同

在案件承办过程中，我们发现本案某管道公司与位某于 2019 年 3 月 1 日建立劳动关系，但劳动合同签订之日为 2019 年 5 月 27 日，该行为属于劳动合同补签，则补签仍面临着未及时签订劳动合同需要支付双倍工资的风险。

1. 劳动合同补签和劳动合同倒签的含义

通过检索发现，大多单位对于劳动合同补签和劳动合同倒签的概念仍存在一定疑惑。2019 年发布徐州市中级人民法院、徐州市人社局《关于审理劳动争议案件若干问题的解答》，其中第 2 条第 5 款明确，倒签以劳动关系建立之日作为合同签订之日，而补签以劳动关系建立之日作为劳动合同开始的期限。举例如下。

劳动者于 2021 年 1 月 1 日入职，应于 2021 年 1 月 31 日前签订劳动合同，但是单位未与劳动者签订。于 2021 年 6 月 1 日单位核查时发现与劳动者未签劳动合同，于是双方进行签订，但对于落款时间节点，用人单位产生了疑问。因此，针对落款日期，说明如下：

（1）劳动合同补签

若双方劳动合同落款日期为 2021 年 6 月 1 日，则属于补签行为，即补签劳

动合同的时间是签订的当前日期。

（2）劳动合同倒签

若劳动合同落款日期为2021年1月1日，则属于倒签行为，即倒签劳动合同的时间是劳动关系建立之初的时间。

因此，“补签劳动合同”与“倒签劳动合同”主要区别在于签订合同的落款日期是否与实际签订日期一致。而劳动合同补签与倒签行为，用人单位是否需要支付未及时签订劳动合同双倍工资，不同法院裁判尺度不同。

2. 补签、倒签劳动合同，是否需要支付双倍工资，实践中存在不同意见

（1）最高人民法院民一庭意见①：补签劳动合同无须支付双倍工资，倒签劳动合同需要支付双倍工资

从签订劳动合同的程序上来讲，无论是补签还是倒签劳动合同，都是劳动关系双方在合法、公平、诚实信用的基础上经过充分协商达成一致，签订的书面劳动合同是双方合意的体现和对未来预期的承诺一般不会给双方当事人造成损害，但却与《劳动合同法》要求用工单位与劳动者建立劳动关系应及时签订劳动合同的立法本意不符，不利于保护劳动者权益。

关于补签或者倒签劳动合同应否向劳动者支付双倍工资问题，我们认为，二者应适用不同的法律后果：“补签劳动合同”，能证明签订劳动合同的真正日期，有利于劳动者更好地维护自己的权益，根据原《民法通则》的相关规定，如果倒签行为是在平等自愿、协商一致的基础上达成的共识，只要不违反法律法规的规定，符合民法关于当事人意思自治的原则，就是有效的，“补签劳动合同”不应付双倍工资；而“倒签劳动合同”与《劳动合同法》的立法本意相悖，不利于保护劳动者权益，是用人单位为规避双倍工资的借口，“倒签劳动合同”应付双倍工资。

（2）江苏地区、山东地区：补签、倒签劳动合同，无须支付双倍工资

代理律师通过检索法律法规和实践案例发现，江苏地区和山东地区对于补

① 最高人民法院民事审判第一庭：《代签劳动合同的纠纷及其处理》，载最高人民法院民事审判第一庭编：《民事审判前沿》第1辑，人民法院出版社2014年版，第291～294页。

签劳动合同的态度一致，用人单位均无须支付双倍工资。

2019年发布的山东省高级人民法院、山东省人力资源和社会保障厅《关于审理劳动人事争议案件若干问题会议纪要》第23条规定："关于补签劳动合同情况下的二倍工资争议处理问题：用人单位与劳动者自用工之日起满一个月后未订立书面劳动合同，事后补签的，如果劳动者没有证据证明补签劳动合同存在欺诈、胁迫、乘人之危的情形，则视为当事人意思自治行为，劳动者以未订立劳动合同为由主张二倍工资的，不予支持。"

江苏地区目前仅有2019年徐州地区发布的徐州市中级人民法院、徐州市人社局《关于审理劳动争议案件若干问题的解答》第2条第5款明确规定，该条除明确补签无须支付双倍工资外，倒签行为如不存在欺诈、胁迫情形的，也不需要支付双倍工资。

南京地区虽无相关法规意见，但司法实践态度与上述规定一致。

## 参考案例

**案例一：** 劳动合同补签的，用人单位无须支付双倍工资——江苏省南京市中级人民法院（2019）苏01民终9402号

**基本案情**

谷某于2018年8月28日入职丰收树宾馆担任夜班保安，双方订立有书面劳动合同，约定：合同期限为2018年8月28日至2020年8月27日。劳动合同上，丰收树宾馆的落款时间为"2018年8月28日"，谷某的落款时间为"2019年6月17日"。

**裁决理由**

南京市中级人民法院认为，依据《劳动合同法》第82条第1款的规定："用人单位自用工之日起超过一个月不满一年未与劳动者订立书面劳动合同的，应当向劳动者每月支付二倍的工资。"该条款系针对用人单位为规避对劳动者的义务不订立书面劳动合同而设立的惩罚性条

款，劳动者与用人单位事后补签的劳动合同期间已经涵盖应当依法签订劳动合同期间的，可视为劳动者对依法应当签订的劳动合同期间的确认，属于劳动者的追认，用人单位无须支付双倍工资。

本案中，谷某于2018年8月28日入职丰收树宾馆。虽然其至2019年6月17日方在劳动合同上签字，但劳动合同期限为2018年8月28日至2020年8月27日，该合同期限已经涵盖了未签劳动合同的期间，故应当视为谷某对之前未签劳动合同期间的追认，现谷某再次向丰收树宾馆主张未签劳动合同双倍工资，缺乏事实和法律依据，不予支持。

---

（3）北京地区：劳动合同补签，用人单位是否支付双倍工资依据是否补签到实际用工之日进行区分

2014年北京地区发布的北京市高级人民法院、北京市劳动争议仲裁委员会《关于劳动争议案件法律适用问题研讨会会议纪要（二）》第29条对劳动合同补签的，劳动者主张未订立劳动合同双倍工资可否支持作出规定：用人单位与劳动者建立劳动关系后，未依法自用工之日一个月内订立书面劳动合同，在劳动关系存续一定时间后，用人单位与劳动者在签订劳动合同时将日期补签到实际用工之日，视为用人单位与劳动者达成合意，劳动者主张双倍工资可不予支持，但劳动者有证据证明补签劳动合同并非其真实意思表示的除外。用人单位与劳动者虽然补签劳动合同，但未补签到实际用工之日的，对实际用工之日与补签之日间相差的时间，依法扣除一个月订立书面劳动合同的宽限期，劳动者主张未订立劳动合同双倍工资的可以支持。

## （二）员工拒不办理工作交接的，用人单位有权要求劳动者履行交接义务

《劳动合同法》第50条规定，劳动合同解除或者终止后，用人单位与劳动者双方的义务：用人单位应当在解除或者终止劳动合同时出具解除或者终止劳动合同的证明，并在15日内为劳动者办理档案和社会保险关系转移手续。劳动

者应当按照双方约定，办理工作交接。

本案某管道公司与位某解除劳动合同后，位某迟迟不办理车辆交接手续，某管道公司无奈向法院提起诉讼。

劳动者在履行劳动合同过程中，不仅要遵守法定的、用人单位规章制度所规定的劳动纪律，还应当遵循劳动法所确立的诚实信用的基本原则。在劳动合同解除或终止后，劳动者虽然已无须履行劳动合同义务，但仍然应当履行劳动合同解除后的后合同义务。

后合同义务主要包括以下几方面内容：

第一，向用人单位返还有关财物。这里的财物主要是指用人单位向劳动者配发的工作用品，如工作电脑、工作用车。

第二，向用人单位返还因工作所掌握、占有的各种文件资料，不仅包括纸质版文件资料，还包括电子数据。

第三，按照用人单位要求办理其他工作交接事项，如与接手工作的劳动者沟通工作交接事项。

### （三）因劳动者占有用人单位财物而发生的财产返还纠纷，用人单位享有基于劳动关系生发的返还财产请求权，亦享有基于侵权法律关系产生返还财产请求权

若劳动者迟迟不办理工作交接手续，用人单位可以基于劳动关系或侵权法律关系要求劳动者返还财产。

《江苏省高级人民法院劳动争议案件审理指南（2010）》第 2 章第 1 节第 3 条第 7 点规定："因劳动者占有用人单位财物而发生的争议，用人单位既可基于劳动合同主张返还财产请求权，亦可基于侵权法律关系主张返还财产请求权，在两个请求权并存的情况下，可由当事人自行选择其中一个请求权进行主张。"

审判实践中，因劳动者占有用人单位财物而发生的争议主要可以分为两种情形：一种是劳动者基于履行劳动合同而占有用人单位的财物，在劳动关系终止或解除后，用人单位向劳动者主张返还财物而引起争议；另一种是劳动

者占有用人单位财物的行为，与劳动权利义务并无关系，如借用关系或属非法占用，用人单位在劳动关系存续期间或终止后向劳动者主张返还财物而发生争议。对于上述两种情形，应作为劳动争议案件还是普通的民事案件，审判实践中意见并不统一。我们认为，这两种情形均可成立请求权的竞合，即用人单位既可基于劳动合同主张返还财产请求权，亦可基于侵权法律关系主张返还财产请求权，在两个请求权并存的情况下，可任由当事人自行选择其中一个请求权进行主张。

**（四）因劳动者占有用人单位财物而发生的损失赔偿纠纷，用人单位是否享有基于劳动关系产生财产损失赔偿请求权存在争议**

本案中，劳动者位某在劳动关系存续期间，因车辆使用不当给用人单位造成违章违纪记录，并致使公司承担罚款责任；在劳动关系解除后，位某因迟迟不返还案涉车辆，导致给公司额外造成车辆维修费以及车辆占有使用费损失。对于上述损失纠纷是否属于劳动争议，代理律师与法院存在不同的见解。

本案承办法院六合法院认为，《劳动争议调解仲裁法》第2条规定，中华人民共和国境内的用人单位与劳动者发生的下列劳动争议，适用本法：（1）因确认劳动关系发生的争议；（2）因订立、履行、变更、解除和终止劳动合同发生的争议；（3）因除名、辞退和辞职、离职发生的争议；（4）因工作时间、休息休假、社会保险、福利、培训以及劳动保护发生的争议；（5）因劳动报酬、工伤医疗费、经济补偿或者赔偿金等发生的争议；（6）法律、法规规定的其他劳动争议。

本案中，原告、被告劳动合同已经解除，原告认为被告对车辆造成损坏并给其造成损失，应按照侵权纠纷处理，不属于上述人民法院受理劳动争议案件的范围。而本案侵权行为地或被告住所地均不在本院辖区，故对于原告的起诉，本院依法予以驳回。

在承办案件的过程中，我们认为，上述损失系因劳动者位某占有车辆、迟迟不予归还车辆期间产生的，与上述财产返还纠纷相似且具有密切关联性，应当由当事人自行选择请求权进行主张；同时，我们检索到在劳动争议案由项下，支持用人单位的财产损失赔偿请求权的相关案例。

**参考案例**

**案例二：** 员工拒不办理工作交接给用人单位造成损失的，应当进行赔偿。江苏凯翌某材料有限公司与陈某劳动合同纠纷——江苏省江阴市人民法院（2018）苏0281民初16043号

**基本案情**

陈某与凯翌公司解除或终止劳动关系时，陈某带走了凯翌公司的财务账册、财务发票、税控盘以及金蝶记账王光盘等相关资料，未归还。凯翌公司因遗失税控盘，登报声明作废，并因此支付广告费300元；因购买金蝶记账王加密锁支付200元；因解锁金蝶记账王软件支付解锁服务费200元，上述损失合计700元。

**裁决理由**

江阴市人民法院认为，解除或者终止劳动合同时，劳动者未归还用人单位的财物、技术资料等，或者未根据用人单位规章制度、双方约定办理工作交接手续的，应当依法承担赔偿责任。

---

不同请求权的基础与案由的使用影响到案件的管辖法院的不同，而不同法院对于劳动者占有用人单位财物而发生的损害赔偿范围认定不同。因此，用人单位在起诉劳动者赔偿损失时，确定请求权基础非常重要。

### (五) 用人单位请求因劳动者无权占有车辆的行为支付车辆占有使用费损失的问题，不同地区法院认定不同

1. 江苏地区

江苏地区法院考虑劳资双方纠纷的由来、身份关系以及车辆租赁市场价格行情，酌定车辆占有使用费的标准。

## 参考案例

**案例三**：因劳动者无权占有行为产生的车辆占有使用费，法院酌定标准——江苏省南京市中级人民法院（2017）苏 01 民终 8591 号

### 基本案情

苏A×××××宝马牌轿车（国产）登记在科宁公司名下，由吴某使用。2015 年 5 月 20 日，科宁公司向吴某发出解除劳动关系的通知，之后双方就经济赔偿金问题先后申请仲裁和诉讼，最终科宁公司因违法解除与吴某的劳动关系，被判令向吴某支付经济赔偿金。在此期间，科宁公司向吴某发函要求其返还苏A×××××车辆，并因此提起诉讼。科宁公司要求吴某按每天 800 元的标准支付占用车辆期间的使用费用，并提交了车辆租赁价格的网页截屏作为其主张的依据；吴某认为科宁公司提出的车辆租金标准过高，并提交相应网页截屏，称每日租金标准在 300 元至 400 元，要求法庭予以调整。现涉诉车辆仍由吴某使用。

### 裁决理由

南京市中级人民法院认为，因使用该车辆系吴某作为科宁公司工作人员所享有的待遇，那么双方解除劳动关系后，吴某理应将车辆返还给科宁公司。在科宁公司提出返还车辆的主张后，吴某仍然对车辆进行占有和使用，造成对科宁公司物权的损害，应当向科宁公司支付相应的车辆使用费。因科宁公司、吴某双方对车辆使用费的标准主张各异，且车辆租赁属于市场调节价格，无法确定统一标准，法院结合双方纠纷的由来、身份关系以及车辆租赁市场价格行情，酌定车辆使用费的标准为每天 300 元。

江苏地区其他同类型因劳动者无权占有车辆产生的车辆占有使用费案件[（2015）锡民终字第379号、（2017）苏02民终4162号]中，法院还综合考虑车辆的使用利益损失、折旧损失等因素，酌情确定劳动者应支付用人单位损失100元/天。

2. 山东地区

由于本案最后以侵权纠纷被青岛市李沧区人民法院受理，我们在检索青岛地区关于“因劳动者无权占有车辆的行为支付车辆占有使用费的问题”时，发现青岛地区的判例与江苏地区的裁判尺度不同。

**参考案例**

**案例四：** 山东地区法院对车辆占有使用费、处理车辆违章请求不予支持——山东省济南市市中区人民法院（2018）鲁0103民初7608号

**基本案情**

被告原系原告处员工，被告在原告处工作期间，原告将公司所有的车牌号为苏A9S8××××的一辆奥迪小型轿车配发给被告办公使用。原、被告之间劳动关系于2017年11月22日解除。上述车牌号为苏A9S8××××的奥迪小型轿车一辆至今仍由被告占有使用，在使用车辆期间共有12次违章，要扣51分，罚款1950元。

**裁决理由**

山东省济南市市中区人民法院认为，原告要求被告按675元/天的标准支付车辆使用费，未提交充分有效证据予以证明，本院不予支持。原告要求被告处理车辆违章的诉讼请求，不属于人民法院民事案件受案范围，本院不予处理。

---

在类似的车辆折旧费、车辆占有使用费纠纷[（2015）青民五终字第528

号］中，青岛市中级人民法院认为，车辆不属于营运性车辆，对于行为人占有该车辆期间，虽然客观上存在折旧性损失，但该项损失属于车辆自然损耗，与行为人的侵权行为不存在因果关系，故对车辆折旧费损失不予支持；同时，法院认为车辆占有使用请求并无法律依据，故不予支持。

## 胜诉指引

### （一）及时与劳动者解除劳动合同，避免产生更大的责任承担问题

本案中，由于位某与某管道公司存在工资、提成发放问题，位某一气之下便将车辆驶离公司，随后的3天时间内，鲁某作为某管道公司青岛地区负责人，曾多次要求位某及时到岗，并计划待其到岗后再次与其协商薪资发放的问题，但位某一直拒不到岗，并且拒绝与公司交流。

考虑到位某当时实际持有车辆，并且与公司态度较为恶劣，且其具有危险驾车的日常习惯；代理律师建议，及时向位某发送书面的解除劳动通知，确认双方劳动关系已经解决，避免某管道公司因位某不当驾驶车辆产生交通事故而承担更大的工伤责任问题、人身损害赔偿问题。

在位某擅自离岗并未告知离职的情形下，此时选择与其解除劳动合同存在被认定违法解除的风险，但衡量位某的工作年薪、薪资标准及可能产生的工伤保险责任、人身损害赔偿责任后，显然选择劳动合同解除的代价更小。

因此，用人单位与劳动者产生较大的纠纷矛盾时，建议用人单位衡量当下情况，有选择性地考虑与劳动者解除劳动合同，避免产生更大的责任承担问题。

### （二）动之以情，晓之以理，用人单位财产损失赔偿纠纷得到法院支持

本案中，代理律师代表某管道公司与位某的诉讼纠纷长达3年，共参与数次不同阶段的庭审。因位某迟迟不返还车辆，某管道公司决定申请劳动争议仲裁，要求位某及时返还车辆，此为第一次诉讼；在第一次诉讼发生的期间内，

位某申请劳动仲裁，要求某管道公司支付未签订合同双倍工资、经济赔偿及加班工资等，此为第二次诉讼；某管道公司及时提起反申请（反诉），要求位某支付因无权占有车辆给公司造成的损失，此为第三次诉讼；后因法院对于因劳动者行为给用人单位造成损失，用人单位请求财产损失赔偿的法律关系认定不同，某管道公司再次向侵权人所在地提起民事诉讼，此为第四次诉讼。

在第四次诉讼中，某管道公司虽然提供了车辆的维修记录、维修单据、支付凭证、车辆违章记录以及车辆租赁价格表，要求位某支付车辆维修费、车辆违章罚款及车辆占有使用费，但上述证据不足以证明单位的损失均系因位某无权占有行为而产生。原因在于：一是虽然位某无权占有车辆，但车辆亦有自然损害，车辆损失与位某的无权占有行为并没有直接的因果关系；二是单位亦无法证明车辆使用期间的违章记录均系位某一人造成；三是在山东地区不予支持车辆占有使用费的裁判背景下，某管道公司的损失赔偿主张在青岛法院面临不被支持的风险。

在庭审过程中，我们向主审法官阐述本次纠纷的发生背景，依次向法官介绍四次纠纷产生的原因以及某管道公司对案件的态度。本案的标的额仅有几万元，但从2019年纠纷至今，已有3年时间，这说明某管道公司对该员工擅自离岗、无权占有违纪行为的深恶痛疾和重视态度，避免其他员工也跟风破坏公司规章制度。同时，代理律师向法院出示了江苏地区对于车辆占有使用费的类似判例，最后经过与法院的持续沟通，一审法官支持部分车辆维修费用以及50元/天的车辆占有使用费标准，该判决与此前山东地区的裁判尺度截然不同。

虽然位某申请上诉，但是经过代理律师与二审法院的沟通，向二审法官娓娓道来一审的庭审状态，一审所调查、明确的事实与法律依据，最后双方在法院的组织下进行调解，位某同意向某管道公司支付各项损失合计16,000元。

此次的诉讼经验在于，尽管用人单位关于争议标的的证据材料有所欠缺，但代理律师绝不轻言气馁，在整个庭审过程中向法官说明纠纷的发生背景、所依据的事实依据和法律依据、展示其他地区的类案结果，使得案件诉讼结果有了扭转的空间。

# 第五章

# 社会保险与福利待遇

# 上下班发生交通事故，如何举证行驶路线

## ——某建筑工程公司与汤某工伤认定案

关键词 交通事故 行驶路线 举证责任

### 基本案情

汤某是某建筑工程公司员工，岗位是挖掘机驾驶员。

2019 年 7 月 4 日 8 时 30 分左右，汤某接到公司领导王某电话后驾驶无号牌两轮摩托车沿 246 省道由南向北行驶至 246 省道 42 千米 +200 米南京市某经济开发区路段时，碰撞张某放在道路东侧非机动车道内的轻型普通货车，汤某受伤后经抢救无效于 7 月 15 日死亡。

2019 年 7 月 29 日，经交警大队责任认定，汤某负该事故主要责任，张某负该事故次要责任。

2020 年 6 月 4 日，汤某家属向南京市某区人社局提出工伤认定申请。

汤某家属认为，汤某是从公司其他的项目工地前往挖掘机停放的项目工地，公司如果没有其他项目工地，应当由公司举证证明，否则就代表家属的推断成立。因汤某死亡，家属无法提供当天汤某的行驶路线图，人社局应该调查核实。

公司认为，公司没有其他项目工地。如果汤某家属认为存在其他项目工地，应当提供证据证明或提供线索供人社局调查核实。汤某发生事故的时间、地点符合上班时间和正常上班路线，既然汤某家属否认汤某是上班途中发生的交通事故，应当提供汤某当天的行驶路线，否则应当承担举证不能的不利后果。

人社局认为，从汤某家属工伤认定阶段提供的证据及人社局依职权调取的证据来看，汤某系接到公司领导王某的电话后，去某工地挪挖掘机途中发生事故，汤某在该事故中承担主要责任。汤某家属陈述其猜测汤某从公司其他项目工地去案涉工地途中发生交通事故，未提供任何证据证明。

本案争议焦点为：（1）汤某发生交通事故时是上班途中还是因工外出期间？（2）行驶路线应当由谁承担举证责任？

人社局经过审查，决定不予认定工伤。汤某家属不服向法院起诉。一审法院认为人社局决定不予认定工伤，并无不当，驳回汤某家属的诉讼请求。汤某家属不服上诉，二审法院维持原判。

## 法律分析

### （一）劳动者应当认定为工伤的情形

《工伤保险条例》第14条规定，职工有下列情形之一的，应当认定为工伤：（一）在工作时间和工作场所内，因工作原因受到事故伤害的；（二）工作时间前后在工作场所内，从事与工作有关的预备性或者收尾性工作受到事故伤害的；（三）在工作时间和工作场所内，因履行工作职责受到暴力等意外伤害的；（四）患职业病的；（五）因工外出期间，由于工作原因受到伤害或者发生事故下落不明的；（六）在上下班途中，受到非本人主要责任的交通事故或者城市轨道交通、客运轮渡、火车事故伤害的；（七）法律、行政法规规定应当认定为工伤的其他情形。

本案中，汤某家属认为，汤某属于以上第 5 项规定的情形，认为汤某是从公司的一个项目工地到另外一个项目工地的途中受到交通事故伤害，属于“因工外出期间”。

而公司则认为，汤某是上班途中发生交通事故，应当对照以上第 6 项规定的情形认定是否属于工伤。汤某作为挖掘机驾驶员，工作地点只有一个，就是挖掘机停放的项目工地，不存在其他项目工地。

### （二）因工外出期间与上下班途中发生交通事故对工伤认定的影响

劳动者因工外出期间，发生交通事故，除非可以证明劳动者不是工作原因受伤或下落不明，否则，无论责任大小，均可认定为工伤。

劳动者上下班途中，必须是受到非本人主要责任的交通事故或者城市轨道交通、客运轮渡、火车事故伤害的，才能认定工伤。

本案中，汤某在交通事故中负事故主要责任，如果事故发生时是上下班途中，就无法被认定为工伤；如果事故发生时是因工外出期间，除非被证明不是工作原因，否则就应当被认定为工伤。

### （三）工伤认定中的举证责任

《工伤保险条例》第 19 条第 1 款规定，社会保险行政部门受理工伤认定申请后，根据审核需要可以对事故伤害进行调查核实，用人单位、职工、工会组织、医疗机构以及有关部门应当予以协助。职业病诊断和诊断争议的鉴定，依照职业病防治法的有关规定执行。对依法取得职业病诊断证明书或者职业病诊断鉴定书的，社会保险行政部门不再进行调查核实。

职工或者其近亲属认为是工伤，用人单位不认为是工伤的，由用人单位承担举证责任。

该条规定第 2 款中的“用人单位不认为是工伤的，由用人单位承担举证责任”经常被误读，错误理解为“用人单位证明不了不是工伤，就是工伤”。本案在申请工伤认定阶段就出现了这样的问题。我们认为，该条款的真实意思是，在劳动者或其近亲属提供了证据初步证明劳动者属于工伤的情况下，如果用人单位不能提供相反证据否定劳动者或其近亲属提供的证据效力或证明目的，应当承担举证不能的不利后果。也就是说，劳动者或其近亲属申请工伤认定，必须要提供证据证明劳动者是工伤。

《江苏省实施〈工伤保险条例〉办法》第15条规定："社会保险行政部门受理工伤认定申请后，可以要求用人单位、职工或者其近亲属提交有关证据材料。用人单位、职工或者其近亲属应当配合社会保险行政部门调查核实取证，并提供有关证据材料。

"职工或者其近亲属、工会组织认为是工伤，用人单位不认为是工伤的，社会保险行政部门应当书面通知用人单位举证。用人单位无正当理由在规定时限内不提供证据的，社会保险行政部门可以根据职工或者其近亲属、工会组织以及相关部门提供的证据，或者调查核实取得的证据，依法作出工伤认定决定。"

通过此条款，也可以表明，不能简单粗暴地认为"用人单位证明不了不是工伤，就是工伤"。用人单位未提供证据的，社会保险行政部门应当审查劳动者或者其近亲属、工会组织以及相关部门提供的证据，或是根据调查核实取得的证据，审查是否符合工伤认定的标准，依法作出属于工伤或不属于工伤的认定。

### (四) 交通事故中行驶路线的举证责任

本案中，汤某家属提出汤某是骑摩托车从一个项目工地到另一个项目工地，但是未提供行驶路线图，理由是汤某已死亡，家属不知道行驶路线。社会保险行政部门犯了难，汤某当天的行驶路线能否让公司提供呢？

我们认为，提供路线图的举证责任在劳动者一方。让用人单位提供劳动者发生交通事故时的行驶路线没有依据，也是不合理的。因为行驶路线具有不确定性，劳动者上班途中可能去购物，可能去就餐，可能去送孩子，可能去看望父母……有无数种可能，用人单位客观上无法证明特定时间段劳动者的行驶路线。

## 参考案例

**案例：** 职工上下班的路径并非固定的、一成不变的、唯一的，而是存在多种选择，用人单位无权对此加以限制。只要在职工为上下班而往返于住处和工作单位之间的合理路径之中，都属于“上下班途中”——公报案例：北京国玉大酒店有限公司诉北京市朝阳区劳动和社会保障局工伤认定行政纠纷案

### 基本案情

陈某系原告某酒店公司职工，双方签订有书面劳动协议，但该协议书未明确约定每日工作时间及工休时间，某酒店公司亦未给陈某缴纳工伤保险费，该费用一直由陈某下岗时所在的某公司负责缴纳。2006 年 9 月 20 日早晨，陈某自其住处骑一辆三轮车前往某酒店公司上班。当日 6 时 5 分，陈某行至朝阳区北辰西路安翔北路东口时，发生机动车交通事故受伤，经抢救无效死亡。公交朝阳支队对此次交通事故作出责任认定，结论为陈某无责任。2006 年 11 月 24 日，陈某之妻、本案第三人余秀兰向被告朝阳区劳动局提出工伤认定申请。朝阳区劳动局于同年 12 月 6 日正式受理，同时依据《工伤保险条例》的规定，向某酒店公司下发了工伤认定调查通知书，并对相关人员进行了调查核实。2007 年 1 月 16 日，被告作出涉案工伤认定书，认定陈某于 2006 年 9 月 20 日死亡，符合工伤认定范围，认定为工伤，并于 2007 年 1 月 22 日将涉案工伤认定书送达原告。某酒店公司不服该工伤认定，向北京市劳动局申请行政复议。北京市劳动局于 2007 年 4 月 26 日作出京劳社复决字〔2007〕12 号行政复议决定书，维持了涉案工伤认定书。

某酒店公司对行政复议决定不服，向一审法院起诉。一审法院维持被告朝阳区劳动局于 2007 年 1 月 16 日作出的涉案工伤认定书。

某酒店公司对一审法院的判决不服，提起上诉。

**裁决理由**

二审法院认为，根据《工伤保险条例》第14条第6项的规定，职工在上下班途中受到机动车事故伤害的，应当认定为工伤。对该规定所指的“上下班途中”应作全面、正确的理解。“上下班途中”应当理解为职工在合理时间内，为上下班而往返于住处和工作单位之间的合理路径之中。该路径可能有多种选择，不一定是固定的、一成不变的、唯一的路径。该路径既不能机械地理解为从工作单位到职工住处之间的最近路径，也不能理解为职工平时经常选择的路径，更不能以用人单位提供的路径作为职工上下班必须选择的唯一路径。根据日常社会生活的实际情况，职工为上下班而往返于住处和工作单位之间的合理路径可能有多种选择。只要在职工为了上班或者下班，在合理时间内往返于住处和工作单位之间的合理路径之中，都属于“上下班途中”。至于职工选择什么样的路线，该路线是否为最近的路线，均不影响对“上下班途中”的认定。本案中，根据行政机关的调查以及现有证据，2006年9月20日早晨，陈某从自己的住处出发，前往上诉人某酒店公司上班。陈某的住处位于北京市朝阳区大屯路南沙滩小区，某酒店公司位于北京市朝阳区安外慧忠里。从北京的实际地形看，陈某的住处在某酒店公司的西北方向，涉案事故发生于朝阳区北辰西路安翔北路东口，在某酒店公司的西方，该地点虽然不在某酒店公司自制的从陈某住处到某酒店公司的交通路线图上，但亦位于陈某上班的合理路线之内。因此，可以认定陈某系在上班途中因机动车事故伤害死亡，被上诉人朝阳区劳动局作出的工伤认定合法，应予维持。

---

如果劳动者不提供行驶路线图，社会保险行政部门又无法通过调查手段核实劳动者行驶路线的，应当结合劳动者的居住地点、用人单位的工作地点、事故发生时间、事故发生地点综合判断，推定是否属于上下班途中。劳动者如果

对推定有异议的，应当提供相反证据，否则，承担举证不能的不利后果。

### （五）用人单位和劳动者对工伤认定结论不服的救济途径

《工伤保险条例》第55条规定，有下列情形之一的，有关单位或者个人可以依法申请行政复议，也可以依法向人民法院提起行政诉讼：（一）申请工伤认定的职工或者其近亲属、该职工所在单位对工伤认定申请不予受理的决定不服的；（二）申请工伤认定的职工或者其近亲属、该职工所在单位对工伤认定结论不服的；（三）用人单位对经办机构确定的单位缴费费率不服的；（四）签订服务协议的医疗机构、辅助器具配置机构认为经办机构未履行有关协议或者规定的；（五）工伤职工或者其近亲属对经办机构核定的工伤保险待遇有异议的。

依据该规定，对工伤认定结论不服的，行政复议不是行政诉讼的前置程序，当事人可以自行选择行政复议、行政诉讼，或者先行政复议再行政诉讼。

## 胜诉指引

### （一）注意与行政职能部门的沟通技巧，深入浅出解析法律问题

沟通是门艺术。同样的意思用不同的方式表达效果大相径庭。行政职能部门的工作人员很多是非法学专业人员。沟通过程中，当涉及法条理解分歧时，尽量使用通俗易懂的语言表达，避免使用过多的专业术语。沟通的目的在于有效传达信息，如果对方不能理解我们在说什么，沟通的目的就无法实现。

在本案办理前期，人社局倾向于认定汤某为工伤，原因是人社局经办人认为，法律既然规定“用人单位不认为是工伤的，由用人单位承担举证责任”，表明用人单位要举证证明自己的观点。公司未提供证据证明没有其他项目工地，又无法查明汤某当天行驶路线，只能推定汤某家属关于汤某从一个项目工地去下一个项目工地途中发生交通事故的观点成立，汤某属于因工外出期间因工作

原因受伤。

为了消除人社局经办人对举证责任的误读，承办律师多次当面沟通，举例子，摆事实，告知对举证责任的正确理解。

## （二）用数据说话，通过数据反映规则

为了说明交通事故中行驶路线的举证责任承担方，承办律师团队进行检索分析，向人社局提供了《2019年度南京市涉及交通事故认定工伤裁判案例分析报告》。通过大数据，重点说明所有案例中劳动者均提供了路线图，提示此类案件路线图的举证责任应当由劳动者承担。

人社局经办人收到这份报告后，态度发生很大变化，要求汤某家属一方提供行驶路线图。汤某家属当然不可能提供，因为“因工外出”本就是猜测，路线的起点根本无从画起。

## （三）现场勘查，还原真实情况

由于汤某家属未提供汤某当天的行驶路线，而交通探头录像又因时间过长无法调取，我们建议人社局考虑现有材料和信息合理推定汤某事发时是上班途中。为了帮助人社局经办人做到内心确信，我们提供了以下资料：

1. 第三方导航软件显示的从汤某住处到挖机停放项目工地的推荐路线截图，将事故发生地点在图上标注，表明事故发生地点在汤某上班的合理路线上；

2. 开车到达事故发生地点，打开导航软件，测算以摩托车作为交通工具的路程耗时并截图，表明汤某接到公司领导王某电话后骑摩托车在事故发生时间可以到达事故发生地点；

3. 现场勘查地点的视频录像，拍下246省道42千米的标识牌，表明勘查地点就是事故发生地点。

最终，人社局采纳了公司承办律师观点，认为汤某是在上班途中发生机动车交通事故，由于其本人承担事故主要责任，依法作出对汤某不予认定工伤的决定。该决定也得到了两级法院的认可，公司的合法权益得到维护。

# 工伤医疗费超出社保基金报销目录范围的，是否应当由用人单位承担

## ——南京某设备制造公司与李某工伤保险待遇纠纷案

**关键词** 工伤　医疗费　超出报销目录

## 基本案情

2016 年 5 月 8 日，李某入职南京某设备制造公司，从事操作工。双方签订了劳动合同，公司为李某缴纳了社会保险。

2017 年 8 月 17 日，李某在工作中受伤。经区人力资源和社会保险局认定，李某为工伤。经劳动能力鉴定，李某伤残八级。

因治疗工伤，李某共支出医疗费 125, 505 元。经南京市某区社会保险基金管理中心核销，由工伤保险基金支付 98, 089. 5 元。李某要求公司承担差额部分 27, 415. 5 元，公司拒绝。李某先后申请劳动仲裁、提起诉讼，要求公司支付其垫付的医疗费 27, 415. 5 元。

李某认为，自己是因为工作原因受伤，产生的医疗费均是为了治疗，自己不应当承担医疗费。

公司认为，用人单位对工伤职工承担的是工伤保险责任。公司已经依法为

李某缴纳了社会保险，工伤后产生的医疗费已经由工伤医疗保险基金按规定支付，剩余的医疗费公司没有义务支付。

本案争议焦点为：工伤医疗费超出社保基金报销目录范围的，是否应当由用人单位承担？

本案经过劳动仲裁、一审、二审，未支持李某的诉请。南京市中级人民法院认为，《工伤保险条例》第30条第3款规定："治疗工伤所需费用符合工伤保险诊疗项目目录、工伤保险药品目录、工伤保险住院服务标准的，从工伤保险基金支付。"本案中，李某主张其垫付的未经工伤医疗保险报销的医疗费27,415.5元应由公司负担，没有法律依据，不予支持。

## 法律分析

### （一）用人单位在工伤中承担的责任

1. 按时缴纳工伤保险费

《社会保险法》第33条规定："职工应当参加工伤保险，由用人单位缴纳工伤保险费，职工不缴纳工伤保险费。"

《工伤保险条例》第10条第1款规定："用人单位应当按时缴纳工伤保险费。职工个人不缴纳工伤保险费。"

2. 30日内提出工伤认定申请

《工伤保险条例》第17条第1款规定："职工发生事故伤害或者按照职业病防治法规定被诊断、鉴定为职业病，所在单位应当自事故伤害发生之日或者被诊断、鉴定为职业病之日起30日内，向统筹地区社会保险行政部门提出工伤认定申请。遇有特殊情况，经报社会保险行政部门同意，申请时限可以适当延长。"

如果用人单位未在以上规定的时限内提交工伤认定申请，在此期间发生的工伤待遇等有关费用由该用人单位负担。

3. 支付工伤待遇及有关费用

（1）劳动关系解除或终止时由用人单位支付一次性伤残就业补助金。

（2）职工因工致残被鉴定为一级至四级伤残的，保留劳动关系，退出工作岗位，由用人单位和职工个人以伤残津贴为基数，缴纳基本医疗保险费。

（3）职工因工致残被鉴定为五级、六级伤残，难以安排工作的，由用人单位按月发给伤残津贴，标准为：五级伤残为本人工资的70%，六级伤残为本人工资的60%，并由用人单位按照规定为其缴纳应缴纳的各项社会保险费。伤残津贴实际金额低于当地最低工资标准的，由用人单位补足差额。

（4）生活不能自理的工伤职工在停工留薪期间需要护理的，由所在单位负责。用人单位可以派人护理，也可以支付护理费。

（5）职工因工作遭受事故伤害或者患职业病需要暂停工作接受工伤医疗的，在停工留薪期内，原工资福利待遇不变，由所在单位按月支付。

（6）用人单位支付工伤职工统筹地区内就医的交通费。

（7）用人单位没有依法为职工缴纳工伤保险费的，本可以由工伤保险基金支付的费用由用人单位承担。

### （二）工伤医疗费超出社保基金报销目录范围的，是否由用人单位承担，实践中存在不同观点

南京市中级人民法院认为，超出社保基金报销目录范围的工伤医疗费不应当由用人单位承担。理由是，法律规定了用人单位应当承担工伤保险责任，对于工伤保险范围外的费用，在没有法律明确规定的情况下，不应当由用人单位承担。浙江省的劳动人事争议仲裁委员会和法院目前也持该观点。

## 参考案例

**案例一：**劳动者工伤医疗费超出社保基金报销目录范围的费用原则上不应由用人单位承担，但超出目录范围的费用经用人单位同意或者认可的除外——浙江省劳动人事争议仲裁委员会发布2016年度劳动人事争议典型案例

### 基本案情

胡某于2015年3月到某交通建设公司在某县国道改建项目工地从事钢筋工。2015年7月2日，胡某在作业时不慎从高处摔下，致使全身多处受伤，就近送医后住院治疗了3个多月。因某交通建设公司项目部工作人员对工伤保险经办的相关规定不了解，公司工作人员并未在胡某入职该公司工作后及时向社保经办机构申报其名册。直到2015年10月初公司到人力社保局咨询时，某交通建设公司才了解到项目已经在开工前就按工程造价缴纳了工伤保险费，但在用工时应当及时向社保经办机构申报花名册。10月10日，某交通建设公司向社保经办机构补报了花名册，并同时向人力社保局提出工伤认定申请。2016年3月，胡某经劳动能力鉴定委员会鉴定为六级伤残。在胡某住院治疗期间，因其伤情严重，其超出工伤保险用药目录范围以外的医疗费有2万多元。且因某交通建设公司未及时向社保经办机构报备用工花名册，在某交通建设公司向社保经办机构申报花名册前发生的医疗费社保基金不予赔付。后因双方协商不成，胡某提出劳动仲裁申请，要求某交通建设公司赔偿一次性伤残补助金、医疗补助金、就业补助金、垫付的医疗费等共计51万元。劳动仲裁认为，劳动者工伤医疗费超出社保基金报销目录范围的费用原则上不应由用人单位承担，但超出目录范围的费用经用人单位同意或者认可的除外。

**裁决理由**

《工伤保险条例》第30条规定："治疗工伤所需费用符合工伤保险诊疗项目目录、工伤保险药品目录、工伤保险住院服务标准的，从工伤保险基金支付。"但进行急救、抢救期间，用药、诊疗范围原则上不受"工伤保险三个目录"限制，由医疗机构根据工伤职工的救治需要实施救治。在治疗过程中，如工伤医疗机构已向工伤职工说明，工伤职工自行选择超出目录范围的治疗方案所产生的费用，未经用人单位和基金同意的，由工伤职工承担。已经用人单位或基金同意的，该费用由同意者承担。江苏省仲裁机构《关于审理劳动争议案件若干问题的解答（二）》第16条规定："劳动者工伤医疗费超出社保基金报销目录范围的费用原则上不应由用人单位承担，但超出目录范围的费用经用人单位同意或者认可的除外。"

---

同样是江苏省的法院，无锡市中级人民法院与南京市中级人民法院的观点截然不同。无锡市中级人民法院认为，工伤保险制度的目的在于分散用人单位的风险，劳动者发生工伤而产生的工伤保险待遇属于用人单位应承担的风险，超出工伤保险诊疗项目和药品目录范围的医疗费用也属于该风险之列，一般情况下仍然应由用人单位承担。

## 参考案例

**案例二：** 工伤医疗费超过社保目录，用人单位仍要埋单——无锡市中级人民法院发布劳动争议审判典型案例

**基本案情**

2010年3月1日，罗某至某设备公司工作，岗位为辅工。该公司为罗某缴纳了社会保险。2010年4月1日，罗某在设备公司工作时受伤，经诊断为左胫腓骨骨折，被送往无锡手外科医院住院治疗。罗某

的停工留薪期间为2010年4月1日至9月13日。罗某在上述期间的医疗费已全部由某设备公司支付。

2010年5月18日，罗某所受伤害被认定为工伤。2011年5月18日，经鉴定，罗某致残程度为九级。罗某遂提起仲裁和诉讼，要求解除与某设备公司的劳动关系，并支付工伤保险相关待遇，一审法院判决双方的劳动关系于2011年6月14日起解除，某设备公司应向罗某支付医疗费、一次性就业补助金、停工留薪期工资、住院伙食补助费、护理费等。一审判决后，某设备公司不服，提起上诉，认为其已经为罗某办理了工伤保险，因此罗某在工伤保险药品、诊疗项目目录范围内享受工伤医疗待遇，超出上述范围的医疗费应由罗某本人承担，故由其公司先行垫付的医疗费应在赔偿范围内扣除等。二审法院驳回了某设备公司的上诉请求，维持了一审判决。

**裁决理由**

法院认为，工伤保险补偿责任采取的是无过错责任原则，工伤保险制度也是为了分散用人单位的风险。因此，归根结底，劳动者发生工伤而产生的工伤保险待遇应当属于用人单位应承担的风险，超出工伤保险诊疗项目和药品目录范围的医疗费用也属于该风险之列。除非与工伤伤害没有关联性或属于劳动者故意扩大的损失，否则就应当由用人单位承担。

---

对于以上两种相反的观点，很难评判绝对的对错。不过，我们更倾向于南京市中级人民法院的观点，即超出社保基金报销目录范围的工伤医疗费不应当由用人单位承担。理由是：

1. 用人单位在工伤中承担责任并不是基于自身过错

对于工伤，用人单位即使管理很完善，也不能完全避免。因为很多时候用人单位在工伤中本身并不存在过错。最为典型的如上下班途中发生“非本人主要责任的交通事故或者城市轨道交通、客运轮渡、火车事故伤害的”，以及

《工伤保险条例》第 15 条规定的视同工伤的情形。用人单位在工伤中承担责任是基于法律规定。

2. 用人单位承担的工伤保险责任应当以法律规定的责任范围为限

《工伤保险条例》明确规定了劳动者被认定为工伤后，社保基金和用人单位各自支付或承担的项目。用人单位按照《社会保险法》和《工伤保险条例》的规定为劳动者缴纳工伤保险费是法定义务，用人单位履行了该法定义务后，只对社保基金支付项目以外的且法律明确规定由用人单位支付或承担的项目承担责任。法律没有明确规定由用人单位支付或承担的部分，不是用人单位的法定义务，不应由用人单位承担。

3. 用人单位无法左右社保基金

用人单位在依法缴纳工伤保险费的前提下，劳动者发生工伤，用人单位负有及时申报工伤、配合向社保基金申领工伤待遇的义务，至于社保基金按照什么标准支付或报销，由社保基金按规定审核，与用人单位没有关系。

4. 工伤医疗费可以参照疾病医疗费的处理方式

实践中，关于劳动者因疾病产生医疗费用的处理，法院的观点完全一致，即超出社保基金报销目录范围的应当由劳动者自行承担。意见如此一致的原因是，大家都认为此时用人单位没有过错，只要用人单位依法缴纳了医疗保险，就履行了法定义务。

## 胜诉指引

### （一）分析案情应结合案件审理法院的裁判口径

承办大量诉讼案件积累的经验告诉我们，不同省，甚至不同市的人民法院对于同类案件中同类问题的裁判观点，有时会存在很大区别，甚至还会出现截然相反的情况。

这就要求我们在面对具体案件的时候，不仅要对案情进行详尽分析，还要考虑案件审理法院的裁判观点。不能光凭经验，想当然地认为之前那个法院是这样处理的，这个法院肯定会这样处理。经验固然可贵，但经验不是一成不变正确的。

### （二）勇于指出法官错误裁判观点，帮助其公正处理案件

法官也是普通人，是人就有可能犯错。如果我们发现案件审理法院的观点存在明显错误，就需要及时提出，并且结合法律规定、法学理论、上级或其他法院类案裁判观点说服承办法官。作为律师，我们努力维护委托人的合法权益；作为法律职业共同体，我们希望法律能够得到正确实施，案件能够得到公正处理。

### （三）面对复杂问题，书面沟通不可少

口头交流的效率较高，但是难以被完整记录，在信息传递过程中很容易丢失或出现错误，因此不利于保存和传递。法官一般每年审理200～300件案子，有些法官审理案件数量会更多，所以不能寄希望于法官会记住我们说过的话。同时，对于较为复杂的案件以及疑难复杂问题，主审法官往往会与合议庭成员讨论，甚至需要提交审判委员会讨论，口头意见很难准确传达给参与讨论的法官。为了保证沟通的准确性和有效性，面对复杂问题，在口头沟通的同时，我们需要提交书面意见。

书面意见既可以是文字，也可以是文字与图片、文字与图表的组合。尽可能简单、明了地说明观点，尽可能写有依据的观点。沟通的目的，是让法官接受我方观点。

本案办理过程中，承办律师的观点获得了仲裁、法院的采纳，维护了某设备公司的合法权益，驳回了李某的诉讼请求。

# 公司无财产，如何实现工亡索赔

## ——邹某与扬州某运输公司工伤保险待遇纠纷案

关键词 挂靠　未缴纳工伤保险　工伤保险基金先行支付

### 基本案情

2017 年 9 月 2 日，邹某驾驶重型水泥罐车在南京市溧水区某工地因道路塌陷发生翻车事故，并因该事故死亡。邹某所驾驶的重型水泥罐车实为王某个人所有，挂靠在扬州某运输公司（以下简称运输公司）名下。运输公司注册地在扬州市广陵区，该公司没有为邹某缴纳工伤保险。

2017 年 12 月 14 日，南京市溧水区人力资源和社会保障局作出溧人社工认字〔2017〕0988 号认定工伤决定书，认定邹某工伤。

2018 年 11 月 7 日，南京市溧水区劳动人事争议仲裁委员会作出宁溧劳仲案字〔2018〕第 198 号仲裁裁决书，裁决运输公司向邹某近亲属刘某某等支付一次性工亡补助金 672, 320 元、丧葬补助金 30, 918 元；按月支付邹某二子女供养亲属抚恤金 3600 元（每人每月 1800 元）至 18 周岁。裁决生效后，运输公司未履行付款义务。

2018 年 12 月 23 日，邹某近亲属向南京市溧水区人民法院申请强制执行。

2019 年 5 月 6 日，因运输公司无财产可供执行，南京市溧水区人民法院作出（2019）苏0117执351号执行裁定书，终结该次执行程序。

2019年5月16日，承办律师向运输公司注册地即扬州市广陵区社会保险基金管理中心及扬州市社会保险基金管理中心提交先行支付工伤保险待遇申请材料，但均遭到拒收。扬州市广陵区社会保险基金管理中心及扬州市社会保险基金管理中心均认为，工伤认定地在南京市溧水区，应当向南京市溧水区社会保险基金管理中心提交申请材料。

2019年5月27日，承办律师将申请材料及相关法律规定、文件通过EMS寄给扬州市社会保险基金管理中心，并通过多次与扬州市社会保险基金管理中心中工作人员沟通后，扬州市社会保险基金管理中心表示愿意先行支付邹某的工伤保险待遇。

2019年7月2日，邹某近亲属在扬州市社会保险基金管理中心办理了领款手续。

2019年8月14日，邹某近亲属收到扬州市社会保险基金管理中心先行支付的一次性工亡补助金672,320元、丧葬补助金30,918元，按月支付的抚恤金正常发放，合计可以获得赔偿130余万元。

## 法律分析

### （一）工伤保险责任的承担主体

工伤保险责任的承担主体只能是用人单位，不能是个人。

汽车运输行业普遍存在挂靠现象。最高人民法院《关于审理工伤保险行政案件若干问题的规定》第3条第1款第5项规定：“个人挂靠其他单位对外经营，其聘用的人员因工伤亡的，被挂靠单位为承担工伤保险责任的单位。”

## 参考案例

**案例：**车辆挂靠人聘用的人员因工伤亡的，被挂靠单位为承担工伤保险责任的单位——重庆市第一中级人民法院（2018）渝01行终118号

### 基本案情

2015年1月24日7时8分，罗某驾驶某公司名下的重型半挂牵引车，从重庆送货前往广东省，途中于兰海高速公路发生交通事故当场死亡。罗某死亡被认定为工伤，由某公司承担工伤主体责任。某公司不服，认为公司将车辆租赁给了林某，罗某系林某雇佣的司机，故某公司与罗某不存在劳动关系。人社局认为，重型半挂牵引车实为林某挂靠某公司对外经营，罗某系林某聘用的驾驶员。罗某在工作时间和工作场所内，因工作原因死亡，应认定为工伤。某公司不服，请求法院判决撤销认定工伤决定书。

### 裁决理由

法院认为，双方明显有设立挂靠关系的合意。根据双方合同约定，在租赁期内，林某除了交付租金以充抵购车款，还要另行缴纳租赁费等其他费用；租赁期满且林某全部缴清租金和相关费用后，该车辆的产权转由林某享有，但不办理过户手续，车辆经营手续仍以某公司名义办理，且林某必须每月向某公司缴纳车辆管理费1000元。这些符合传统挂靠经营的特征。双方合同的实质是某公司与林某就挂靠事宜达成的协议。林某挂靠某公司对外经营货运业务，其聘用的驾驶员罗某因工死亡。依据最高人民法院《关于审理工伤保险行政案件若干问题的规定》第3条第1款第5项的规定，应由某公司承担工伤保险责任。人社局作出的认定工伤决定书认定事实清楚，证据确实充分，适用法律正确。

本案中，实际车主王某将车辆挂靠在运输公司，驾驶员邹某在驾驶车辆工作中死亡，应当由被运输公司承担工伤保险责任。

## （二）工伤认定地的确定

人力资源和社会保障部《关于执行〈工伤保险条例〉若干问题的意见（二）》第7条第3款规定："职工受到事故伤害或者患职业病后，在参保地进行工伤认定、劳动能力鉴定，并按照参保地的规定依法享受工伤保险待遇；未参加工伤保险的职工，应当在生产经营地进行工伤认定、劳动能力鉴定，并按照生产经营地的规定依法由用人单位支付工伤保险待遇。"

由于运输公司没有为邹某缴纳工伤保险，承办律师向用人单位的生产经营地即南京市溧水区人力资源和社会保障局申请工伤认定。

## （三）工伤保险待遇先行支付的运用

运输公司没有为邹某缴纳工伤保险，办公场地是租赁，没有资产，属于典型的"皮包公司"。基于这种情况，承办律师在第一时间就考虑了本案案款的取得方式，即经过法定程序证明用人单位无力支付，然后申请工伤保险基金先行支付。

《社会保险法》第41条第1款规定："职工所在用人单位未依法缴纳工伤保险费，发生工伤事故的，由用人单位支付工伤保险待遇。用人单位不支付的，从工伤保险基金中先行支付。"

## （四）工伤保险待遇先行支付地的确定

但是由于运输公司注册地与生产经营地不一致，容易出现两地社会保险行政部门及工伤保险经办机构之间职责边界不清晰、相互推诿的情况。

江苏省人力资源和社会保障厅《关于工伤保险待遇先行支付有关问题的通知》第3条规定："用人单位在注册地与生产经营地均未参加工伤保险的，工伤职工申请先行支付，应由注册地社会保险行政部门及工伤保险经办机构根据生产经营地社会保险行政部门作出的工伤认定结论、劳动能力鉴定委员会作出的劳动能力鉴定等级，按规定从工伤保险基金中根据注册地工伤保险待遇标准先行支付工伤保险待遇。"该规定实际考虑到了用人单位注册地社会保险行政部门及工伤保险经办机构在工伤保险待遇先行支付后向用人单位追偿更为便利。

依据以上规定，承办律师向扬州市社会保险基金管理中心申请先行支付工伤待遇，最终实现全部代理目标。

## 胜诉指引

### （一）策略选择在案件办理和非诉业务中均有着举足轻重的作用

本案中死者邹某生前驾驶的重型水泥罐车属于王某所有，王某将其挂靠在运输公司名下。王某找邹某开车，并支付其报酬。看起来，邹某与运输公司好像没什么关系。邹某家属找到承办律师的时候，向承办律师提出起诉车主王某。

邹某死亡后，选择起诉车主王某赔偿，似乎理所当然、名正言顺。然而，这种简单、直接的诉讼思路并不是最好的方法，根本谈不上诉讼策略。如果选择起诉车主王某，王某很可能抗辩自己没有过错，提出工地因地面塌陷已经承担赔偿责任，自己不用再赔偿；或者，即使自己需要赔偿，也应当将工地承担责任部分予以扣减。

最高人民法院《关于审理工伤保险行政案件若干问题的规定》第 3 条第 1 款第 5 项规定："个人挂靠其他单位对外经营，其聘用的人员因工伤亡的，被挂靠单位为承担工伤保险责任的单位。"

由于承办律师熟知以上司法解释的规定，便建议委托人选择向运输公司主张工伤赔偿。这种方案较为复杂，既包含了诉讼，也包含了非诉，耗时较多，但是法律依据充分，并且可以获得更高的赔偿金额，胜诉后取得赔偿款也更有保障。委托人欣然接受。

### （二）注意沟通技巧，同时保留证据，掌握主动权

在主张先行支付工伤保险待遇（行政给付）阶段，出现了戏剧性的一幕，

扬州市社会保险基金管理中心工作人员拒收材料，明确表示“不归我们管，在南京认定的工伤回南京申请先行支付，不服可以起诉我们”。当场交涉无果后，承办律师第二天将全套材料用 EMS 邮寄过去，并附上所有法律依据及文件依据。过了一周时间，终于得到该工作人员电话答复“经过研究，还是我们支付……”

本案由工伤认定到劳动仲裁、法院强制执行，再到行政给付，历时两年，最后代理目标全部达成，委托人可以获得合计 130 余万元的案款。承办律师团队运用专业知识及丰富经验，帮助死者家属尽可能地获得较高的经济赔偿或补偿，既是对生者的安慰，也是法律服务价值的体现！

# 农民工因第三人侵权导致工伤的救济方案

## ——潘某工伤待遇支付纠纷案

关键词 农民工 劳动关系确认 第三者侵权工伤 用工单位追偿权

### 基本案情

2018年5月潘某由包工头朱某、汤某带领进入某单位从事地砖铺设工作，双方未签订书面劳动合同。潘某工资按天计算，约定由朱某支付。5月15日刘某因送货欲从新铺设的地砖上通行，与潘某发生争执、推搡后被人劝开。刘某在单位相关人员到场后，又上前用拳击打潘某头部致其轻伤一级。5月16日刘某被依法刑事拘留，9月20日检察机关依法对其提起刑事诉讼。9月20日潘某对刘某提起刑事附带民事诉讼。诉讼过程中双方达成调解合意，10月16日法院作出刑事调解书，刘某一次性赔偿潘某伤后各项经济损失共计150,000元。

2019年9月19日，潘某向仲裁机构申请确认其与某单位之间的劳动关系，被驳回。之后潘某就同一诉讼请求，向法院提起劳动诉讼，该诉讼请求于2019年5月21日被驳回。同年7月8日，潘某向社会保障局提出工伤认定申请，8

月 26 日社会保障局作出确认工伤的认定，10 月 30 日劳动能力鉴定委员会对某公司送达劳动能力鉴定结论通知书，认定潘某为九级伤残。其后潘某请求法院判令某公司支付其工伤保险待遇，该案于 12 月 20 日调解结案，某公司应支付潘某调解款 110, 000 元。

## 法律分析

### （一）建筑行业建筑工人劳动关系认定

建筑领域劳动者与施工企业或建设单位之间的复杂关系，实际施工人员与施工单位之间通常存在一个中间主体，即俗称的“包工头”，并且很多情况下还有多个作为中间主体的“包工头”存在，有“大包工头”“小包工头”等区别，且许多建筑工人都不曾签订书面的劳动合同，以上几点增加了司法实践中认定农民工与建筑公司是否成立劳动关系的不确定性。

原劳动和社会保障部《关于确立劳动关系有关事项的通知》第 1 条规定：“用人单位招用劳动者未订立书面劳动合同，但同时具备下列情形的，劳动关系成立。（一）用人单位和劳动者符合法律、法规规定的主体资格；（二）用人单位依法制定的各项劳动规章制度适用于劳动者，劳动者受用人单位的劳动管理，从事用人单位安排的有报酬的劳动；（三）劳动者提供的劳动是用人单位业务的组成部分。”因而，司法实践中，法院在判断劳动者和用人单位之间是否形成劳动关系时，往往从双方之间是否存在用工合意性、分工协作性、人身隶属性以及收入分配性等特征进行综合判断，即从劳动者是否与用人单位达成用工意向、是否接受用人单位的管理、是否从用人单位领取劳动报酬等方面综合考察。

该通知第 2 条进一步明确：“用人单位未与劳动者签订劳动合同，认定双方存在劳动关系时可参照下列凭证：（一）工资支付凭证或记录（职工工资发放花名册）、缴纳各项社会保险费的记录；（二）用人单位向劳动者发放的‘工作证’‘服务证’等能够证明身份的证件；（三）劳动者填写的用人单位招工招聘‘登记表’‘报名表’等招用记录；（四）考勤记录；（五）其他劳动者的证言等。其中，（一）、（三）、（四）项的有关凭证由用人单位负举证责任。”该条规定了认定劳动关系是否存在的形式标准。

该通知第4条对建筑施工、矿山开采等行业做出了特殊规定，“建筑施工、矿山企业等用人单位将工程（业务）或经营权发包给不具备用工主体资格的组织或自然人，对该组织或自然人招用的劳动者，由具备用工主体资格的发包方承担用工主体责任”。需要注意的是，上述规定的宗旨在于，更加有效保护劳动者的合法权益，而非改变认定劳动关系存在的实质要件，该条不能作为认定劳动者与发包方之间具有劳动关系的法律依据。这一点在江苏省高级人民法院、江苏省劳动人事争议仲裁委员会发布的《关于审理劳动人事争议案件的指导意见（二）》第10条中得到了证实，该条规定：“建筑施工、矿山企业等用人单位将工程或经营权发包给不具备用工主体资格的其他组织或自然人，劳动者起诉请求确认与具有用工主体资格的发包方存在劳动关系的，不予支持；但劳动者依据人力资源社会保障部门作出的因工伤亡或职业病确认结论和劳动能力鉴定结论请求赔偿工伤保险待遇，并要求发包人与承包人承担连带赔偿责任的，应予支持。”

综合上述分析可知，建筑企业与包工头之间成立承包（加工承揽）关系，包工头与建筑工人之间成立雇佣关系，而建筑企业与农民工之间往往因为没有缔结劳动合同的意向而不能被认定存在劳动关系。

但若用人单位不能证明与包工头之间存在承包关系，而农民工又提供发放薪资、工作服、工牌等证据，证明双方之间存在劳动关系的，法院将支持劳动者主张。例如，在“周某某与江苏某建设有限公司确认劳动关系纠纷”一案［（2015）苏中民终字第01036号］中，鉴于江苏某建设有限公司未能提交与周某签订的承包合同原件，建筑工人工资发放清单中又将周某列为工人、承诺书中将劳动者周某某称为“架子工班组员工”等事实，苏州市人民法院没有支持江苏某建设有限公司“已将脚手架工程转包给了自然人周某，而周某某系由周某雇佣的人员”的主张，认为周某某与江苏某建设有限公司之间成立劳动关系。

## （二）第三人侵权背景下建筑工人的工伤认定

第三人侵权导致的工伤事故认定与一般工伤事故认定标准基本没有差别，即依据《工伤保险条例》第 14 条至第 16 条相关规定处理。例如，在“无锡某盛厨卫有限公司与江阴市人力资源和社会保障局行政确认”一案［（2015）苏行监字第 00136 号］中，江苏省高级人民法院认为，田某系无锡某盛厨卫有限公司操作工人，因工作时有灰尘，当时天气又热，洗澡是其完成工作后正常生理所需，且其洗澡时间发生在其下班后的合理时间范围内，地点在公司的浴室内，故其下班后在单位浴室洗澡可视为收尾性工作。田某与第三方曾某无个人恩怨，曾某也是不小心推了他一下，加上地面湿滑，导致田某摔倒受伤，故田某在洗澡时摔倒受伤可视为从事收尾性工作时受到的事故伤害，属于《工伤保险条例》第 14 条第 2 款规定的“工作时间前后在工作场所内，从事与工作有关的预备性或者收尾性工作受到事故伤害的”情况，可认定为工伤。例如，劳动者在工作过程中，因工作原因与第三人发生争执，被第三人打伤的，属于《工伤保险条例》第 14 条第 3 款规定的“在工作时间和工作场所内，因履行工作职责受到暴力等意外伤害的”情况，可被认定为工伤。例如，最为常见的，劳动者在上下班途中，发生交通事故，如果属于《工伤保险条例》第 14 条第 6 款规定的“在上下班途中，受到非本人主要责任的交通事故或者城市轨道交通、客运轮渡、火车事故伤害的”情况，可被认定为工伤。

需要强调的是，虽然人民法院一般不承认建筑公司与建筑工人之间成立劳动关系，但这并不意味着建筑公司不需要对建筑工人承担任何责任。建筑企业在一定条件下，需要对包工头招用的建筑工人承担工资支付、工伤赔偿责任。

《建设领域农民工工资支付管理暂行办法》第 12 条规定：“工程总承包企业不得将工程违反规定发包、分包给不具备用工主体资格的组织或个人，否则应承担清偿拖欠工资连带责任。”根据该规定，建筑公司在工资支付上与不具备用工主体责任的组织或个人承担连带责任。

最高人民法院《关于审理工伤保险行政案件若干问题的规定》第 3 条规定：“社会保险行政部门认定下列单位为承担工伤保险责任单位的，人民法院应予支持：……（四）用工单位违反法律、法规规定将承包业务转包给不具备用工主体资格的组织或者自然人，该组织或者自然人聘用的职工从事承包业务时因工伤亡的，用工单位为承担工伤保险责任的单位……前款第（四）、（五）项明确的承担工伤保险责任的单位承担赔偿责任或者社会保险经办机构从工伤保险基金支付工伤保险待遇后，有权向相关组织、单位和个人追偿。”

人力资源和社会保障部《关于执行〈工伤保险条例〉若干问题的意见》第7条规定：“具备用工主体资格的承包单位违反法律、法规规定，将承包业务转包、分包给不具备用工主体资格的组织或者自然人，该组织或者自然人招用的劳动者从事承包业务时因工伤亡的，由该具备用工主体资格的承包单位承担用人单位依法应承担的工伤保险责任。”

《江苏省实施〈工伤保险条例〉办法》第36条规定：“具备用工主体资格的用人单位将工程或者经营权发包给不具备用工主体资格的组织或者自然人，该组织或者自然人招用的劳动者发生事故伤害，劳动者提出工伤认定申请的，由具备用工主体资格的发包方承担用人单位依法应当承担的工伤保险责任，社会保险行政部门可以将具备用工主体资格的发包方作为用人单位按照规定作出工伤认定决定。”

根据上述规定，如果具有用工主体资格的建筑公司将承包的业务转包、分包给不具备用工主体资格的个人或组织，该个人或组织招用的建筑工人因工受伤的，其可以请求社会保险行政部门以建筑公司为用人单位作出工伤认定的决定，即便建筑公司与建筑工人之间并不成立劳动关系，建筑公司仍依法应当承担相应的工伤保险责任，但在支付工伤保险待遇后，有权向相关没有用工主体资格的个人或组织追偿。

### （三）第三人侵权背景下建筑工人的工伤待遇支付

第三人侵权造成的工伤事故损害赔偿涉及对工伤保险赔偿与民事损害赔偿相互关系的处理。从性质上看，工伤保险属于社会保险范畴，与私权救济性质的民事损害赔偿存在根本的差别。但是，由于工伤保险赔付是基于工伤的发生或者劳动者罹患职业病，与劳动安全事故或者劳动保护瑕疵等原因有关，因此，工伤事故在民法上被评价为民事侵权。

最高人民法院《关于审理人身损害赔偿案件适用法律若干问题的解释》第3条第2款规定："因用人单位以外的第三人侵权造成劳动者人身损害，赔偿权利人请求第三人承担民事赔偿责任的，人民法院应予支持。"可见，劳动者因用人单位之外的第三人侵权造成工伤的，劳动者既向侵权人主张损害赔偿，又向用人单位主张工伤保险待遇的，用人单位应当支付。

最高人民法院《关于审理工伤保险行政案件若干问题的规定》第8条规定："职工因第三人的原因受到伤害，社会保险行政部门以职工或者其近亲属已经对第三人提起民事诉讼或者获得民事赔偿为由，作出不予受理工伤认定申请或者不予认定工伤决定的，人民法院不予支持。职工因第三人的原因受到伤害，社会保险行政部门已经作出工伤认定，职工或者其近亲属未对第三人提起民事诉讼或者尚未获得民事赔偿，起诉要求社会保险经办机构支付工伤保险待遇的，人民法院应予支持。职工因第三人的原因导致工伤，社会保险经办机构以职工或者其近亲属已经对第三人提起民事诉讼为由，拒绝支付工伤保险待遇的，人民法院不予支持，但第三人已经支付的医疗费用除外。"可见司法实践中对两种赔偿的支付先后顺序没有强制性规定，这实际上是为了保障劳动者尽可能快速地获得赔偿。

而关于具体的赔偿内容，多部法律法规做出了相应规定。例如，最高人民法院《第八次全国法院民事商事审判工作会议纪要》（民事部分）第10条规定："用人单位未依法缴纳工伤保险费，劳动者因第三人侵权造成人身损害并构成工伤，侵权人已经赔偿的，劳动者有权请求用人单位支付除医疗费之外的工伤保险待遇。用人单位先行支付工伤保险待遇的，可以就医疗费用在第三人应承担的赔偿责任范围内向其追偿。"例如，江苏省高级人民法院《关于在当前宏观经济形势下妥善审理劳动争议案件的指导意见》第2条第3款第2点规定："妥善处理工伤保险赔偿与第三人侵权赔偿的关系。对于劳动关系以外的第三人侵权造成劳动者人身损害，同时构成工伤的，如果劳动者已获得侵权赔偿，用人单位承担的工伤保险责任中应扣除第三人已支付的医疗费、护理费、营养费、交通费、住院伙食补助费、残疾辅助器具费和丧葬费等实际发生费用。用人单位先行支付工伤保险赔偿的，可以在第三人应当承担的赔偿责任范围内向第三人追偿。”

即便如此，在司法实践中江苏省各法院判决仍有分歧，但基本可以达成一致的是：

1. 专属于工伤保险赔偿的项目如伤残津贴、一次性工伤医疗补助金和一次性伤残就业补助金以及专属于侵权赔偿的项目如营养费、陪护人员食宿费、精神抚慰金等项目，当事人可以在工伤保险赔偿和侵权损害赔偿案件中分别进行主张。工伤保险赔偿中的一次性伤残补助金虽与侵权损害赔偿中的残疾赔偿金、死亡赔偿金相类似，但体现了两种制度的本质特点——属定额化赔偿，当事人可以在工伤保险赔偿或侵权损害赔偿案件中分别主张并获得赔偿。

2. 当事人实际支出项目（如医疗费、护理费、营养费、交通费、住院伙食补助费、残疾辅助器具费和丧葬费等）如重复赔偿则违反了民法的填平原则和实际赔偿原则，故对此类项目的计算，采取同一赔偿项目就高进行折抵的原则来处理比较合理。

3. 存在明显分歧的是停工留薪期的工资是否应当与误工费进行折抵。对此，南京市中级人民法院认为：“停工留薪期间工资不属于工伤医疗费用范畴，即使工伤职工获得第三人支付的误工费后，用人单位也应当支付停工留薪期间工资”[（2015）宁民终字第2422号、（2019）苏01民终4567号]。但常州市中级人民法院则认为应当进行折抵，就高进行赔偿[（2015）常民终字第357号]。

需要注意的是最高人民法院公报案例（2021年第6期）刊登了“吴江市佳帆纺织有限公司诉周付坤工伤保险待遇纠纷案”[（2019）苏05民终10330号]，明确劳动者因第三人侵权造成人身损害并构成工伤的，在停工留薪期间内，原工资福利待遇不变，由所在单位按月支付。用人单位以侵权人已向劳动者赔偿误工费为由，主张无须支付停工留薪期间工资的，人民法院不予支持。苏州市中级人民法院认为：“一方面，现行法律并未禁止工伤职工同时享受工伤保险待遇和人身损害赔偿；另一方面，工伤保险待遇与民事侵权赔偿二者性质不同，前者属公法领域，基于社保法律关系发生，后者属私法领域，基于民事法律关系发生，不宜径行替代。”这意味着之后司法裁判尺度可能统一为，劳动者可以同时享有停工留薪期间工资及误工费。

## （四）员工打人后民事责任（企业和员工之间）的承担与劳动关系的管理

《民法典》第1191条规定："用人单位的工作人员因执行工作任务造成他人损害的，由用人单位承担侵权责任。"

最高人民法院《关于审理人身损害赔偿案件适用法律若干问题的解释》第9条[①]规定，"雇员在从事雇佣活动中致人损害的，雇主应当承担赔偿责任；雇员因故意或者重大过失致人损害的，应当与雇主承担连带赔偿责任。雇主承担连带赔偿责任的，可以向雇员追偿。前款所称'从事雇佣活动'，是指从事雇主授权或者指示范围内的生产经营活动或者其他劳务活动。雇员的行为超出授权范围，但其表现形式是履行职务或者与履行职务有内在联系的，应当认定为'从事雇佣活动'。"按照上述条款的规定，员工因执行工作而打伤他人的，虽然员工是直接侵权人，但往往用人单位需要无过错地替代其员工承担损害赔偿责任。

问题的关键在于如何认定员工的打人行为是否属于职务行为。在司法实践中，法院一般认为如果员工与他人产生冲突与其职务行为是一个连续过程，存在内在关联性，则该侵权行为后果应当归属于用人单位，由用人单位承担损害赔偿责任。例如，南通市中级人民法院在"詹某与叶某、王某生命权、健康权、身体权纠纷"一案［（2015）通中民终字第00588号］中认为："王某在某超市豆制品柜台工作，因为豆腐价格的原因与詹某发生冲突，将詹某打伤。事件的起因是王某执行工作任务引发，虽然王某在此过程中负有重大过错，但不能因此否认事件与其工作任务之间的内在联系。王某殴打詹某的行为应视为因执行工作任务造成的他人损害，依法由某超市承担责任。"例如，苏州市中级人民法院在"郑某与苏州市某清洁环保技术有限公司徐某等生命权健康权身体权纠纷"一案［（2014）苏中民终字第02452号］中认为："徐某接受胡某的电话指

① 该条在修正后的最高人民法院《关于审理人身损害赔偿案件适用法律若干问题的解释》中已删除，现行规定详见《民法典》第1192条。

示驱车前往协助沈家某处理后者在铲除小广告过程中与郑某发生的纠纷。徐某之所以愿意听从胡某的指示，系基于其与胡某在履行职务过程中形成的指挥与服从的关系。徐某殴打郑某的行为是徐某故意实施的侵权行为，超出了雇主的授权范围。但是，这一行为的发生与其作为某公司雇员履行铲除小广告的职务有内在联系。”可见只要员工的侵权行为与其职务行为之间存在内在联系，不论员工殴打他人的行为是否因员工个人冲动而做出，超出了用人单位的授权范围，抑或构成违法犯罪行为，用人单位都要替代承担侵权责任。

值得一提的是，当员工与被侵权人之间存在个人恩怨，并因此导致员工的殴打行为，则该个人恩怨造成了职务行为与侵权行为之间因果关系的中断，在这种情况下，用人单位无须承担替代责任。例如，“李某、佛山市某木业有限公司生命权、健康权、身体权纠纷”一案［（2017）粤06民终11474号］中，佛山市中级人民法院认为：“虽然李某是在上班时间在某公司的车间内被唐某清打伤继而不治身亡，但是，唐某是因为其之前与李某存在私人积怨，又目睹李某推倒其堆放的木料，出于泄愤而打伤李某，从外部表象看唐某的行为与其从事的工作并无内在关联，亦与某公司的意志无关，某公司也不会从该行为中受益。因此，唐某并非在职权范围内为某公司的利益活动而致李某损害，不属于因‘执行工作任务造成他人损害’的情形。”

员工实施侵权行为后，用人单位可以实施以下措施：

1. 在用人单位承担了相应的侵权损害赔偿责任之后，向实施侵权行为的劳动者追偿。

按照最高人民法院《关于审理人身损害赔偿案件适用法律若干问题的解释》第9条第1款①的规定，雇员因故意或者重大过失致人损害的，应当与雇主承担连带赔偿责任。雇主承担连带赔偿责任的，可以向雇员追偿。该条款适用时主要涉及两个问题，一是如何认定雇员的过错程度，二是可追偿的比例如何认定。

---

① 该条在修正后的最高人民法院《关于审理人身损害赔偿案件适用法律若干问题的解释》中已删除，现行规定详见《民法典》第1192条。

"南通某船舶配套工程有限公司舟山分公司与周某追偿权纠纷"一案［(2016) 苏06民终1539号］中南通市中级人民法院认为："由雇员对其重大过错行为承担一定的责任，能够促进雇员谨慎执行工作任务，维护雇主的合法权益。根据诚实信用原则，雇员对雇主有忠实和勤勉义务，当雇员未尽到基本的注意义务造成雇主损害的，应当承担适当的责任，能够防范雇员不尽责的道德风险。但同时，雇员获取的劳动报酬与雇主获得的收益相比差距甚远，如果雇员在雇佣活动中因过错致人损害，雇主均可向其全额追偿，无异于使得雇员陷入受害者一样的境地，况且，雇员无法像雇主一样通过责任保险、经营利润来分散风险。本案中，张某与周某因为工作引起口角，周某出手殴打张某，张某并未还手，故周某殴打他人行为的起因虽然是工作，但该行为完全超出了周某的工作范围以及工作中可以采取的措施，属于故意致人损害的情形，对于该行为造成的主要后果应当由周某承担，某公司对其员工疏于管理和教育，应当对该起打人事件造成的损失承担次要责任。原审法院判决由某公司承担70%的责任，与该公司在打人事件中的过错程度不相符合，本院予以纠正。本院酌情调整某公司的追偿额度为60%。"

"徐州某物业管理有限公司与王某追偿权纠纷"一案［(2018) 苏0302民初2362号］中徐州市鼓楼区人民法院认为："原告某物业公司是否享有追偿权，应对于被告具有故意或者重大过失承担举证责任。根据徐州市公安局交通警察支队鼓楼大队的责任认定，被告王某负事故全部责任，本院可以认定被告王某对于涉案事故具有重大过失。故，原告享有对于被告王某的追偿权。因被告的重大过失，被告应承担50%的赔偿责任，即57,500元。原告行使追偿权要求被告王某承担赔偿责任，有事实和法律依据的部分，本院予以支持。"

从上述两个判决可以看出，雇员的过错一般按照其在侵权责任事故中的过错程度确定，而各法院按照雇员过错程度的不同确定可追偿比例，当前没有形成统一的标准，但一般不超过50%。

2. 用人单位采取公司内部管理措施，给予打人员工惩罚，并以此警示其他员工。

最常见的管理措施为记过、与员工依法解除劳动合同等。如果员工因执行工作任务殴打他人，并且该行为已经违反刑法，构成犯罪行为的，用人单位可以根据《劳动合同法》第39条第6项与员工解除劳动合同。如果打人行为尚不足以构成犯罪行为的，在用人单位经过民主程序且已经告知所有员工殴打他人属于严重违反用人单位规章制度的情况下，用人单位在告知工会后，可以根据《劳动合同法》第39条第2项的规定，依法与该员工解除劳动合同。对此，我们建议用人单位在规章制度中明确规定："聚众闹事、打架斗殴属于严重违反规章制度的行为，用人单位可依法解除劳动合同。"从而避免诉讼过程中对"殴打他人是否属于严重违反用人单位规章制度的行为"的争议，降低诉讼风险。

## 胜诉指引

由于建筑行业的自身特点，比如建筑工人流动性大、运用法律知识自我保护意识差等，建筑行业劳动关系确认、工伤待遇支付等类型案件较为多发，本团队律师在办理案件过程中感悟甚多。

在建筑行业建筑工人劳动关系认定纠纷处理过程中以及本案的处理过程中，劳动关系确认纠纷往往均是败诉，但是败诉也达到了我们的诉讼方案预期设想。因为如果直接进行工伤认定，社会保险行政部门一般以劳动者无法举证证明其与用人单位之间存在劳动关系为由，要求劳动者补正证据。劳动关系认定的诉讼请求虽然无法获得支持，但是仲裁、诉讼过程中法院认定的事实，可以作为获取工伤认定的必要证据。

作为劳动者一方，发生劳动争议特别是工伤待遇支付纠纷维权难度较高。首先，劳动者难以搜集确认有关证据；其次，劳动者难以寻找到专业的承办律师；最后，相比较而言该类型案件需要经过诸多程序，案件用时较长。就本案而言，承办律师分别进行案件证据搜集、刑事案件侦查阶段调解、刑事附带民事案件调解、劳动关系确认劳动仲裁程序、劳动关系确认一审诉讼程序、工伤认定程序、工伤伤情鉴定程序、工伤待遇支付劳动仲裁程序。客观而言，在纠纷解决过程中，用工单位并没有恶意利用诉讼权利拖延时间，否则该案的办理周期将在两年以上。

作为用工单位一方，一定要注意用工的合规性审查及用工模式建设，将成本控制与法律风险规避并重。发生纠纷后用人单位应积极主动解决，特别涉及第三者侵权背景的工伤待遇支付纠纷，用工单位积极主动的解决态度往往会成为用工单位、劳动者双赢的契机。

# 用人单位应对工伤赔偿的新思路

## ——苏州某公司与刘某工伤保险待遇纠纷

关键词 未缴纳工伤保险 工伤认定 自我救济 行政诉讼

### 基本案情

刘某在苏州某公司从事机床检修工作，自刘某入职之日起，双方未签订过任何合同，该公司自然也没有为刘某缴纳过社会保险及住房公积金。

2016 年 12 月 13 日晚，恰逢刘某上夜班。刘某到岗后一改常态，以往刘某逢人便打招呼，而当晚，甚至连同事主动向其打招呼，他都没有任何回应。起初，大伙儿都没将此事放在心上，各自忙手头的活。没过多久，公司的负责人接到刘某的电话，刘某在电话中声称，其在关闭车间大门时不慎将右手中指顶端指弄骨折了，需立即请假去医院救治。负责人出于关心，立即同意刘某的请假，本想着陪同刘某一起至医院，但刘某早已独自离开了公司。

2016 年 12 月 14 日，刘某拿着就诊材料，找到公司的负责人，要求公司向其支付因工伤而造成的损失。公司的负责人从未遇到过此类事件，一下子不知所措，公司只愿意支付医疗费用，而刘某要求除医疗费用外还需向其支付额外的赔偿，双方当日就此事最终未能协商一致。

嗣后，刘某便以手指受伤为由，一直请假在家。直至 2017 年 4 月，刘某向当地劳动人事争议仲裁委员会提出确认与公司之间存在劳动关系的请求，公司委托了当地的一位基层法律工作者代理该案件。最终，双方以调解的方式确认了刘某与公司之间存在劳动关系。

2017 年 7 月 5 日，刘某向当地人力资源和社会保障局（以下简称人社局）提出了工伤认定的申请。

其间，该人社局以刘某提供的证据不足为由，于 2017 年 7 月 21 日向刘某发出了工伤认定中止通知书。2017 年 12 月 25 日，该人社局作出刘某的伤情属于工伤的认定决定。

嗣后，刘某便向当地劳动能力鉴定委员会申请劳动能力伤残等级鉴定，结果刘某的工伤被认定构成十级伤残。刘某拿到劳动能力鉴定通知后，便向公司提出了解除劳动关系，同时，刘某向当地劳动人事争议仲裁委员会提出要求公司赔偿其工伤保险待遇的请求，共计 11 万余元。

公司领导收到劳动仲裁申请书，看到赔偿金额时，犹如晴天霹雳。随即找到我们作为其承办律师，并说出了其对刘某于 2016 年 12 月 13 日晚班期间受伤的疑惑。承办律师介入后，认真听取了公司对案情的描述，仔细翻阅了刘某提供的就诊相关证据材料后，认为该案件存在多处不合法、不合理之处。于是，承办律师便主动至就诊医院了解诊断经过，并向当地人社局调取了相关材料，同时，还至公司实地勘查，就刘某所述的受伤经过做模拟试验，以验证其受伤的可能性。

2018 年 3 月 23 日，公司一纸诉状将当地人社局诉至人民法院，以该人社局作出工伤认定决定时程序违法和作出工伤认定结论的证据不足为由，要求人民法院撤销工伤认定决定。

2018 年 5 月 29 日，苏州市姑苏区人民法院公开开庭审理了该起案件。庭审时，公司、人社局以及刘某，就人社局作出工伤认定时程序是否合法、认定事实是否清楚、刘某是否构成工伤等争议焦点展开了激烈的争论。

庭审后一个月左右，承办律师接到承办该案件法官的电话，法官向承办律师明确表示，人社局在作出具体行政行为时程序违法，并希望双方能够协商妥善处理。嗣后，历经 6 个多月的协商、调解，公司出于人道主义向刘某支付 3. 8 万元补偿款，公司与刘某均撤诉，从而化解了双方之间的纠纷。

## 法律分析

### （一）用人单位未为员工缴纳社会保险，员工发生工伤后的赔偿主体如何确认

承办律师对此进行如下分析：

《工伤保险条例》第 62 条规定："用人单位依照本条例规定应当参加工伤保险而未参加的，由劳动保障行政部门责令限期参加；依照本条例规定应当参加工伤保险而未参加工伤保险的用人单位职工发生工伤的，由该用人单位按照本条例规定的工伤保险待遇项目和标准支付费用。"

《江苏省实施〈工伤保险条例〉办法》第 38 条规定："用人单位依照《条例》和本办法规定应当参加工伤保险而未参加或者参加工伤保险后中断缴费期间，职工发生工伤的，该工伤职工的各项工伤保险待遇，均由用人单位按照《条例》和本办法规定的项目和标准支付。用人单位按照规定足额补缴工伤保险费、滞纳金后，职工新发生的工伤保险待遇由工伤保险基金和用人单位按照《条例》和本办法规定的项目和标准支付。"

根据上述两个法规的内容可以得知，倘若用人单位未为员工缴纳社会保险的，一旦员工发生工伤，则用人单位应当承担全部的赔偿责任。

## 参考案例

**案例：**单位中断缴纳社保致员工无法享受工伤待遇，法院判决全额赔偿——2014 年度徐州法院十个劳动争议典型案例之一

**基本案情**

俞某某于 2007 年 10 月进徐州某机械公司工作，2010 年 4 月 13 日，俞某某在该公司车间用行车吊运动臂油缸时被砸伤，经住院清创

缝合加内固定手术。2010 年 5 月认定为工伤，2012 年 8 月评定为八级伤残。该公司因中断为俞某某缴纳社保费用，致使俞某某未能依据《工伤保险条例》享受工伤保险待遇。2013 年 6 月经劳动争议仲裁裁决：某机械公司解除与俞某某劳动关系，一次性支付俞某某伤残补助金等 118, 570 元。某机械公司不服该裁决，提起诉讼。铜山区法院 2014 年 5 月作出判决：解除双方劳动关系，某机械公司一次性支付俞某某伤残补助金、工伤医疗补助金、伤残就业补助金等合计 118, 570 元。某机械公司上诉，徐州市中级人民法院维持了原判。

**裁决理由**

用人单位为其职工依法缴纳社会保险是其法定义务，违反该法定义务应承担相应的法律责任。《江苏省实施〈工伤保险条例〉办法》第 32 条规定，如用人单位出现中断缴费情形，应当按照规定足额补缴工伤保险费后，职工继续享受的工伤保险待遇才由工伤保险基金和用人单位按照《工伤保险条例》和上述办法规定的项目和标准支付。本案中，某机械公司虽曾为俞某某办理了工伤保险，但是因自身的原因出现中断缴费情形且至今未能向社保部门补足，殆于履行法定义务，致使俞某某未能享受工伤保险待遇，应承担因此给俞某某造成的损失。

---

本案中，由于该公司并未为刘某缴纳社会保险和住房公积金，因此，刘某所受的伤一旦被认定为工伤，则用人单位就应当依法承担相应的赔偿责任。因此，承办律师建议各用人单位自劳动者入职之日起一个月内，及时为其缴纳社会保险和住房公积金，以免因小失大。

### （二）当地人力资源和社会保障局作出的工伤认定决定是否程序合法

其一，《工伤保险条例》第 20 条明确规定："社会保险行政部门应当自受理工伤认定申请之日起 60 日内作出工伤认定的决定，并书面通知申请工伤认定的职工或者其近亲属和该职工所在单位。社会保险行政部门对受理的事实清楚、权利义务明确的工伤认定申请，应当在 15 日内作出工伤认定的决定。作出工伤认定决定需要以司法机关或者有关行政主管部门的结论为依据的，在司法机关或者有关行政主管部门尚未作出结论期间，作出工伤认定决定的时限中止。”

其二，《江苏省实施〈工伤保险条例〉办法》第16条规定：社会保险行政部门受理工伤认定申请后，有下列情形之一的，可以中止工伤认定：（一）需要以司法机关、劳动人事争议仲裁委员会、有关行政主管部门或者相关机构的结论为依据，而司法机关、劳动人事争议仲裁委员会、有关行政主管部门或者相关机构尚未作出结论的；（二）由于不可抗力导致工伤认定难以进行的；（三）法律、法规、规章规定需要中止的其他情形。

由以上规定可以得知，只有当司法机关、劳动人事争议仲裁委员会、有关行政主管部门尚未作出相关结论，且社会保险行政部门需要以上述相关部门的结论为依据时，社会保险行政部门才能适用中止工伤认定的程序。

在本起案件中，人社局于2017年7月5日受理了刘某申请的工伤认定，于2017年12月25日做出工伤认定决定书，该期间跨度为173天。人社局虽在2017年7月21日向刘某发出工伤认定中止通知书，但该通知书中的中止事由并非《工伤保险条例》或者《江苏省实施〈工伤保险条例〉办法》中规定的法定中止事由，该份中止通知书中的事由应理解为由于刘某未提交齐全申请工伤认定的材料，而人社局需根据该材料来判断刘某所受到的伤是否属于工伤，因此，人社局适用了工伤认定的中止程序。但根据《江苏省实施〈工伤保险条例〉办法》的相关规定，社会保险行政部门收到工伤认定申请后，应当先审核材料，材料不完整的，应当以书面形式一次性告知申请人需要补正的全部材料；材料完整的，作出受理或者不予受理的决定。人社局于2017年7月5日已作出了受理刘某申请工伤认定的决定，应视为刘某向人社局提交的申请工伤认定的材料已全部齐全。但人社局却于2017年7月21日又以需补充材料为由决定中止工伤认定，人社局作出该决定因缺少法律依据而不合法，即2017年7月5日至12月25日并没有发生人社局可以中止工伤认定的法定的情形。继而人社局在整个工伤认定过程中，超过了法定认定期限，因此，人社局在此次工伤认定过程中，程序违法。

## （三）当地人力资源和社会保障局认定的事实是否清楚

其一，《工伤保险条例》以及《江苏省实施〈工伤保险条例〉办法》中，都明确规定，社会保险行政部门根据其审核的需要，须对事故伤害进行调查核实，用人单位、职工、工会组织、医疗机构以及有关部门应当予以协助。

在本起案件中，虽然人社局有对公司的工作人员钱某、顾某做了相关询问笔录，也对刘某本人做了相关的询问笔录，但从询问笔录记载的内容来看，钱某、顾某与刘某所陈述的内容截然相反，而对于各被询问人所述的截然相反的内容，人社局却仅以刘某本人的陈述作为做出工伤认定决定的依据，并未对公司的工作人员钱某、顾某的陈述予以采信，即便人社局对该二人的陈述没有采信，也没有做出不予采信的理由阐述。仅有受伤人本人自认为是工作中受伤，并没有其他证据证明受伤人所陈述的事实，同时，还有两份截然相反的事实陈述笔录，为此，承办律师特意进行了实地现场的模拟试验，通过多次试验，无论承办律师如何拉、拽门把手，都不可能导致中指顶端指受伤。因此，可以推定刘某所述的内容极其不符合常理，可能存在刘某的手指事先已受伤，事后假意到工作岗位上工作，造成在工作中不慎受伤的假象的情形。但该人社局在未至事发现场进行调查核实，以及未做模拟试验的情况下，就以刘某单方面极其不符合常理的陈述作为认定属于工伤的依据，显然系未对刘某所称的“在工作中受伤”的情况进行细致的调查核实，人社局未按照相关的规定履行自己的职责，单凭主观臆断作出相应的具体行政行为，属认定事实不清。

其二，人社局于2017年7月21日作出工伤认定中止通知书时，以刘某缺少证明其受伤事实的材料为由，决定中止工伤认定程序，因此，可以得知，就刘某已提交的材料来看，人社局无法做出属于工伤的决定（若工伤申请人确实无法提供相应的证明材料，则人社局就应当做出不属于工伤的决定）。但自人社局发出该份中止通知书后，刘某未向人社局提交新证据用于证明其受伤的事实，而人社局自行收集的证据材料——询问笔录，从其内容看，不足以完全证明刘某于2016年12月13日晚是否受伤。退一步讲，即便刘某受伤，亦不足以证明受伤系其关闭大门时所致。但人社局发出工伤认定中止通知书后，在未收到新的能够足以证明（工伤申请人）受伤事实的证明材料的情况下，又于2017年12月25日作出刘某的受伤属于工伤的决定书。人社局此种做法，明显属于缺少客观依据的情况下作出的工伤认定决定，此认定结论显属事实不清。

### （四）刘某是否构成工伤，即刘某的伤情是否在工作中发生

根据刘某提供的所谓发生事故当晚的就诊医院做出的影像检查报告单来看，刘某的右手指已于2016年12月13日前骨折，目前正在愈合中，尚未完全康复。而刘某在法庭调查时对公司问及2016年12月13日晚至医院就诊后，医院有无进行相应的治疗措施时，给予的答复是“简单包扎”。2016年12月14日，刘某自行至第二家医院就诊，在未做DR或CT影像检查的情形下，医院就做出了刘某右手指骨折的结论。

该两份诊断报告结论截然不同，而第二份诊断报告于事件发生后19小时做出，且第二份诊断报告在未做任何DR或者CT影像检查的情形下即做出骨折的结论；而第一份诊断报告于事件发生后1小时内做出，明显第一份诊断报告的结论更具客观性，更能还原事发当时的真实情况，即刘某的右手指在2016年12月13日前已受伤，但由于当晚在第一家医院检查出未受新伤，于是刘某于次日至第二家医院再次就诊后，在医院未对刘某做专业的医疗检查的情形下，刘某就被诊断为右手指骨折。

倘若刘某真的在2016年12月13日晚右手指骨折，医院不会仅对其做简单包扎，而不对其进行更具康复性、直接性的治疗。虽然事后刘某确实右手指骨折，但与2016年12月13日晚的事件不具有关联性。

因此，刘某手指所受的伤害，并非如其所述，在工作中受伤，而是于工作前已受伤。

## 胜诉指引

员工在工作中受伤，一旦被社会保险行政部门认定为工伤，则用人单位就将承担部分的赔偿责任。倘若员工的工伤构成伤残等级，用人单位又未为员工缴纳工伤保险，则本应由工伤保险基金负担的部分，全部转嫁于用人单位，用人单位就必须承担全部的赔偿责任。对于用人单位来说，无疑是一笔不小的额外支出。这不仅不利于企业的有序发展，而且在一定程度上还激化了用人单位与员工之间的矛盾。因此，在劳动用工模式下，用人单位必须为员工参加相应的社会保险，以减轻企业的用工成本压力。

倘若双方存在劳动关系，而员工不幸在工作中受伤，作为用人单位，也不用慌张，应当冷静分析事情原委，结合相关法律、法规的规定，将现有的证据材料如实地呈现给相应的行政机关、司法机关等部门，以寻求公平、公正的结果。必要时，可以聘请专业的律师团队予以解决纠纷。

感悟一：律师代理案件时，要认真审阅已有的证据材料，从材料中找细节，深层次剖析案件，将案件做透。

如本起案件，原本员工刘某的受伤已被认定为工伤，且构成了伤残等级，刘某以公司为被申请人，向当地劳动人事争议仲裁委员会提出工伤保险待遇的劳动仲裁后，公司向其赔付 11 万余元已是板上钉钉的事情。但经承办律师认真、仔细地对已有的材料进行核对，同时，还亲临事故现场实地进行试验，并针对专业的医学名词特意至医院向专家进行验证后，从多角度对刘某受伤及工伤认定等方面进行剖析，质疑刘某存在骗取工伤保险待遇的可能性，层层分析后，最终得到法官的认可。

俗话说得好：功夫不负有心人。无论做任何事情，都要抱着认真、仔细的态度去完成。作为律师，做事情更应当认真、仔细。有些人遇事就抱怨，或是埋怨他人，这种思想有待改进。当我们遇到问题后，要冷静思考处理方式，待问题解决后，再回头思考原先的不当之处，如何改进。当律师代理案件时，要从已有的证据中，再次挖掘证据，让证据引出证据，才能将事情真正的原委呈现给裁判者，以得到公正的结果，进而体现承办律师的价值所在。

感悟二：从多角度思考解决纠纷的方案，利用多渠道，尽可能地化解各方当事人之间的矛盾，促进和谐社会的发展。

在本起案件中，公司未参与刘某向劳动人事争议仲裁委员会提出的工伤保险待遇纠纷仲裁请求一案，而是以当地人社局作出的工伤认定决定存在程序违法和对事实认定不清为突破点，“制止”了刘某或有的工伤赔偿主张。公司从不同的维度，发表了自己的观点，打破了以往“起诉、应诉”的常规思维，并且取得了不错的效果。

# 劳动者工亡，用人单位没有支付能力，如何维权

## ——袁某工伤保险待遇先行支付案

关键词 工伤待遇 先行支付 管辖选择

## 基本案情

2014 年 8 月 23 日，某物流公司员工袁某在货车下货过程中，不慎从货车上摔下，经抢救无效，于 9 月 16 日 14 时左右死亡。某物流公司未为袁某缴纳工伤保险。

因袁某抢救过程中，某物流公司不管不顾，导致袁某无钱治疗，其女儿袁某某于 2014 年 9 月 10 日，就该起生产安全事故向南京市雨花台区人民政府举报，区政府遂委托安监局、监察局、公安分局、总工会、检察院等部门迅速组成事故调查组对事故进行调查。并于 2014 年 12 月 10 日出具事故调查报告，确定某物流公司在日常经营活动中安全生产管理不力，违反《安全生产法》相关法律规定，且在事故发生后没有妥善处理死者的善后事宜导致死者家属采取多次上访等方式维权，造成一定社会影响。

2015 年 8 月 13 日，袁某某提出工伤认定申请。南京市人力资源和社会保障

局于9月17日受理申请，并于11月9日作出认定工伤决定书。南京市人社局向某物流公司工商登记公示信息载明地址寄送决定书被退回，南京市人社局于2015年11月30日在《江苏法制报》公告送达。某物流公司在60日内未前往领取决定书，此后亦未提起行政复议或行政诉讼。

2016年1月11日，袁某某向南京市劳动人事争议仲裁委员会提出仲裁申请，要求某物流公司支付一次性工亡补助金、丧葬补助金。某物流公司未参加庭审。2016年3月30日，南京市劳动人事争议仲裁委员会裁定支持袁某某仲裁申请。2016年4月18日，南京市劳动人事争议仲裁委员会在江苏人力资源和社会保障网对仲裁裁决书进行公告送达。

2018年3月5日，袁某某向人民法院申请强制执行。2018年6月28日，因某物流公司无财产可供执行，法院作出终结本次执行程序执行裁定书。

袁某某于2019年7月29日向广州市白云区（某物流公司注册地）社会保险基金管理中心申请工伤保险基金先行支付。2020年4月17日，白云区社会保险基金管理中心作出工伤保险基金先行支付审核决定书，先行支付了工伤保险待遇。

## 法律分析

《社会保险法》第41条规定，职工所在用人单位未依法缴纳工伤保险费，发生工伤事故的，由用人单位支付工伤保险待遇。用人单位不支付的，从工伤保险基金中先行支付。《社会保险基金先行支付暂行办法》第6条第2款规定，职工被认定为工伤后，有下列情形之一的，职工或者其近亲属可以持工伤认定决定书和有关材料向社会保险经办机构书面申请先行支付工伤保险待遇：……（二）用人单位拒绝支付全部或者部分费用的。

江苏省人力资源和社会保障厅《关于实施新〈工伤保险条例〉有关问题的处理意见》（苏人社函〔2011〕第166号）第2条第1款规定，职工所在用人单位未依法缴纳工伤保险费，发生工伤事故的，由用人单位支付工伤保险待遇。用人单位不支付的，从工伤保险基金中先行支付。工伤职工申请从工伤保险基金中先行支付相关工伤保险待遇的，根据不同情况须提交以下证明材料：(1) 申请先行支付工伤医疗费的，需提交由劳动争议仲裁部门裁决先予执行的裁判文书和人民法院出具的执行终止裁定书。(2) 申请先行支付其他工伤保险待遇的，需提交生效的裁判文书（包括仲裁裁决书、仲裁调解书、民事判决书、民事调解书）和人民法院出具的执行终止裁定书。

## 参考案例

**案例：** 用人单位无可供执行的财产支付劳动者应享有的工伤保险待遇，符合先行支付工伤保险待遇的条件——最高人民法院办公厅关于全国法院系统2020年度优秀案例分析评选结果的通报（法办〔2020〕394号）——重庆市第二中级人民法院（2016）渝02行终389号

### 基本案情

赵某某系XY集团有限公司（以下简称XY公司）工人，因工作原因受伤经工伤认定并鉴定为八级伤残。经仲裁、诉讼，生效民事判决确认赵某某的工伤保险待遇应由XY公司支付，赵某某提出强制执行申请，因XY公司暂无财产可供执行，巫山县人民法院于2015年11月16日作出执行裁定终结本次执行程序。赵某某据此向巫山社保局提出先行支付工伤保险待遇的申请，巫山社保局收到申请后，经审查认为赵某某所在单位未参加工伤保险，于2016年6月21日作出关于赵某某申请先行支付工伤保险待遇的处理决定书，决定赵某某的工伤保险待遇不能纳入工伤保险基金支付范围。

赵某某不服该决定，于2016年7月5日向巫山县人民法院提起行政诉讼，诉称巫山社保局行政行为错误，请求判决撤销该决定并责令

其重新作出决定。败诉后，其又上诉至重庆市第二中级人民法院。

**裁决理由**

重庆市第二中级人民法院认为，赵某某所在单位一直未为其参加工伤保险，自始未缴纳工伤保险费用。赵某某因工作原因受伤后，经工伤认定程序依法认定为工伤，后经仲裁、诉讼，生效民事判决确认由用人单位支付其工伤保险待遇，但用人单位暂无可供执行的财产支付其应享有的工伤保险待遇。其情形完全符合《社会保险法》第41条第1款和人力资源和社会保障部令第15号《社会保险基金先行支付暂行办法》第6条第2款规定的先行支付工伤保险待遇的条件。巫山社保局作出的赵某某的工伤保险待遇不能纳入工伤保险基金支付范围的处理决定违反了上述法律规定，与上述法律规定所体现的保护劳动者合法权益的法律原则相违背。

---

本案中，袁某因工死亡被认定为工伤，因某物流公司未为袁某缴纳工伤保险，应当依法向袁某近亲属支付工伤保险待遇，但某物流公司拒不支付，且因无财产可供执行，法院作出终止执行裁定书，符合法律规定的可以先行支付的条件。

## 胜诉指引

### （一）熟知法律规定和案件办理流程是胜诉的必备条件

本案案情并不复杂，袁某属于工亡无争议，但却历经6年当事人权益才真正得到实现。本案特殊之处在于，某物流公司管理层在该案件发生之后就潜逃了，劳动者虽然获得了南京市人社局作出的工伤认定决定书，却无法联系到用人单位，无法取得工伤保险待遇。

如果仅局限在如何查找某物流公司的财产线索，或者突破公司有限责任直接追究某物流公司股东责任等常规思考路径，本案基本陷入死局。代理律师仔细梳理现行法律规定，摆脱固化思维，多角度寻找困境破解之法。工伤保险先行支付制度是在劳动者因为用人单位（或第三方侵权人）的原因，难以获得工伤保险待遇时一项很容易被忽略的救济手段。

## (二) 充分准备，提高与政府机构的交流效率

2004 年施行的《工伤保险条例》规定，未缴纳工伤保险的劳动者发生工伤或者患职业病，其工伤保险待遇由用人单位承担。在现实中，由于用人单位的强势地位，劳动者要想获得工伤保险待遇，必须克服多重维权障碍：为逃避支付劳动者工伤保险待遇的义务，一些用人单位千方百计否认劳动关系和工伤事实，使劳动者不得不经过劳动仲裁、民事诉讼和行政诉讼的一审、二审等法律程序，从而增加劳动者的时间成本和其他维权成本。即便劳动者通过重重障碍，获得了对用人单位的求偿权，一些用人单位也会通过转移财产等方式使劳动者无法成功获得赔偿。

2011 年 7 月生效的《社会保险基金先行支付暂行办法》进一步完善和细化了先行支付制度。2014 年发布的《工伤保险先行支付制度实施三周年调研报告》中，经过社会各界的努力，工伤保险先行支付制度的成功个案逐步显现，施行的范围逐步扩大，但仍未在全国范围内形成示范效应，有些成功案例未摆脱“特事特办”的色彩，或者需要通过行政复议或诉讼才能成功。问题主要表现在以下几个方面：未参保工伤职工仍很难顺利申请先行支付；社保机构仍以没有实施细则等为由拒绝接受申请；社保机构增设受理和支付条件；先行支付后追缴的成功率低等。

本案发生于 2014 年，在确定适用工伤保险先行支付制度维护委托人权益后，我们通过对广州市（用人单位注册地、财产所在地）与南京市（工作所在地）法院相关司法判决进行检索，发现先行支付制度在广州践行更为广泛，通过电话咨询两地社会保险基金管理中心后，我们决定选择向广州市白云区社会保险基金管理中心申请先行支付。

由于是异地办理申请事宜，我们在前往之前就通过电话咨询的方式核实了申请所需填写、提交的材料，并查找、打印相关判决，一并提交给社会保险基金管理中心，较为顺利地解决了此事。

### （三）正义感和使命感是律师工作的助推剂

本案是一起劳动者工亡，用人单位未为其缴纳工伤保险，且无财产可供执行的典型案件。整个案件办理持续 6 年之久，涉及南京与广州两个城市。先行支付制度在当时适用面积小，社会保险基金管理中心的一些工作人员对该制度不甚了解。用人单位负责人潜逃，先行支付工伤保险待遇后，社保机构通常面临无法从用人单位处实现追偿的情况。为了案件的顺利办理，承办律师与相关司法、行政机关多次沟通，不断跟进、推进案件进程。

劳动者寻求专业法律服务的意识较差，加之律师费支付能力有限，能够获得真正专业法律帮助的机会偏低。这就需要劳动法专业的律师保持正义感和使命感，特别是在一些劳动者极为弱势的情况下，及时伸出援手。

# 第六章

# 商业秘密与竞业限制

# 用人单位不得以默示方式中途解除或终止竞业限制协议

## ——张某与某节能股份公司竞业限制纠纷案

关键词 竞业限制　解除　终止　明确告知

### 基本案情

张某于 2014 年 3 月入职某节能股份公司，从事国际贸易工作，双方签订了《劳动合同书》及《员工竞业限制协议》。

《员工竞业限制协议》约定，公司在员工离职时，先预付第一季度的竞业限制经济补偿，从第二季度开始，公司在员工提供确切的就业单位（或未就业证明）及个人账号后，按季度向员工支付竞业限制经济补偿。同时约定，出现下列情形之一的，协议自行终止：公司不履行预付第一季度的竞业限制经济补偿的义务；但是，因员工未能提供确切的就业单位（或未就业证明）及个人账号，致使公司无法向员工支付竞业限制经济补偿的，本协议仍然有效。员工应在离职后 3 个月内如实提供确切的就业单位（或未就业证明）及个人账号。

2019 年 4 月 30 日，张某辞职。公司未预付第一季度的竞业限制经济补偿，也未告知张某是否需要遵守竞业限制约定。

2019年8月2日，张某入职新公司，按照《员工竞业限制协议》约定向公司邮寄与新公司签订的《劳动合同》及情况告知函，说明就业情况、提供个人收款账号。张某认为公司应当支付竞业限制补偿。

公司认为，公司在张某离职时没有根据竞业限制协议约定预付竞业限制补偿的行为，即表明竞业限制协议已经终止。张某离职后无须履行竞业限制义务，公司也不用支付张某竞业限制补偿。

由于无法达成一致，张某先后提起劳动仲裁和诉讼，要求某节能股份公司支付竞业限制补偿款211,664.5元。

双方争议焦点为：双方签订的《员工竞业限制协议》是否因公司未按约定预付竞业限制补偿而终止？

本案经过劳动仲裁、一审、二审，无锡市中级人民法院确认由某节能股份公司支付张某竞业限制补偿款211,664.5元。

## 法律分析

### （一）竞业限制协议的法律性质

劳动者在职期间，基于忠诚义务非经用人单位许可不得到其他用人单位兼职，也不得从事与用人单位有竞争性的同类或类似工作，这种竞业限制无须约定即属于法定义务。但是劳动关系解除后，劳动者无须继续履行其对原用人单位的忠诚义务，享有自由择业的权利包括选择与原用人单位有竞争性的工作。为了保护商业秘密、抑制或削弱竞争对手的竞争、保持自身的竞争优势，用人单位对掌握核心商业秘密的人员在终止劳动关系后，对其重新择业进行限制并给予劳动者补偿，这就是竞业限制制度。竞业限制协议为双方意思表示一致的结果，是双务合同。因此，竞业限制义务为约定的竞业限制义务，该协议一经成立生效对双方当事人都有约束力，因此用人单位或劳动者都不得随意解除该协议，否则应该承担相应的法律后果。我们认为，竞业限制协议虽然是双务合同，但却具有不平等性，用人单位掌握更多的主动权，具体表现在：

1. 用人单位有权决定是否签订竞业限制协议。

在是否签订竞业限制协议的问题上，完全取决于用人单位意愿。如果用人单位提出要与劳动者签订竞业限制协议，劳动者处于劳动关系中弱势的一方，一般很难拒绝用人单位的要求。

2. 用人单位有权决定与哪些劳动者签订竞业限制协议。

虽然《劳动合同法》第 24 条对适用竞业限制的人员进行了规定，竞业限制的人员限于用人单位的高级管理人员、高级技术人员和其他负有保密义务的人员。但是该法条的表述较开放、概括，对用人单位限制有限，“负有保密义务的人员”的范围很大程度上仍取决于用人单位的判断。

3. 用人单位有权决定竞业限制协议的内容。

法律规定，竞业限制的范围、地域、期限由用人单位与劳动者约定，竞业限制的约定不得违反法律、法规的规定。在实务中，竞业限制协议一般由用人单位提供格式模版，具体条款均由用人单位拟定，劳动者对协议的内容只能接受，无法更改。

4. 用人单位有权决定竞业限制协议是否履行。

用人单位在决定竞业限制协议是否签、与谁签以及签什么之外，还享有单方面解除竞业限制协议的权利。最高人民法院《关于审理劳动争议案件适用法律若干问题的解释（四)》（2021 年 1 月 1 日失效）第 9 条规定：“在竞业限制期限内，用人单位请求解除竞业限制协议时，人民法院应予支持。”江苏省高级人民法院、江苏省劳动争议仲裁委员会《关于审理劳动争议案件的指导意见》第 13 条第 3 款规定，用人单位在竞业限制期限届满前已通知劳动者解除竞业限制条款，劳动者请求用人单位继续履行竞业限制条款并支付经济补偿的，不予支持。通过上述法规可以看出，法律赋予了用人单位对竞业限制协议享有单方解除权。竞业限制协议对劳动者的自由择业权作出限制，用人单位需要支付劳动者合理对价。但是竞业限制协议的本质是为了维护用人单位的利益，同时用人单位在竞业限制协议中处于优势地位，因此在处理竞业限制协议纠纷中，应当注意保护劳动者的合法权益。特别是当竞业限制协议存在突破法律限制劳动者权益时，应排除适用。

### （二）《竞业限制协议》能否以默示的方式解除

本案中，用人单位认为其无须支付竞业限制补偿，理由是：双方签订的《员工竞业限制协议》约定公司不履行预付第一季度的竞业限制补偿的义务时，协议终止。张某离职时，公司并未向其预付第一季度的竞业限制补偿，因此竞业限制协议随即自行终止，双方不再履行竞业限制协议，公司无须向张某支付竞业限制补偿。根据用人单位的抗辩，本案在劳动仲裁以及法院一审阶段，裁判者均认为依据双方协议约定，用人单位可以以拒不支付竞业限制补偿的行为，即以默示方式解除竞业限制协议。我们认为，即使竞业限制协议有相关约定，本案用人单位也不得以默示方式解除竞业限制协议。理由如下：

1. 竞业限制协议约定不明时，应作出不利于格式条款提供方的解释。

本案中，张某认为公司应以明确的方式告知其解除竞业限制协议，而公司则认为其没有支付第一季度竞业限制补偿的行为足以构成以默示方式解除双方竞业限制协议。在这种情况下，根据法律规定，应作出对《员工竞业限制协议》的提供方，即对用人单位不利的解释，宜认定拒绝应以明示方式作出。

2. 法律规定用人单位行使协议解除权应以明示方式行使。

最高人民法院《关于审理劳动争议案件适用法律若干问题的解释（四）》（2021年1月1日失效，但下述第9条内容在当日生效的最高人民法院《关于审理劳动争议案件适用法律问题的解释（一）》中仍旧存在）第9条规定，在竞业限制期限内，用人单位请求解除竞业限制协议时，人民法院应予支持。根据最高人民法院司法解释的规定，用人单位“请求解除”必然是明示的方式。

江苏省高级人民法院、江苏省劳动争议仲裁委员会《关于审理劳动争议案件的指导意见》第13条第3款规定，用人单位在竞业限制期限届满前已通知劳动者解除竞业限制条款，劳动者请求用人单位继续履行竞业限制条款并支付经济补偿的，不予支持。根据该指导意见，用人单位解除竞业限制应通知劳动者，且用人单位应对已有效通知劳动者承担举证责任。

3. 参考平等民事主体间单方解除权的条件，用人单位作为竞业限制协议中强势的一方，也应在解除竞业限制协议时履行通知义务。

《民法典》第565条规定："当事人一方依法主张解除合同的，应当通知对方。"该条源自原《合同法》（2021年1月1日失效）第96条规定："当事人一方依照本法第九十三条第二款、第九十四条的规定主张解除合同的，应当通知对方。合同自通知到达对方时解除。"原《合同法》及《民法典》合同编均为调整平等民事主体的法律，在地位平等的民事主体之间，享有单方解除权的一方尚需要履行通知义务，方能解除合同。那么，用人单位作为竞业限制协议中强势的一方更应当明确地通知劳动者，方能解除竞业限制协议。

## 参考案例

**案例：**用人单位在劳动者离职时即应明确告知是否须履行竞业限制义务——2018年北京市人力资源和社会保障局发布典型案例

### 基本案情

周某于2015年11月1日入职某信息科技公司，从事研发类工作，双方订立了为期3年的劳动合同。在该劳动合同中，双方约定，周某的月工资为3万元；离职后一年内周某负有竞业限制义务，每月竞业限制经济补偿的数额为1万元；如果周某违反竞业限制义务，则应当按照全部竞业限制经济补偿的3倍向某信息科技公司支付违约金；是否需要履行竞业限制义务以离职时某信息科技公司发出的通知为准。2017年6月1日，周某本人提出离职，在签署公司印制的离职交接清单时，其中有"如本人收到公司发出的竞业限制经济补偿通知，则本人将严格履行竞业限制义务。如本人未收到公司发出的竞业限制经济补偿通知，则公司无须向本人支付竞业限制经济补偿且本人无须履行竞业限制义务"的规定。2017年8月15日，周某入职某快递公司。2017年9月1日，某信息科技公司向周某发出履行竞业限制义务通知，其中列明某快递公司为竞争对手。同日，某信息科技公司向周某的银行账户转账支付了竞业限制经济补偿 12 万元。2017 年 9 月 15 日，某信息科技公司向仲裁委提出仲裁申请，要求周某返还竞业限制经济补偿 12 万元、支付违约金 36 万元并继续履行竞业限制义务。

**裁决理由**

仲裁委审理后认为，某信息科技公司在周某离职后 3 个月才告知其需要履行竞业限制义务，这种做法明显限制了劳动者的就业权利，应属无效，故周某无须履行竞业限制义务，无须向某信息科技公司支付违约金；某信息科技公司也无支付竞业限制经济补偿的义务，故周某须返还该竞业限制经济补偿。

## 胜诉指引

### （一）详尽分析案情，迎难而上

本案是跨地区、以弱胜强的典型案例。

本案中，我方代理劳动者张某。某节能股份公司是江阴市知名上市公司。本案争议较大，劳动仲裁和法院一审均在江阴市，其难度可想而知。在接受委托前，我们对案情进行详尽分析，告知张某本案存在较大争议，且在具体争议点上劳动仲裁和法院存在自由裁量空间，存在败诉风险。出于对承办律师业务能力和专业素养的认可，张某毅然决定全程委托我们代理。

### （二）紧扣争议焦点，综合运用法律规定

本案的核心焦点是，双方签订的《员工竞业限制协议》是否因公司未按约定预付竞业限制补偿而终止？围绕这一焦点，承办律师结合案件事实，综合运用了《劳动合同法》、《江苏省劳动合同条例》、原《合同法》，以及相关司法解释、指导意见，阐述劳动者有足够的理由相信竞业限制义务没有免除，同时，

指出用人单位的观点缺乏法律依据，用人单位的行为不符合法律规定。

### （三）不畏失败，坚持正确方向

经过审理，劳动仲裁和一审法院均采信了公司观点，认为公司在张某离职时没有根据竞业限制协议约定预付竞业限制补偿的行为，即表明竞业限制协议已经终止。这对我方极为不利。但我们坚信，我方对法条的理解是正确的，结合本案事实，我们的观点更有说服力。抱着上诉不行就申请再审的决心，承办律师向无锡市中级人民法院提起上诉。

### （四）把握机会，以子之矛，攻子之盾

诉讼案件办理，不仅考验着承办律师的法学理论功底、法条熟练程度、证据组织能力，也考验着承办律师的应变能力及对案件走向的把控能力。多年的诉讼实务经验告诉我们，充分利用对方证据中对我方有利的信息，找出对方陈述中的自相矛盾之处，更容易让法庭采信我方观点。

二审庭审调查中，当合议庭向用人单位询问“为何张某辞职时不按约定支付竞业限制补偿”时，用人单位代理人回应“张某是2014年入职的，其间公司的人事管理人员多次变更，竞业限制协议未和张某的劳动合同一起放在档案中，故没有注意到还有竞业限制协议未解除”。承办律师敏锐地发现用人单位的这一陈述与其主张张某离职时已告知不需要履行竞业限制协议的陈述相矛盾，及时抓住这一点，进一步强调基于这一事实，表明用人单位不可能在张某离职时告知不需要履行竞业限制协议，因为当时用人单位连是否与张某签订过竞业限制协议都不清楚。

最终，二审法院采信了承办律师的观点，撤销一审判决，支持了张某的全部诉讼请求。

# 违反竞业限制义务约定集体跳槽引发的法律问题

## ——某科技公司与6名员工竞业限制纠纷案

关键词 竞业限制 集体跳槽

### 基本案情

北京K公司为国内知名科技公司（以下简称K公司），产品为人脸识别技术，总部设立于北京。为拓展市场的需要，在全国各地派驻有管理及技术人员，其中在W城派驻了13名员工负责当地的销售及技术支持，该13人团队由马某、王某（马某未婚妻）与刘某负责管理运营。因该13人长期派驻扎根W城，掌握了W城及周边城市的业务市场、客户、技术需求，该13人团队在马某和刘某负责下逐渐脱离了K公司的统一管理，出现"割据"的迹象。

2017年4月初，K公司以邮件方式要求13人至北京总部进行项目工作梳理，但该13人并未按要求抵京，K公司判断13人团队可能已处于失控状态。2017年6月，K公司派员至W城，计划与该13人进行现场工作交接梳理，但是当日抵达W城办公室后，仅有2名员工出现在现场，且拒绝进行工作汇报。3日后，13名员工集体向K公司提出辞职，K公司在W城数年的市场铺点成果一夜不复。根据K公司的判断并结合律师给出的建议，在13名员工离职后，K公司逐一向其发出了要求履行竞业限制义务的通知。在此之后，K公司将W城的办公室退租、腾退清场后返回北京。

2017年6月，马某等人在W城设立M广告公司，王某（马某未婚妻）为股东，并租赁了原办公场地作为M公司的实际经营地址。

2017年9月，马某以一家C公司的总经理名义参加某省会城市重大项目集中签约仪式，并有公开媒体报道可查。2017年11月，马某继续以C公司负责人名义参加了W城人才项目路演，路演项目与人像大数据有关。

K公司判断原13名员工仍作为团队加入了新公司，并正在从事与K公司相竞争的业务或工作，故委托律师分别在K城和北京对13名员工提起劳动仲裁，其中K城涉及员工人数为6人，相关的仲裁请求如下：

（1）裁决6名员工违反竞业限制义务；

（2）要求停止违约行为、支付赔偿金、返还K公司已经支付的竞业限制经济补偿；

（3）要求该等员工继续履行竞业限制义务。

因劳动仲裁超过法定期限未作出裁决，本案后起诉至法院，诉讼请求同劳动仲裁阶段。

## 法律分析

### （一）竞业限制义务的法律规定

竞业限制是指员工在职期间或者在劳动关系解除或者终止后一定期限内，不得到与本单位生产或经营同类产品、从事同类业务的有竞争关系的其他用人单位任职，或者自己开业生产或者经营同类产品的一种制度。

《公司法》第148条中主要对董事及公司高级管理人员在职期间竞业限制作

出了如下规定："董事、高级管理人员不得有下列行为：……（四）违反公司章程的规定或者未经股东会、股东大会同意，与本公司订立合同或者进行交易；（五）未经股东会或者股东大会同意，利用职务便利为自己或者他人谋取属于公司的商业机会，自营或者为他人经营与所任职公司同类的业务……（八）违反对公司忠实义务的其他行为。"

《劳动合同法》中关于竞业限制主要为：

第23条第2款："……对负有保密义务的劳动者，用人单位可以在劳动合同或者保密协议中与劳动者约定竞业限制条款，并约定在解除或者终止劳动合同后，在竞业限制期限内按月给予劳动者经济补偿。劳动者违反竞业限制约定的，应当按照约定向用人单位支付违约金。"

第24条："竞业限制的人员限于用人单位的高级管理人员、高级技术人员和其他负有保密义务的人员。竞业限制的范围、地域、期限由用人单位与劳动者约定，竞业限制的约定不得违反法律、法规的规定。

在解除或者终止劳动合同后，前款规定的人员到与本单位生产或者经营同类产品、从事同类业务的有竞争关系的其他用人单位，或者自己开业生产或者经营同类产品、从事同类业务的竞业限制期限，不得超过二年。"

最高人民法院《关于审理劳动争议案件适用法律问题的解释（一）》（以下简称《司法解释（一）》）中对于竞业限制的经济补偿标准、解除和违约后的继续履行规则进行了补充。

### （二）本案中对员工违反竞业限制义务认定的依据

1. 员工离职后的行为反常，存在违反竞业限制的嫌疑

本案中，在K城起诉的案件中涉案的6名员工（以下简称6名员工）在职期间均与K公司签署了《保密协议》及《竞业限制协议》，其中对竞争业务、竞业限制行为、员工新就职后的告知业务、竞业限制经济补偿、违反竞业限制的违约金等作出了约定。

6名员工离职后未按照《竞业限制协议》的约定向K公司告知新的就职情况，K公司多次书面通知要求履行告知义务，均未得到回应，其中有多人拒绝

签收K公司发出的书面邮件。6名员工在一审庭审中自述离职后均进入M公司工作，与M公司签订劳动合同。基于下列理由，我们在庭审中将法官思维引导向该等员工在M公司工作实则为“以合法形式掩盖非法目的”的活动：

第一，M公司的经营范围主营业务为“广告、电视节目制作、会议展览服务”，这些业务与马某及本案6名被告原教育背景、就职经历、职业技能等大相径庭，相关人员不可能从事该等实际工作。

第二，M公司的经营范围中“计算机软件的研发、技术转让、技术咨询及技术服务”与K公司经营范围中“技术开发、技术咨询、技术服务”存在重合，属于竞业禁止业务。

第三，为确认M公司的经营地址，K公司委托律师前往该M公司工商登记中注册地址进行了实地探访，发现该地址实际为社区活动中心，未发现M公司在该地址开展经营活动，而在K公司原在W城的办公场地发现了标注有M公司logo的办公室。

第四，经搜索网络公开平台，C公司在网络上公开招聘中所载公司地址与M公司的实际经营地址一致。

第五，C公司的经营范围与K公司几乎完全一致，且马某在K公司离职后多次以C公司负责人的身份公开出席活动，并实际从事与K公司业务相竞争的业务。

因此，我们认为M公司必定是该等人员为掩盖非法目的而设立的外壳，再者，M公司的经营范围中也存在与K公司存在竞争的业务，6名员工实际上违反了竞业限制协议约定。通过上述推理，我们成功在法官心中勾画了6名员工违约的印象，使得法官内心对该等员工实施违约行为有了初步的内心确认。

2.6名员工实际上正在实施违约行为

在帮助法官建立初步的内心确认后，我们开始向法院申请调查取证，对M公司、C公司的经营地址、经营情况（包括人员、财务、业务）等数据进行调查，搜集更为直接、有效的证据。但是，因为申请法官调查取证将给法官增加额外的工作量，常态下法官并不会接受类似的申请。

因此，在前期与主审法官沟通时，法官一致抱着观望和犹豫的态度。但是我们并未放弃努力，继续搜集证据，不断地给法官提供更多间接的信息，循序渐进地增强了其内心的确认。在本案第二次庭审后，法官要求6名员工本人必须到庭陈述目前的就职情况，但是6名员工没有任何人出席庭审，这一举动彻底激发了法官的情绪，在此次庭审后法院立即组织人员对本案事实进行调查，主要调查事项有：①核实M公司的注册地与实际经营地是否一致；②核实C公司的注册地与实际经营地是否一致；③走访K公司原在W城的办公场地。

在借助法院的调查取证结果后，本案取得了实质性的进展，经法院调查后，取得如下证据、确认了如下事实：

①M公司的实际经营地在K公司原办公场地，同时C公司也在该场地开展经营活动。

②在办公场所张贴板、签到表、考勤表、工资表中仅在形式上将M公司、C公司的人员、财务进行刻意的区分，但是实际上该两公司的人员、财务混同，且两公司均由马某担任实际管理者；

③在电脑中调取到的业务往来邮件显示，相关人员仍在从事与K公司相竞争的业务。

上述证据对于认定6名员工违反竞业限制义务的行为至关重要，也直接呈现了本案争议事项的全貌，相关证据也直接成为法官在判决中认定6名员工违约的直接证据。

### （三）K公司是否有权要求6名员工返还已领取的竞业限制经济补偿、支付违约金

在大量的间接证据结合法院调查取证获得的直接证据后，6名员工违反竞业限制义务前提已然成立，根据《竞业限制协议》的约定，员工在竞业限制期限内违约的，应当承担违约金并且返还已领取的竞业限制经济补偿。

### （四）继续履行竞业限制义务的依据及现实意义

考虑到本案进行中，6名员工的竞业限制期限未到期，在确定6名员工违反竞业限制义务后，K公司根据《司法解释（一）》第40条内容提出要求员工继续履行相关的义务，本案判决支持了该请求，有力地保障了K公司的合法权

益。正如上海市第一中级人民法院在《竞业限制纠纷案件的审理思路和裁判要点》中阐述的：竞业限制保护的是用人单位的商业秘密，但劳动者对已发生的违约行为承担责任并不意味着该法益得到完整、永久的保护。劳动者违约后，仍可能在竞业限制期限内实施新的违约行为，导致用人单位的商业秘密继续存在泄露风险。因此在竞业限制期内，劳动者违反竞业限制约定并承担违约责任后，如用人单位提出要求劳动者继续履行竞业限制协议的诉讼请求，法院应在明确履行期限的情况下依法予以支持。这一裁判倾向有力地保障了企业的商业秘密，也一定程度上保障了市场竞争的有序性。

## 参考案例

### 案例一：某克电气公司与陈某等19名员工竞业限制纠纷——2022年苏州法院劳动人事争议十大典型案例

**基本案情**

某克电气公司（以下简称电气公司）系国际知名吸尘器领域企业，前期加大技术研发与人员培训，已投入巨资，并取得技术突破和行业优势。在此期间，电气公司与其研发部陈某等19名技术人员订有《保密协议》，明确从在职期间开始补偿并设定离职后的竞业限制条款。2019年，陈某等19名技术人员在短期内相继辞职，陆续加入第三方公司设在苏州的子公司。不久后，该第三方公司即开始在电商平台销售具有类似技术特征的吸尘器产品，产地标明该第三方公司所在城市。第三方公司与电气公司生产经营范围虽不完全重合，但曾与其设在苏州的子公司共同申请过有关专利。电气公司知悉后，要求该19名离职技术人员返还已付竞业限制经济补偿，支付竞业限制违约金并继续履行《保密协议》中的竞业限制义务。经劳动仲裁，电气公司起诉至一审法院。

**裁决理由**

法院经审理认为，依法订立的《保密协议》中的竞业限制条款具有约束力。掌握专利技术特征的员工集体离职后进入与第三方公司，该第三方公司登记生产经营范围与电气公司部分重合，且与其在苏子公司共同申请过有关专利，诉讼中未提供反驳证据，应当合理推定二者存在同业竞争关系，员工行为严重违反竞业限制约定。本着对企业创新发展的鼓励，对市场竞争秩序的维护以及对违约失信人的惩罚，判令涉事员工合计支付违约金 340 万元，并继续履行竞业限制义务至约定期限届满。

---

竞业限制义务人违反竞业限制义务给企业造成的损失难以确定，且其又主张约定的竞业限制违约金过高要求减少的，应当综合考虑企业竞业限制经济补偿情况、商业秘密等涉密事项形成成本与市场价值、劳动者违约情节与恶意程度，以及劳动者履行能力等要素，在适度体现对违约行为惩罚性的前提下，合理确定违约金金额。

劳动法上的竞业限制制度逐渐受到企业关注与重视。《劳动合同法》第 23 条、第 24 条规定，用人单位与劳动者可以就商业秘密和与知识产权相关的保密事项在劳动合同或者保密协议中约定竞业限制条款。用人单位应当给予劳动者经济补偿。劳动者违反约定，在竞业限制期限内去有竞争关系的其他用人单位，或者自己开业生产或者经营同类产品、从事同类业务的，应当按照约定向用人单位支付违约金。竞业限制期限，不得超过两年。本案相较于一般竞业限制纠纷，呈现相约型、团队化、隐蔽性的新特点，19 名技术员工陆续“出走”，“借壳”规避竞业限制义务，对受侵害企业而言，一则违约事实证成的难度较大，二则对失信违约人精准追责、适度惩戒的把握较难，三则对法院此类群体性劳动争议纠纷妥善处理的要求较高。由于劳动法对竞业限制违约金调整规则未有特别规定，本案一、二审法院在保护商业秘密与支持自由择业、竞业限制约束与人才合理流动之间寻求最佳平衡点，探索司法规则合理确定违约金金额，有效实现劳动者自由择业权、企业商业秘密权及整个社会自由竞争需求的价值兼顾，收到社会各界良好反响。

## 参考案例

**案例二**：赵某等10人与北京市海淀区某培训学校竞业限制纠纷——北京市第一中级人民法院（2015）一中民终字第02738号等

### 基本案情

赵某等人于2011年9月5日入职某学校，月工资标准为8000元。某学校每月10日左右发放上上月26日至上月25日的工资，某学校向赵某等人支付工资至2014年2月25日。

赵某等人在职期间与某学校签订有《劳动合同》《知识产权保护和竞业禁止协议》及《保密协议》。其中，《知识产权保护和竞业禁止协议》第9条载有："在乙方的聘用期限内及其与甲方雇佣关系解除或终止后的壹年内，乙方不得从事下列竞争性活动：1. 直接或间接到与甲方经营同类产品、从事同类业务的有竞争关系的其他用人单位；2. 自己直接或间接开业经营同类产品、从事同类业务。乙方承担竞业禁止的区域为：全国范围内（港澳台地区除外）"；第10条载有："在乙方离职时，双方协商同意由甲方按月按乙方离职上一年度月平均工资的50%向乙方支付保密和竞业禁止补偿费，支付时间为乙方离职之日起至乙方承担竞业禁止期限届满之日止……"；第11条载有："如果乙方违反竞业禁止约定的，应当向甲方支付违约金，数额为甲方应向其支付的竞业禁止补偿费的五倍"。

2014年3月5日，赵某等10人向某学校送达特快专递，邮件内含辞职申请书，申请书内容为："尊敬的学校人力资源部：您好！由于个人职业规划和一些现实因素，经过慎重考虑之后，特此向公司提出辞职申请，敬请批准！在这里，特别感谢各位领导在过去的工作、生活中给予的大力支持与帮助；感谢所有给予过我帮助的同事们。望批准我的申请，并请协助办理相关离职手续。"某学校认可2014年3月5

日之后赵某等人未再为该单位提供劳动。

关于赵某等人在职期间工作岗位，某学校主张赵某等人在学校担任教职人员（招聘负责人、区域主任、教师等岗位）。赵某一方对此持有异议，主张其为教授小学课程的专职教师，具体教授课程情况不清楚。

关于赵某等人离职后的就业情况，某学校主张赵某等10人离职后均入职与其单位存在同业竞争关系的北京某优才教育科技有限公司（以下简称优才公司）。

一审诉讼庭审过程中，就赵某等人离职后的工作情况，法院曾做出明确询问。赵某一方先是主张“我方明确：10人离职后均属于无业状态”，后又当庭改称“10人离职后曾经在优才公司兼职，10人是2014年6月去优才公司”“从事兼职工作，工作内容为教师，工作至今”“10人除在优才公司兼职外，无其他工作”。学校对赵某等人的上述陈述持有异议，主张赵某等人在优才公司为正式工作，并非兼职。

为调查核实本案涉案情况，法院依法向北京市海淀区社会保险基金管理中心（以下简称海淀社保中心）、北京市石景山区地方税务局（以下简称石景山地税局）进行调查取证。海淀社保中心向法院出具赵某等10人社会保险缴纳情况查询结果。查询结果显示，赵某等人在某学校的社保“减员”日期为2014年5月，优才公司2014年6月为赵某等人办理社保“增员”；石景山地税局向法院出具优才公司2014年6月至8月个人所得税明细申报表，其中显示赵某等人在2014年6月至8月均有个税代扣代缴记录，申报表在赵某等人“所属部门”一栏登记为“本单位”。赵某等人及某学校对法院调取的上述材料真实性均不持异议。

**裁决理由**

首先，某学校作为民办非企业单位，劳动合同法并未排除该类用人单位对竞业限制规范的适用，而赵某等人曾任某学校的教师，掌握教育培训技能和相关信息，属于竞业限制的人员范围，故双方所签订的《知识产权保护和竞业禁止协议》中的竞业限制条款合法有效，赵某等人应当按照该协议的约定，履行竞业限制义务。

其次，赵某等人主张某学校未依双方约定支付竞业限制经济补偿，但竞业限制经济补偿的实际履行情况并不影响竞业限制条款的效力。

最后，关于违约金的计算问题。法院认为，劳动者违反竞业限制约定的，应当按照约定向用人单位支付违约金。本案中，某学校于2014年3月11日向赵某等人发放的领取工资通知单属于其单方意思表示，双方竞业限制经济补偿的金额仍应以双方在《知识产权保护和竞业禁止协议》中的约定金额为准。赵某与其同批诉讼的劳动者自某学校离职后便任教于与该学校存在同业竞争关系的优才公司，从事同类教育培训工作至今，势必会对某学校的竞争力和商业秘密保护产生不利影响，其应当对其自身违反竞业限制义务的行为承担相应的法律后果。法院综合考虑全案案情并依据双方有关竞业限制违约金条款的约定，认定赵某等人在离职后一年内需遵守竞业限制义务并应依法向某学校支付违反竞业限制义务的违约金并无不当。

## 胜诉指引

### （一）如何打破竞业限制案件“取证难”这一障碍

正如上海第一中级人民法院在《竞业限制纠纷案件的审理思路和裁判要点》中指出的，劳动者离职后的竞业行为存在多种情形，既包括直接入职或投资同业组织的行为，也包括劳务派遣、关系挂靠、人事代理或股份代持等隐蔽性更强的竞业行为，后几种情形下，劳动者是否存在竞业行为的认定存在较大困难。对劳动者离职后是否从事与原用人单位“同类产品、同类业务”的认定，因专业性较强，仅凭常识往往难以作出准确判断。实践中对于是否仅对营业执照的经营范围进行比对审查存在争议。

我们曾代理过数起竞业限制案件，员工入职新雇主的方式多样，例如，劳务派遣、关联公司入职、就职于新雇主的供应商，因此能够获取的直接证明员工违约的证据几乎难以取得。除了借助力量进行第三方进行调查取证外，我们应该穷尽己力进行证据搜集，比如，社保公积金查询、网络检索（互联网新闻、微信平台等），在笔者代理的一起某培训机构与离职教师竞业限制争议中，甚至曾通过大众点评网站搜索到了多条关于该教师在新任职培训机构教学的评价内容。

## （二）竞业限制义务适用对象的判断与选择

《劳动合同法》第24条规定了竞业限制义务的人员范围，即高级管理人员、高级技术人员和其他负有保密义务的人员。仅有上述三类人员属于适格的竞业限制义务的主体。对于“高级管理人员”的判断，可以参考《公司法》的相关规定；对于“高级技术人员”的判断，可以参考劳动者的职称、在用人单位担任的职务以及工作内容进行综合判定；而对于“其他负有保密义务的员工”的认定，则需要考量员工是否在关键、敏感岗位或者是否能接触到用人单位的商业秘密。

在劳资关系中，劳动者对用人单位一定程度的人身依附性即决定了双方地位的不平等，因而在劳动关系履行过程中，大多数劳动者对于用人单位的要求并不会采取拒绝态度，否则可能会被视为抵抗、不服从，在被施加义务时，通常会以默认的方式接受。而法律对竞业限制义务的人员作出限制即是为了防止用人单位滥用这一权利，无差别、无选择地向非关键岗位的普通劳动者施加义务。如果劳动者不属于法律规定的人员范围，那么用人单位会面临竞业限制约定因主体不适格导致无效的法律后果。

另外，用人单位在要求劳动者履行竞业限制义务的同时，也需要支付一定的“对价”即竞业限制经济补偿，因此企业中全部或大多数员工均履行竞业限制义务时，也必然会给企业带来巨大的经济开销。

### （三）竞业限制双方均应当遵守自身的约定

竞业限制如同一把“双刃剑”，在保障企业商业秘密、市场公平有序竞争的同时，必然限制了劳动者的自由择业，因此《司法解释（一）》中规定对于负有竞业限制义务的劳动者，用人单位应当给予适当的补偿，且不得低于离职前 12 个月平均工资的 30%（不同地区的标准规定不一，在此不予赘述）作为对劳动者履行义务的弥补。另外，《司法解释（一）》中规定因用人单位的原因导致 3 个月未支付经济补偿，劳动者可以请求解除竞业限制约定。因此，一旦劳资双方关于竞业限制经济补偿约定开始履行，用人单位一方应当及时、足额支付竞业限制经济补偿，以免因自身原因导致竞业限制约定被解除。

作为劳动者一方，一旦接受了竞业限制义务，即视为对自己未来就职自由权的部分放弃，在获得竞业限制经济补偿的同时也应当严格履行与用人单位的约定，否则不但会被要求返还补偿金，还将可能面临支付巨额的违约金，一般情况下，竞业限制违约金的金额会远超出劳动者的年收入，一旦被判决支付违约金，对于劳动者个人来说必然会是巨大的经济负担。

# 第七章

# 其　　他

# 工作表现不佳员工劳动合同的协商解除

## ——某外资企业裁员案

关键词 考核 不胜任 协商解除

## 基本案情

### （一）公司情况及解除需求

D公司为设立于常州市某高新技术产业开发区的日商独资企业，母公司为世界著名的汽车零部件制造商。截至2017年，D公司设立已达10年，不少工作年限较长的员工失去了工作热情，在工作中长期拖沓、推诿，而历任总经理均采取了容忍的态度。新任总经理上任2年多后，认为此类员工对公司的工作效率有较大的负面影响，且对其他努力工作的员工极其不公平，故此较为强势地要求各部门负责人对此类员工进行评估和整理，最终罗列出11名被认为表现不佳的员工，希望通过律师的介入来与其解除劳动合同。

### （二）表现不佳员工的基本情况

通过与公司的前期沟通，虽然公司认为该11名员工的情形都是“表现不佳”，但是经过我们分析，认为11名员工可以分为以下3类：

1. 与上司合不来的员工

这一类员工占三四名，大多是公司设立初期就入职的，在公司引进生产线、设备调试、试生产阶段工作非常努力，为公司的顺利投产发挥了重要作用。员工本人在此过程中也学到了与生产、设备相关的许多知识和技能，基本走上了基层甚至中层管理岗位，分别担任了系长、副课长、课长等职务。但是在更换新的上司后，由于性格、工作习惯等不能适应新上司的风格，认为自己的努力得不到认可，工作积极性逐渐消退，对工作甚至发展到了应付、糊弄的程度。而由此又导致上司更加认为其工作态度怠慢、表现不好，上下级关系陷入恶性循环。

2. 工作习惯不适应日企风格的员工

1 名财务课长自身能力较强，但作为其上司的日方派驻部长认为其工作不汇报、不商量，也没有多少工作热情，与其沟通存在较大障碍，无法将自己的要求通过她贯彻到财务部门。在我们后期与该财务课长沟通的情况来看，该财务课长原来是在欧美企业工作的，一次偶然的机会入职这家日企工作，一直无法适应日企凡事多报告、多商量、多联系的企业文化，认为作为财务课长把工作做好，保证结果没有问题即可。而日企的企业文化是过程管理，凡事讲究信息共享、共同决策，工作中需要将计划及各种情况向上级以及相关人员进行报告和商量，及时将相关信息与相关人员进行联系。这名财务课长在欧美企业养成的只需要对工作结果负责的习惯，在日方管理层眼中是一种工作怠慢的行为，认为平时根本不知道其在做些什么，自然对其工作的结果也充满了担心。这是典型的两种企业文化的冲突，除非一方妥协而适应另一方的文化，否则对于双方来讲都会觉得很不满意。

3. 工作绩效确实很差的员工

有几名员工没有特别的原因，就是绩效一直比较差。其中有一名员工特别典型，一开始入职在人事课，从事人事相关工作，因绩效不佳，调岗至经营企划部做经营企划工作。但之后的业绩依旧乏善可陈，几乎很难做成一件让部门领导满意的工作，于是部门领导逐步减少其负责的工作内容，最后只剩下负责在审批好的文件上盖公章这一件工作。但是该日资企业的薪酬有每年普调的制度，普调的比例由公司确定，每人相同，与绩效考核的结果并不挂钩；普调之外还有一定的加薪比例与绩效考核结果挂钩，但也只有加而没有减。因此，虽然该员工常年工作绩效很差，并未为公司提供多少有效的工作成果，但薪资还是随着工作年限的增长而不断增长。

## 法律分析

### （一）工作表现不佳在法律上的理解

很多客户单位平时都会来咨询对工作表现不好的员工如何解除的问题，对于我们律师来讲，并不能通过“工作表现不佳”这个简单的表述来判断法律上的定位从而给出法律解决的途径。我们认为，工作表现不好需要根据其具体“不好”的情况，来区分该员工是违纪问题、严重失职问题还是不胜任问题。如果是员工对公司安排的工作持抗拒态度，不做、拖延的，则属于是主观态度问题，一般公司规章制度对其都有禁止性规定，也会规定相应的罚则，可以依据规章制度对其进行处罚；而如果员工基本按照公司的要求进行了工作，但其结果不能达到公司对其岗位职责的要求，或未完成公司下达的任务目标，则原因在于员工的客观能力不足，属于不胜任的问题，公司只能依据《劳动合同法》第40条第2项以及相关规章制度的规定对其进行调岗或培训。

### （二）不胜任解除的构成要件

根据《劳动合同法》第40条第2项的规定来看，“劳动者不能胜任工作，经过培训或者调整工作岗位，仍不能胜任工作的”用人单位提前30日以书面形式通知劳动者本人或者额外支付劳动者一个月工资后，可以解除劳动合同。通过该内容可以得知，不胜任解除需要满足以下构成要件：（1）劳动者不能胜任工作；（2）经过了培训或调岗；（3）仍不能胜任工作；（4）提前三十日通知或额外支付劳动者一个月工资。

而其中的不胜任工作，根据原劳动部《关于〈劳动法〉若干条文的说明》第26条的规定，是指“不能按要求完成劳动合同中约定的任务或者同工种、同岗位人员的工作量”且“用人单位不得故意提高定额标准，使劳动者无法完成”。从此规定中可以看出，判定员工不胜任工作，其标准有两个，一个是“劳动合同中约定的任务”，另一个是“同工种、同岗位人员的工作量”。在实践中，前者往往有经过劳动者确认的工作职责、任务目标等；而后者可以根据相同岗位、工种的员工正常可以完成的工作量或内容来确定。在部分案例中，也有法官根据岗位性质和特点，认定某些工作内容属于劳动者所任职位应当具备的能力和应该完成的职责。

### (三) 认定员工不胜任中的注意点

1. 考核标准应结合员工岗位职责

根据上文所述可知，判定员工不胜任工作的标准之一是员工不能完成岗位职责要求的工作内容、任务，因此考核标准应结合员工的岗位职责内容、要求来确定，不能以员工岗位职责中没有的标准，或者以超过岗位职责中要求的标准来考核员工。

2. 应明确何种考核结果为不合格

在实践中，我们经常会发现某些用人单位在制订的绩效考核标准中，将结果分为如A、B、C、D、E等若干等级，该类等级往往与升职加薪以及年终奖相挂钩，但是却未规定该类等级中何种等级为不合格。这样往往会导致虽然有考核结果，却无法认定该结果能说明员工的工作表现不合格。

3. 考核结果应有相应的证据作为依据

很多用人单位误以为只要有结果为不合格的绩效考核表，即可证明员工工作表现不合格。而在司法实践中，绩效考核表更多的作用仅能证明用人单位进行了绩效考核，只要劳动者对考核结果不认可，往往需要用人单位提供更多的证据来证明员工有绩效考核表上显示的相应考核内容不合格的具体工作表现或结果，否则很多时候仅有绩效考核表的，法官往往会认为用人单位无法举证证明员工存在不合格情形。

4. “末位淘汰制”须慎行

不少用人单位的考核制度会规定每个等级的比例，也即会规定优秀、良好、合格、不合格等的比例。据说此制度为通用电气原 CEO 杰克韦尔奇所创，曾经风靡一时。但早就在我国的司法实践中被认定为“考核末尾不等于不胜任工作”。

## 参考案例

**案例一：** 某通讯（杭州）有限责任公司诉王某劳动合同纠纷案——最高人民法院第 18 号指导案例

**基本案情**

2005 年 7 月，被告王某进入原告某通讯（杭州）有限责任公司（以下简称通讯公司）工作，劳动合同约定王某从事销售工作，基本工资每月 3840 元。该公司的《员工绩效管理办法》规定：员工半年、年度绩效考核分别为 S、A、C1、C2 共 4 个等级，分别代表优秀、良好、价值观不符、业绩待改进；S、A、C（C1、C2）等级的比例分别为 20%、70%、10%；不胜任工作原则上考核为 C2。王某原在该公司分销科从事销售工作，2009 年 1 月后因分销科解散等原因，转岗至华东区从事销售工作。2008 年下半年、2009 年上半年及 2010 年下半年，王某的考核结果均为 C2。通讯公司认为，王某不能胜任工作，经转岗后，仍不能胜任工作，故在支付了部分经济补偿的情况下解除了劳动合同。

2011 年 7 月 27 日，王某提起劳动仲裁。同年 10 月 8 日，仲裁委员会作出裁决：通讯公司支付王某违法解除劳动合同的赔偿金余额 36, 596. 28 元。通讯公司认为其不存在违法解除劳动合同的行为，故于同年 11 月 1 日诉至法院，请求判令不予支付解除劳动合同赔偿金余额。

**裁决理由**

为了保护劳动者的合法权益，构建和发展和谐稳定的劳动关系，《劳动法》《劳动合同法》对用人单位单方解除劳动合同的条件进行了明确限定。原告通讯公司以被告王某不胜任工作，经转岗后仍不胜任工作为由，解除劳动合同，对此应负举证责任。根据《员工绩效管理办法》的规定，"C（C1、C2）考核等级的比例为10%"，虽然王某曾经考核结果为C2，但是C2等级并不完全等同于"不能胜任工作"，通讯公司仅凭该限定考核等级比例的考核结果，不能证明劳动者不能胜任工作，不符合据此单方解除劳动合同的法定条件。虽然2009年1月王某从分销科转岗，但是转岗前后均从事销售工作，并存在分销科解散导致王某转岗这一根本原因，故不能证明王某系因不能胜任工作而转岗。因此，通讯公司主张王某不胜任工作，经转岗后仍然不胜任工作的依据不足，存在违法解除劳动合同的情形，应当依法向王某支付经济补偿标准二倍的赔偿金。

---

但是，我们也注意到之后的案例并认为，只要施行"末位淘汰制"的企业对劳动者未进行解除，不能简单地认为依据"末位淘汰制"对劳动者进行调岗、降薪的行为为违法。

## 参考案例

**案例二：** 戴某某与某玻璃有限公司追索劳动报酬纠纷案——江苏省苏州市中级人民法院（2017）苏05民终450号民事判决书，最高人民法院2021年第2期公报案例

**基本案情**

戴某某于1996年11月4日进入某玻璃有限公司（以下简称玻璃公司）处工作，为包装股员工，2010年11月起戴某某任包装股课长。2015

年11月18日玻璃公司发布人员配置检讨事的公告，公告如下，人员配置调整办法为：课股/长人数65，年度根据季度奖考绩排名，最后10%予以降职处理等。玻璃公司的2015年度考绩汇总表显示：戴某某排名第43位，共47人，倒数第5名（戴某某对此不认可）。2016年1月4日玻璃公司对戴某某作出人事通知，戴某某被通知前职务为课长，被通知后职务为班长，薪资进行了相应降低。2015年11月玻璃公司接到客户投诉，反映玻璃存在发霉现象。戴某某因此又被申诫和罚款。在履行劳动合同期间，戴某某于2016年7月向昆山市劳动人事争议仲裁委员会申请仲裁，要求玻璃公司支付2015年7月至2016年6月的工资差额21,741.50元、未足额支付工资的经济补偿5435元。该仲裁委员会作出裁决：驳回戴某某的仲裁请求。戴某某不服，向昆山市人民法院提起诉讼。

**裁决理由**

法院认为：劳动者排名末位与劳动者不能胜任工作岗位之间并无必然联系，故用人单位根据末位淘汰制解除劳动关系违反法律规定。但在除解除劳动关系情形之外，末位淘汰制并非当然违法。用人单位根据劳动者的工作业绩安排相对更为优秀的劳动者担任该职务既符合用人单位对于保证和提高产品质量的要求，亦能较大程度激发劳动者的工作积极性，故用人单位依据末位淘汰制调整劳动者工作岗位在一定条件下应予以支持。本案中，玻璃公司与戴某某的劳动合同明确约定玻璃公司根据工作需要，按照诚信原则，可依法变动原告的工作岗位，2016年1月4日玻璃公司根据人员配置检讨时的公告和戴某某2015年度考绩汇总表对戴某某的工作岗位进行调整，调岗后戴某某并未提出异议，应视为戴某某对本次调岗的认可。综上可得，本次调岗不违反双方劳动合同的约定，亦符合《劳动合同法》第35条的规定，应认定为合法，因本次调岗引起的薪资变动亦属合法。现戴某某上诉认为本次调岗违法并要求玻璃公司支付工资差额和经济补偿没有事实和法律依据，法院不予支持。

虽然在实务中，公报案例对法官裁判中的影响力不如指导案例，但我们也需要注意两个案例的区别，即前者用人单位依据“末位淘汰”制度与劳动者解除劳动关系，而后者仅仅是据此判定其不合格而对其调岗降薪。因此，我们可以认为，在用人单位有合理、合法的规章制度规定的前提下，根据诚实信用原则，基于企业生产经营管理的合理需要对劳动者进行考核并据此进行调岗调薪的，在实务中还是可以得到法院支持的。

## 办案经过

### （一）了解企业希望解除的原因，摸清对象员工的情况

由于客户在委托初期所介绍的情况，一则可能存在对法律理解的混淆和偏差，从而导致其描述的原因、情形等与法律上的定位不尽相符，无法区分劳动者工作表现不好是“态度问题”还是“能力问题”，也即无法区分是“违纪”抑或是“不胜任”；二则用人单位是通过管理人员对劳动者进行监督管理，认为劳动者工作表现不好往往是其上司的判断，而上司与劳动者在日常工作中除了正常的工作关系，尚有普通的人与人之间的关系，可能会带有一定的感情色彩，使其介绍的情况因为主观或客观的因素导致与事实可能会有出入。

因此，我们除了向相关对象员工的上司了解其各自的“工作表现不好”的情形外，还单独向人事部门进行了询问。当然，有些内容是通过与员工面谈时，从员工的自我陈述中了解的。通过这些内容的了解，我们可以更加准确地判断相关员工的工作表现究竟属于违纪范畴还是不胜任范畴，进而为我们考虑制订与员工的解除方案提供相对充分的信息。更尽可能地了解员工的性格、家庭及教育背景、工作经历等情况，也有助于我们选择与员工面谈及后续的策略。

另外，公司的绩效考核制度、实际执行情况等，是我们在判断公司是否有足够证据证明相关员工不胜任工作时必须了解的内容。

### （二）确定解除的法律途径

通过我们与公司相关人员的沟通，发现虽然可以分为上文所述的几类情形，但员工绩效确实存在不同程度的不佳。但是在确认公司的绩效考核文件时，发现相关员工的上司因为不愿意面对在考核后向员工解释为何不合格，所以虽然已经多年对其不满意，但历年的考核结果都打的合格甚至良好。而当时正好是对上年度绩效考核完毕但尚未向员工公布的时候，其结果如同往年一样，均为合格或良好。

在我们的法律服务中，发现这种情况是众多企业的通病，上司平时顾虑面子或不敢、不愿意直面员工，往往在员工工作表现不佳甚至犯错时不指出，考核结果也违背本意不打不合格。在考核结果为合格甚至良好的情形下，显然是无法通过不胜任来解除与员工的劳动合同的。更遑论公司在从未意识到需要保留员工表现不好——如拖延工作、被投诉等——证据的情形下如何去证明其工作表现不佳了。

基于以上分析，我们提出虽然公司认为该11名员工工作表现不好，但无法提供任何证据证明，且历年考核均为合格或良好，无法依据《劳动合同法》第40条第2项的不胜任来解除劳动合同。因此，我们提出还是根据《劳动合同法》第36条“用人单位与劳动者协商一致，可以解除劳动合同”的规定，通过与相关员工协商来解除劳动合同。

但是单纯的协商解除与乞求几乎毫无区别，为了让员工感觉公司手上除了协商以外仍有牌可出，我们建议公司修改已经做完但尚未与员工沟通的考核结果，按照实事求是的原则进行重新考核，将相关员工的考核结果全部修改为不合格。并且让相关部门以员工不胜任为前提，考虑好万一员工不同意协商解除时可以将其调往哪个其他岗位。因为即使公司没有足够的证据证明员工不胜任，但并未以此为由解除，仅仅是以此为由进行调岗，即使员工提起劳动仲裁后公司败诉，面临的风险也无非是恢复劳动关系，或者认可员工行使推定解雇权正当从而支付经济补偿。因此，总体来讲风险是可控的，但却可以给员工施加相当的压力，增加公司与员工进行协商时的筹码。

## (三) 制订补偿金方案

在经济补偿方面，我们考虑以下因素：

(1) 解除理由纯粹是协商，公司并未出现经营上的任何异常，也无证据可以证明员工不胜任；

(2) 集团内其他兄弟单位协商解除时的补偿金标准；

(3) 公司要求尽可能减少与员工发生激烈冲突或者劳动仲裁的概率。

基于以上因素，我们律师团队提出了"N+1+3"的补偿方案，即以前12个月平均月薪为基数，计算N（本单位工作年限）+1+3年的补偿金额。

其中的"1"为未提前30日通知的代通知金，会明确告知员工如果晚签1天就会少1/30；其中的"3"为纯粹的额外补偿，作为对在方案公布后3天内签约的一个奖励。

## (四) 面谈协商解除

通过分析和准备，我们在起草打印好《协商解除劳动合同协议书》面谈记录表等文件后，与11名员工分别进行了面谈。面谈的基本程序是先告知其去年的业绩考核结果为不胜任，公司有权根据《劳动合同法》与《就业规则》的相关规定对其进行调岗、调薪，但同时也提供另外一种方案，即公司与员工协商解除，并告知了经济补偿方案。同时，我们根据上文分析的员工"表现不好"的3种类型，采取不同的谈话策略进行说服。

1. 与上司合不来的员工

在面谈开始没多久，此类员工基本就开始诉说公司创建时自己有多么地辛苦，作出了多少贡献，以前的领导对自己有多认可。虽然他们也承认现在工作不在状态，表现确实不如以前，但是不约而同地把原因归结到现在的上司身上，认为是上司不重视他们，甚至对他们的评价不公平，导致他们感觉得不到认可，所以才丧失了工作积极性。

我们对于他们的诉说并未表示反对，而是对他们之前的努力工作予以了肯定，提出让他们从自己的职业生涯角度来重新审视一下自己的职业选择，在与上司合不来的情况下，是否还有价值继续在这家公司耗下去。如果得不到上司的认同，作为眼前利益的升职加薪很难实现，而作为长远利益的通过担任重要工作获得工作能力的提升更加无法实现，而后者对于职业生涯的发展尤为重要。当然，我们也非常直接地指出其目前的工作表现是不合格的，无法得到公司的认可，公司对其进行调岗调薪也是有法律依据的。

我们的意见显然得到了此类员工的认同，基本在当天签署了协商解除的协议，办理了离职手续。

2. 工作习惯不适应日企风格的员工

该名员工实质上与上一类员工非常类似，都是属于员工与公司之间的错配。在面谈开始没多久就向我们抱怨其能力在这家企业根本无法充分发挥，也无法理解为何日资企业对工作的过程管理要如此细致，自己作为一名课长，对工作过程中的安排感觉毫无自主权。

针对此，我们采取与上一类员工相同的策略，将重点放在劝说其变更工作环境，重新回到欧美企业更能实现其价值。唯一不同的是，该名员工并不认为自己的工作表现不佳，一直强调仅仅是工作方法的不同，最终的工作结果并无任何可以指摘的地方。而对于其上司提出的具体事例，如明明收到下午有重要会议通知的，突然安排下午外出，其也表示作为课长有权决定哪一个事项更为重要。因此，该名员工最终同意与公司协商解除劳动合同，但是提出了比公司补偿方案更高的要求。

对于此要求，我们在与公司商讨对策时提出，公司面临一个抉择：要么不同意其要求，按不胜任单方降职降薪；要么同意其要求，协商解除。如果选择前者，则有可能面临一定的法律风险；如果选择后者，则有可能被其他员工获知补偿标准与他人不同，带来额外的争议。此时，其上司又提出两个疑虑：（1）该员工掌握公司的财务数据，其中不乏机密信息，公司希望其绝对保密；（2）由于候任人选尚未决定，在其离职后可能仍有具体工作要向其询问，要求其协助解决。得知此信息后，我们建议公司选择后者，但是并非变动经济补偿标准，而是对该员工设置一个严格的保密及6个月内的离职后工作咨询、协助义务。针对其提出的高于公司补偿方案的部分，公司也并非全盘接受，而是评估了可能需要其配合的工作重要性提出一个公司的方案。

最终通过再次协商，双方达成一致协商解除劳动合同，补偿金标准与其他员工相同，但作为其离职后6个月内对公司后续财务工作的配合、协助以及咨询的对价，在6个月期满后额外向其支付一笔咨询费。

3. 工作绩效确实很差的员工

该名员工的反应最激烈，完全不认同公司对其的评价，也根本不愿意承认其工作中存在任何问题。在其与人事的单独沟通中表示在这个公司的工作“压力不大、收入尚可、离家不远”，与网上流传的“钱多事少离家近”的所谓“理想工作”简直完全吻合。所以我们意识到对该名员工仅仅依靠劝说、讲理是无法让其产生离开公司的意愿的。

对此，我们向公司建议对该名员工采取如下措施：

(1) 根据去年绩效考核不合格的结果，对其职级进行下调，薪资也相应下降；

(2) 根据其岗位职责安排工作，改变目前每日仅对通过审批手续的文件进行盖章的现状。

对于第二条措施，其上司表示了担忧：之前安排给她的工作都做不好，所以她负责的工作才会越来越少，现在又给她安排工作，担心她仍旧做不好。我们表示，现在安排工作的主要目的与之前不同，之前确实希望其完成工作，而现在主要目的在于再次证明其没有能力或者没有意愿完成工作。如没有能力则是不胜任，如没有意愿则是违纪，都有法律途径解决。针对其上司紧接着提出的“如果她做好了怎么办?”的疑问，我们表示，如果该员工按照公司要求完成了工作，则说明其从一个表现不佳的员工转变为一个表现合格甚至良好的员工，那就没有必要与其解除劳动合同了，毕竟公司的目的在于留下好的员工而非一定要将某一个员工赶走。

之后在我们指导下，公司每日将需要完成的工作以邮件方式下达给该员工，明确了对工作结果的要求、期限、报告方式，甚至明确提出如果不清楚如何做的应及时向上司请教，预先堵住了该员工所有的拖延借口。并告知其上司如果发现该员工提交的工作成果不符合要求的，应当及时指出，并要求其改正，改正后仍不符合要求的及时安排他人完成并报告。

在各项措施实施后 2 周左右，该名员工主动提出能否按照之前的补偿标准与公司协商解除劳动合同。由于其超过了公司提出的 3 天以内的期限，所以并没有获得额外的 3 个月的补偿金，代通知金也进行了比例扣减。

## 办案感悟

对于律师来讲，员工纠纷意味着劳动仲裁，意味着诉讼；但是对于用人单位来讲，更多时候希望通过协商、协调来解决劳动纠纷。在员工表现不合格而无明显违纪行为时，其解决途径更是如此。因此，作为一名有经验的律师，在企业客户咨询劳动纠纷时，不能一味地以诉讼的思路去考虑并提出对策，而是将万一发生诉讼的风险仅仅作为考量的因素之一，通盘考虑纠纷解决过程中产生的法律、管理以及心理上的影响及其可能的后果，提出一个对用人单位最为有利的解决方案。

对于此类针对特定员工的解除，我们在实践中总结出以下经验供大家参考：

### （一）要摸清“表现不佳”的具体情况

正如上文分析的那样，用人单位对“表现不佳”在法律上的区分并不是很清楚，因此需要挖掘上司为何认为员工“表现不佳”的真实原因，区分是态度问题还是能力问题，甚至极端的时候可能发现其实员工没有问题，是上司自身存在问题。只有在摸清情况的前提下，律师才能考虑根本性的解决方案和法律路径。

另外，在极少数情况下，我们会发现员工与公司的矛盾其实是员工与个别领导的矛盾，而在此矛盾中，员工其实并没有过错或者说是过错相对较小的一方。虽然在此时，律师几乎无法改变公司决定要解除与该员工劳动关系的决定，但是本着公心以及对企业长期利益的考量，需要我们在具体的解决途径、补偿方案、谈判策略等方面作出相应的考虑，以免给在职的员工造成一种企业欺负老实员工的印象，损害企业的长期利益。

## （二）帮助企业能够坚定成功解除的信心

很多企业因为了解劳动法对于劳动者的倾斜性保护，对于搜集证明员工表现不佳的证据也感到力不从心，更对与员工当面协商解除劳动合同存有心理障碍，加上担心如果被认定为违法解除会导致企业支付赔偿金或者被判令恢复劳动关系，对今后的员工管理造成更为恶劣的影响，因此往往会认为在员工没有明显违纪行为的情形下很难解除与其的劳动合同关系。因此对平时工作表现不好的员工轻易不敢采取严格的管理措施，更遑论解除与其的劳动合同了。

因此在讨论具体解决方案前，首先，要帮助企业树立信心，让管理层认识到企业毕竟拥有比员工更多的资金、智囊、人员等众多资源，作为个人的员工其实不仅在可利用的资源上与企业相比处于严重的劣势，而且在心理上也是以个体对抗一个企业组织，除非有极强大的心理素质，否则在交锋的过程中员工比企业更容易因心理失衡而犯错。其次，也要帮助企业准确评估不解决表现不佳的员工问题给企业带来的负面影响的隐性成本，将其与可能导致的违法解除的后果进行比较，可以使企业作出准确、全面的风险和收益评估，而非仅仅考虑违法解除的负面后果。最后，律师也要通过初步分析给出解决路径的初步方案，并介绍之前的成功经验，帮助企业相信能够在律师帮助下解除工作表现不好员工的劳动合同，避免半途而废。

## （三）管理手段与法律手段相结合

企业在下决心要解除与工作表现不好员工的劳动合同时，员工的不良表现往往已经累计不短的时间，是在员工管理上有或多或少的缺失长期累计的结果，其实质是希望用法律手段来解决管理问题。但是除非公司掌握了充分的证据，否则很难仅仅依靠法律手段来解除与工作表现不佳员工的劳动合同。

如上文所述，企业对表现不佳的员工采取了不会做就不让做的方式，结果导致该员工最终只能承担盖章的工作。但由于企业长期采取了容忍的态度，不可能此时突然提出其未做岗位职责中规定的其他工作内容而对其进行处罚。所以只能按照岗位职责重新开始安排工作，并在律师的指导下采取邮件、书面等方式进行沟通、指令，以保留必要的证据，也即将正常的管理手段与必要的法律取证手段相结合，让对工作抗拒、拖延的员工无处可遁，最终使其认识到无法再像以前一样在公司滥竽充数，才迫使其同意与公司协商解除劳动合同。

### （四）必须打破现状的平衡，让员工走出舒适区

在公司下决心解决员工表现不佳问题之前，员工已经长时间处于一种懒散、拖沓、不负责任的工作状态中。如上文所述，当员工感觉一份工作“钱多事少离家近”时，几乎不可能通过协商让其放弃这份工作。其中的“离家近”一般很难通过公司的手段予以改变，但是“钱多”和“事少”这两项是可以通过绩效考核的结果来予以调整的。一旦改变了现状，员工与企业原有的平衡就被打破，除非双方找到新的平衡，否则只能以激烈冲突或解除劳动关系来解决。而律师的作用就在于帮助企业打破平衡但又不至于带来企业无法承受的过于激烈的冲突，最终让员工感觉无法再享受像以前那样的舒适状态，要么变成一个企业所期望的合格员工，要么只能同意公司的条件协商解除。

综上，律师参与协商解除劳动合同，除了熟知法律以外，尚需要有一些管理学和心理学的知识，从法律和管理两个方面分析解除路径、成本的优劣，帮助企业选择最合适的解除途径。同时在制订方案及与员工实际面谈时，又要利用心理学知识，预判好方案及谈判策略对员工可能产生的影响、员工可能的反应以及公司后续的对策等。在整个过程中既要以客户企业的角度来思考问题，在必要时又要能跳出这种心理场景，不能将律师代入企业管理层的角色，才能在制订方案及与员工具体谈判过程中保持冷静、理性的状态，作出正确的判断，帮助企业顺利解除与员工的劳动合同。

# 劳资协商如何实现双赢

## ——某欧美企业与工会协商降薪案

关键词　经营困难　集体协商　降薪

### 基本案情

F公司是全球领先的汽车零部件制造商在无锡的全资子公司，受市场饱和影响，2018年销售额下降，经营遇到困难。2019年下半年开始随着市场的升温，经营逐渐好转。但在2020年年初受新冠肺炎疫情影响，销售额再次大幅度滑坡，生产严重不饱和。总公司根据经营形势的严峻性，要求F公司实施降薪的措施以降低公司运营成本，避免公司亏损。F公司管理层在收到总公司的决定后，陷入了两难。一方面，总公司的命令必须遵守，F公司面临的经营困难也确实存在，如不执行总公司的命令，F公司必然会陷入亏损，管理层也会面临总公司的信任危机；另一方面，全面降薪牵扯每一名员工的切身利益，提出降薪必须得到员工的同意，管理层感觉难度非常大，完全不知该如何去做。而在管理层犹豫之际，总公司进一步施压：如无法实现降薪，裁员也同样可以实现降低人力成本的目标。F公司管理层考虑到市场有波动性，如果现在实施裁员，一批经过公司多年培养的技术员工就会离开公司，等市场恢复时就很难再招到同等技术熟练的员工。并且疫情发生后各级政府及人社部门多次发文要求各用人单位尽量保持就业稳定，不裁员或少裁员。所以公司管理层担心在此形势下实施裁员会引发集体纠纷，也不愿意失去一批熟练的技术工，于是向担任其常年法律顾问的律师团队求助。

我们的律师团队介入后，确认公司的根本需求是压缩人力成本，总公司提出的降薪也好、裁员也罢，都是实现压缩人力成本目标的一种方式。结合当时疫情下各级政府要求保就业，倡导企业不裁员、少裁员的现实情况，我们提出了选择集体协商降低薪酬待遇的初步方案。

另外，我们了解到F公司只有工会，未建立职工代表大会，显然无法于短期内完成工资集体协商方案通过职工代表大会批准的法定程序。

## 法律分析

### （一）对变更个别劳动者工资报酬的规定

《劳动合同法》对于变更工资报酬并无明确规定，仅在第35条规定了“用人单位与劳动者协商一致，可以变更劳动合同约定的内容”。而根据该法第17条的规定，劳动报酬属于劳动合同的必备条款之一。故此，如果需要变更个别劳动者的工资报酬，除非可以证明劳动者不胜任工作，或根据企业规章制度中规定了在劳动者触犯某类违纪条款时可以降薪，否则需要与劳动者个人协商一致。

同时，《劳动合同法》第35条也明确了变更劳动合同必须采取书面的要式条件。最高人民法院《关于审理劳动争议案件适用法律若干问题的解释（四)》(2021年1月1日废止，但本条内容被同日生效的最高人民法院《关于审理劳动争议案件适用法律问题的解释（一)》所吸收）第11条虽然对变更劳动合同未采取书面形式但已实际履行超过一个月事实状态采取了认可的态度，但在实践中此类变更一般都不适用于劳动报酬的变更。故此，变更劳动报酬还是需要协商一致并采取书面方式方可。

## （二）工资集体协商制度

1. 法律对集体合同的规定

1995年1月1日起施行的《劳动法》即对劳资双方通过集体协商订立集体合同进行了粗略的规定：

第33条 企业职工一方与企业可以就劳动报酬、工作时间、休息休假、劳动安全卫生、保险福利等事项，签订集体合同。集体合同草案应当提交职工代表大会或者全体职工讨论通过。

集体合同由工会代表职工与企业签订；没有建立工会的企业，由职工推举的代表与企业签订。

第34条 集体合同签订后应当报送劳动行政部门；劳动行政部门自收到集体合同文本之日起15日内未提出异议的，集体合同即行生效。

从《劳动法》的规定来看，集体合同需要由职工代表大会批准，之后还需要经过人力资源和社会保障行政部门备案后方可生效。

而《工会法》第21条第2款则规定："工会代表职工与企业、实行企业化管理的事业单位、社会组织进行平等协商，依法签订集体合同。集体合同草案应当提交职工代表大会或者全体职工讨论通过。"可见与《劳动法》的规定基本相同，只是没有明确需要提交人力资源和社会保障行政部门备案。

2008年1月1日开始施行的《劳动合同法》专门有一节规定了集体合同，其内容虽比《劳动法》中有关集体合同的规定较为细化，但总体而言是沿袭了《劳动法》关于集体合同的规定思路。

2. 部门规章及地方法规对集体合同的规定

由于《劳动法》《工会法》对签订集体合同的规定主要是一些原则性的内容，故原劳动和社会保障部又制定了《集体合同规定》，对集体合同的内容、签订程序等作出了比较细化的规定。

而各省市根据本地情况，也相继出台了一些关于签订集体合同的地方法规。如《江苏省集体合同条例》明确了集体合同签订的内容范围、具体程序和步骤、争议处理等，内容非常详尽，基本是在《劳动法》相关规定的基础上进行的细化。重要的是，该条例明确了“用人单位与职工方均有权提出平等协商的要求”。

另外，在《江苏省工资支付条例》中，对于用人单位在生产经营面临困难不能按标准支付工资时，赋予其与工会或职工代表协商一致后即可降低工资标准的权利。

3. 对工资集体协商的规定

劳动报酬是集体合同内容的重要组成部分，原劳动和社会保障部早在2000年即制定了《工资集体协商试行办法》，就工资集体协商的内容、协商代表的产生及权利义务、具体程序、协议审查等进行了探索性的规定，但就具体协商程序而言还是过于简单。一些地方也出台了部分地方规定，如F公司所在的无锡市制定了《无锡市企业工资集体协商条例》，该条例应该说总结了该地区企业工资集体协商的众多经验，尤其对于程序的规定比较合理，有非常强的可操作性。而其中对于协议的生效，也是遵循了《劳动法》及《劳动合同法》中关于集体合同需要经职工代表大会或职工大会批准，并报送人力资源和社会保障行政部门审查后方能生效的相关思路。该条例规定的具体程序和步骤如下：

（1）职工或企业方发出协商意向书，提出协商要求；

（2）收到协商意向书一方20日内书面答复；

（3）企业在协商日5个工作日前提供与协商内容有关的材料，企业工会向上级工会报告；

（4）开始工资协商，在30日内完成协商，并在10个工作日内订立协议草案；

（5）职工代表大会或职工大会批准，双方首席代表签字；

（6）草签10个工作日内报送人力资源和社会保障行政部门；

（7）人力资源和社会保障行政部门在收到协议之日起15日内未提异议的，协议生效；

（8）企业方在协议生效之日起10日内向全体职工公布工资协议。

从该程序来看，要完成一个完整的工资集体协商程序至协议生效所需的周期还是比较长的，且尚存在职工代表大会或职工大会是否批准、人力资源和社会保障行政部门是否提出异议等不确定因素。

### (三) 仅与工会集体协商调整劳动报酬的效力

在司法实践中，各地法院对于用人单位降低全体劳动者的劳动报酬标准，仅与工会协商一致，而未按法律法规关于集体合同订立的程序性要求去获得职工代表大会或职工大会的批准以及人力资源和社会保障行政部门的审查的效力，所持的意见并不统一。

## 参考案例

**案例一：** 鲍某诉某日资企业劳动报酬及经济补偿纠纷案——河南省新乡县人民法院（2010）新民初字第00232号

**基本案情**

鲍某于2003年10月20日入职某日资企业某公司，2008年10月26日起担任制造部副部长，月薪为每月8350元。后因金融危机影响，某公司业绩下滑，经与工会协商一致后对管理人员的职位和薪资进行统一下调，自2019年1月1日起鲍某职务被调整为管理课课长，月薪降为7850元；同年2月1日又因同样的理由将鲍某的职务调整为检查系系长，月薪降为7050元；鲍某对此两项处理均未提出异议。后某公司又发现鲍某担任制造部副部长期间，制造部门的质量统计数据存在虚假情形，于同年3月5日依据《就业规则》又对鲍某作出降职降薪的处罚，职务降为统计担当，月薪降为4049元。鲍某对此处理不服，多次要求某公司将其职务恢复为制造部副部长，薪资也恢复原先的每月8350元。在某公司拒绝后，鲍某于2009年12月26日发函通知某公司依据《劳动合同法》第38条的规定解除劳动合同关系，并要求支付经济补偿。

**裁决理由**

某公司为应对金融危机的影响而在取得工会同意的前提下进行组

织机构和人员调整，其行为不违反法律规定，且从鲍某 2009 年 4 月向工会申诉反映的内容来看，亦未明确对 2009 年 1 月、2 月的岗位、薪酬调整表示异议，故法院对其 2009 年 1 月和 2 月调整鲍某岗位和薪酬的行为予以认可。

从上述案件中可以看出，该法院对用人单位未采取与每个员工个别协商，而仅与工会协商一致即统一降薪的行为亦是合法的。而在下面的案例中，法院则给出了不同的意见和结论。

**案例二：**刘某诉常州某科技公司劳动报酬及经济补偿纠纷案

## 基本案情

刘某于 2014 年 6 月入职某科技公司，岗位为销售经理。双方于 2017 年 6 月 1 日签订劳动合同，合同约定刘某基本工资 1800 元，根据内部工资分配办法调整其工资，岗位工资、绩效工资根据刘某工作业绩、劳动成果和实际贡献，按照内部分配办法考核确定。2019 年 7 月 30 日，科技公司召开工会委员会会议，决定自 2019 年 8 月 1 日起施行同担共享考核方案。同年 9 月 17 日，科技公司通过邮箱向刘某发送通知，通知内容为销售类人员实际考核得分为原考核得分 ×（本产品线或者本区域或者本人年度累计销售完成率 ×80% + 全公司利润累计完成率 ×100%），执行日期自 2019 年 8 月 1 日起。同年 12 月 30 日，科技公司召开 2019 年度职工代表大会，决议通过同担共享考核方案。2020 年 3 月，刘某以科技公司未足额支付工资和提成工资为由提出离职申请，并要求补发工资和支付经济补偿。

## 裁决理由

科技公司施行同担共享考核方案早于职工代表大会讨论决定 4 个月。科技公司虽先召开工会委员会临时会议表决并将决议公告及时通知刘某，但实施该考核方案与科技公司、刘某签订的案涉劳动合同、案涉销售目标责任状约定实行奖惩激励机制、合理提高刘某的工资、刘某的工资增长办法按照工资集体协商协议和内部工资正常增长办法确定、目标考核及奖励措施按公司制度及激励政策执行存在冲突，直接导致刘某的绩效工资低于双方约定的劳动待遇，因此，该考核方案的内容和制定程序均不合法，对刘某不发生法律效力。科技公司与刘某仍应按原考核方式执行。科技公司单方面执行同担共享考核方案，致使该公司未及时向刘某足额支付劳动报酬，损害劳动者的合法权益，刘某据此提出解除劳动合同符合法律规定，科技公司依法应当支付经济补偿。一审判决科技公司向刘某支付 2019 年 8 月至 12 月工资差额 4545. 99 元并支付经济补偿 94, 281. 36 元，并无不当。

常州的这个案例则认为仅与工会协商一致调整绩效工资考核办法，与科技公司、刘某之间签订的劳动合同、销售目标责任状等约定的激励机制、工资增长办法等直接冲突，方案的内容与制定程序均不合法，对刘某个人不发生效力。

## 办案经过

### （一）了解公司经营情况及需求

通过与公司管理层的沟通，我们了解到公司的以下情况：

1. 经营确实面临困难，但尚未亏损

F 公司虽然受疫情影响而订单下滑，但由于汽车行业的整体下滑对零部件生产商的影响有滞后性，目前公司其实尚未实际发生亏损。但如不采取降本节支的措施，任由情势发展，早则在半年度、迟则至年底时就可能出现亏损。

2. 裁员与降薪只能二选一，必须执行

如果在市场行情大幅度走低的情形下不减少人力成本，公司必然会走向亏损，也正是基于此总公司才提出裁员或降薪必须二选一。如果执行不力，总部甚至考虑将调整F公司管理层。因此对于F公司管理层来讲，必须选择一项执行，且必须保证结果符合预期，否则自身将面临总公司的追责甚至会被解雇。

反过来讲，只要F公司管理层能够与员工方达成降薪的协议，则也完成了总公司要求降低人力成本的要求，无须解雇任何员工，在疫情下尽可能保证所有员工的就业不受影响。

3. 薪酬结构

F公司的薪酬中，每月固定发放的有基本工资、岗位工资和各项补贴；除此以外，每个月还会发放一次绩效奖金，年终还会发放年终奖。但除了违纪或者工作严重失误外，每月绩效奖金和年终奖基本不受影响，与销售收入或者营业利润并不挂钩；而每年一次的年终奖于春节前已经发放完毕。

4. 企业民主管理情况

F公司建有工会，但没有职工代表大会。平时工会在参与企业民主管理方面并不是很深入，仅在公司制订、改订规章制度时会与工会委员会进行沟通、协商，从未提出让公司为难的要求，但也谈不上对公司的措施无条件地支持。

### （二）商定方案

1. 讨论初步方案

我们在了解到F公司的上述背景及降低人力成本的真正目的后，提出让公司选择通过与工会集体协商降低每月绩效奖金的建议。具体理由如下：

（1）不裁员，响应政府号召，降低劳资矛盾程度。

彼时正是疫情尚未得到全面控制的严峻阶段，很多企业刚刚复工，但又面临市场滑坡、订单下降的困难，鲜有企业满负荷开工。在此大环境下，各级人力资源和社会保障行政部门在关于疫情期间劳动关系处理的通知中，都建议企业与职工协商一致采取调整薪酬、轮岗轮休、缩短工时等方式稳定工作岗位，尽量不裁员或少裁员。而作为企业也需要认识到疫情并不是永久的，如果裁员必然会影响疫情控制后订单回升时的用工问题。同时在全国面临同样的困难时，对政府的号召也应尽量作正面的回应和配合，这也是企业履行社会责任的一种具体体现。

（2）仅与工会协商降薪存在一定合法性争议，但是一个相对可行的选项。

由于F公司未建立职工代表大会制度，如果严格按照集体合同或工资集体协商制度的规定，则需要先建立职工代表大会制度，然后依照F公司所在地的《无锡市企业工资集体协商条例》规定的程序来推进集体协商程序。但是如此一来即便每一个步骤都没有任何意外，至少也需要一个月以上的时间才能完成，其间如果任何一个步骤出现问题，需要解决的时间则难以控制。而总公司要求在第一季度结束前就要完成，留给F公司的时间已不足一个月。

虽然司法实践中仅与工会协商一致降薪的合法性存在争议，但是在当时的大环境下，保就业成为优先选项，在企业确实存在订单大幅下降的情形下，被认定为合法的可能性必然会增加。并且，虽然工资集体协商制度已经出台多年，但真正按程序严格执行的企业仍是少数，大部分劳动者对于工资集体协商程序并不了解。而在企业为避免裁员而与工会协商一致降薪的情形下，劳动者对于其合法性提出质疑的可能性并不大。

更何况《江苏省工资支付条例》明确了企业在面临经营困难时与工会协商一致可以降低工资标准，即便对于经营困难的认定有异议，至少F公司与工会协商降薪在一定程度上还是有法可依的。

（3）减少奖金与降低工资有所区别。

虽然《关于工资总额组成的规定》中明确奖金属于工资总额的组成部分，但实践中还是有观点认为奖金与工资是有区别的，部分案例甚至认为用人单位可以自由决定奖金的分配方式和标准。在员工的认识和理解中，一般也认为奖金是企业有自由度可以对其进行调整的。虽然F公司至今未将绩效奖金与公司销售收入或营业利润挂钩，但在企业面临经营困难时提出降低或取消绩效奖金，至少在道义上还是能站得住脚的。

（4）在不裁员前提下，除了降薪，企业尚有放假的选项。

如果工会不同意降薪，而管理层又担心裁员会导致技术人员流失，且与政府号召不符，尚可以考虑以生产线为单位安排放假。虽然总公司提出裁员与降薪必须二选一，但无论是裁员抑或放假，目的都在于降低人工成本，而放假也可达到同样的目的，相信可以说服总公司接受。根据《江苏省工资支付条例》

第 31 条的规定，企业停工、停产、歇业的，第一个工资支付周期支付正常工资，第二个工资支付周期开始支付不低于最低工资标准 80% 的生活费即可。虽然对于 F 公司来说只是订单下降，无法安排整个公司停产，而要让部分人员放假比较难以安排，但至少在法律上公司是有此选项可以考虑的。而一旦决定放假，员工的薪资受影响的幅度有可能更大。

2. 拟定正式协商方案

在与 F 公司管理层进行充分商讨后，我们拟定了如下正式协商方案：

（1）确定通过与工会集体协商，对薪酬进行调整：

A. 取消每月绩效奖金与年终奖；

B. 每周工作日调整为 4 天，工资构成中除中夜班津贴仍按原标准按日结算外，其他部分均削减为 80%；

C. 受疫情影响无法正常出勤员工的工资按具体情形分别结算。

其中，对于每月绩效奖金与年终奖，如果工会强烈反对，根据沟通情况可以让步到扣减 50%。

（2）协商安排在通知工会后的第 11 天，要求工会委员全部出席，公司方由工厂经理、销售经理、人事经理、财务经理代表出席，同时由律师作为法律咨询角色列席，以备工会委员或公司代表临时提出法律问题。

（3）若能当场达成协议则立即签订协议，自 3 月 1 日起执行。

（4）强调管理层与所有员工执行同样的薪资调整方案，以减少工会方的抵触心理。

（5）从策略上强调协商不成之后的后果可能是裁员或者放假，让工会方认识到薪资调整是最好的方案。

3. 拟定文件，通知工会协商

（1）通知工会。

确定好方案后，我们迅速起草了《薪酬调整协商邀请函》，由公司盖章后正式发给了工会，将公司拟协商的事项、时间、地点等向工会进行了通知。

（2）管理层培训。

在等待正式协商期间，我们对 F 公司管理层进行了法律培训，向其解释了工资集体协商的相关法律，并起草了工会可能会提出的一些问题的回复内容供其参考。

(3) 与工会正式协商。

到了邀请函确定的正式协商日，公司代表与工会委员集于一堂，开始协商。首先，由工厂经理介绍大的背景和总公司要求，并强调相比裁员和放假，目前的方案对所有人来讲是相对损失最小的方案；其次，由销售经理介绍了订单下降的实际情况及对将来的预测；再次，由财务经理介绍了订单下降对公司盈利的不利影响，以及公司可能亏损的财务状况；最后，由人事经理详细介绍了薪资调整的具体内容。

就相关细节进行了确认并对一些法律问题进行了咨询后，工会委员们离席到其他会议室进行短暂的内部沟通和讨论，最终回到会议室答复。工会委员对于公司提出的协商方案并无异议，能够理解公司在此严峻局势下所作的决定。但对于是否最终同意，尚需委员各自再在员工中作一个意见调查。我们随即修改了事先起草好的协商备忘录，由公司打印后安排双方代表签字。

(4) 正式签订协议。

一周后，工会方答复公司，经向员工进行意见征询，没有收到任何反对意见，故同意正式签署协议。公司将我们律师起草好的协议文本发给工会确认后，双方正式盖章签订了关于薪资调整的协议。

## 办案感悟

工资集体协商制度在我国并不十分成熟，虽然有部门规章和地方法规予以规定，但更多的企业是为了完成当地人力资源和社会保障行政部门以及工会安排的任务，每年由公司与工会签订集体合同后提交。往往此类协议都约定了涨薪比例，但很少有企业意识到降薪也可以通过集体协商程序来操作，以保证降薪的合法性。通过此类工资集体协商项目的指导，有几点感悟供大家参考：

### （一）根据具体情况选择协商对象

如同上述内容，工资集体协商制度在我国尚不成熟，所以也给了企业一些选择的空间，也即并不需要完全严格按照各地规定的工资集体协商制度来执行，即使选择仅与工会协商，也有可能被认可。但是并不是说仅与工会协商完全没有法律风险，在上文的法律分析中我们也指出了司法实践中有不少意见认为未经职代会批准以及人力资源和社会保障行政部门审查的工资集体协议是不对劳动者发生效力的，所以在选择时需要考虑当时的社会经济环境以及劳动者的普遍心态。只有在全社会的大方向都倾向于保住企业的生存、保住员工的就业为最重要选项时，才有较大把握保证仅与工会协商达成一致的集体协议不会被认定为不合法。更为关键的是员工的心态，如果员工不理解集体降薪对于企业的生存有影响进而对自己的就业稳定有重大影响，则很难接受集体降薪。即使工会同意了，也不能保证没有个别员工起诉企业要求补足工资报酬，甚至依据《劳动合同法》第 38 条的规定行使推定解雇权。

### （二）制订合理的方案

工资集体协商涉及降薪的，一定要有充分的理由，不仅所提出的降薪方案一定要紧密结合降薪理由，而且据此制订的方案必须合理。当企业面临无法预料的市场突发状况，面临经营困难时，不能将压力或者不利因素所带来的负面影响转嫁给员工，毕竟企业的经营成果基本由企业的所有者以及经营者享受，所面临的市场风险也应该大部分由企业的所有者及经营者承担，员工只能合理分担其中的少部分，以体现员工与企业命运的关联性。

在本案中，F 公司虽未将绩效奖金及年终奖与经营业绩相挂钩，但是在发放时确实是与工资区分开的，在员工的认识和理解中，也普遍认为奖金与工资是不同的，认可公司对奖金有一定的调整权利。故 F 公司提出的降薪方案对工资仅仅是按出勤日的减少等比例减少，而对绩效奖金和年终奖却进行扣除，虽然也做好了让步的准备，但出乎意外的是工会对公司的方案予以了全盘接受，可谓是意外的成果。

### （三）注意协商方式

虽然F公司仅提供了一个方案即集体降薪，但是在协商时还提出如该方案得不到通过的话，将只能进行裁员或放假。此方式如同古代打仗中的“围城必阙”，即一定要让被围困的人感到有一条生路，就不会产生拼死决战的心理，往往会朝着所谓的“生路”逃跑。而在本案中F公司即以裁员或放假作为“围城”的工具，让工会及员工看到集体降薪反而是一条“生路”，顺利地将工会及员工引导到同意该方案的道路上。

另外，提供多个方案而非一个方案，给予工会及员工一种真正协商而非居高临下、盛气凌人的感受，让工会及员工感受到尊重，最终有利于双方达成一致。

而在协商时，F公司虽然出于保密的考虑，未按《无锡市工资集体协商条例》的规定提前提供书面资料，但还是通过工厂经理、销售经理以及财务经理的口头说明，向工会方提供了与经营业绩有关的充分信息，保证了工会及员工方的知情权，也让工会及员工充分认识到公司确实面临经营困难，理解了降薪与经营困难之间的关联性。

最后，在协商时管理层多次强调自身也适用同样的降薪政策，其实利益与所有员工是一致的，但是为了让F公司渡过难关，集体降薪是一个无奈但相对损失较小的选择，让工会方感受到管理层与员工方并不是对立的立场，也有助于工会及员工同意管理层提出的方案。

综上，集体降薪牵涉所有员工的利益，要让工会及员工同意公司提出的降薪方案，需要综合考虑和利用天时、地利、人和等各方面因素，在严苛的法律规定中寻找到一条相对可行的道路，协调好企业和员工双方的利益，才能达成一致，帮助企业渡过经营难关。

# “泡病假” 高管劳动合同的解除

## ——某外资银行与高管兼工会主席病假待遇纠纷案

关键词 高管 工会主席 病假 解除

### 基本案情

秦某某于2015年入职无锡某外资银行，劳动合同期为2015年12月31日至2018年12月31日，任高级助理经理，并于2017年2月4日升任行长助理。2017年6月30日，秦某某被选举为工会主席。

2018年5月24日，秦某某在办公室因与职员刘某某发生口角，被刘某某掐住脖子，秦某某遂动手打了刘某某一下，刘某某又推了秦某某后背一下。因秦某某报警，警察将双方带至派出所调查并调解。最终双方达成和解协议，刘某某向秦某某道歉并赔偿医药费200元，双方一次性了结并互不追究对方法律责任。

秦某某当日即至医院就诊，经脑部CT检查无异常，结论为喉挫伤，医生建议休息2天。后秦某某又更换医院，陈述有焦虑、抑郁症状，继续开具病假单。后又以脑外伤为由就诊，继续由医院开具病假单至7月上旬。其间秦某某均未至银行办理请假手续，以电子邮件方式发送医院的门诊记录及病假单扫描件给人事经理要求休病假。而根据银行的规章制度，6个月以内的病假期间享受全额工资。

在此期间，上海总行分管华东区的副行长于5月25日即至无锡分行就此事与当时在场的人员逐一面谈，了解情况；5月28日，分行行长及人力资源经理至上海总行向总行分管领导及人力资源负责人进行汇报，讨论形成初步的处理意见；6月1日，无锡分行调查小组就此次事件的事实、处罚意见进行了讨论，最终认定刘某某虽然先动手掐秦某某脖子不对，但起因是秦某某先用脏话骂人，涉及刘某某母亲；而刘某某正由于父亲脑癌病危（于5月28日去世），处于情绪极度低落的时期，且事后承认动手打人的错误，在派出所调解下也进行了赔偿，事出有因、态度诚恳。反观秦某某则在事后对用脏话骂人一事避而不谈，对争斗事件的起因毫无反省，且毫无根据地向他人散布刘某某是在分行行长指使下打人的谣言，造成不良影响。最终无锡分行调查小组形成了分别对秦某某、刘某某处以书面警告和内部教育的处分。

后银行收到秦某某委托的律师寄来的于6月4日出具的律师函，声称银行存在架空秦某某职权、实施职场冷暴力、对受到暴力伤害的秦某某不公正对待、侵害作为工会主席的秦某某的合法权益等不当行为，要求银行公正对待秦某某，并希望通过律师与银行协商解决此事。

由于银行发现秦某某所请病假与其伤情所需病休的正常时间不符，认为秦某某存在“泡病假”情形。但由于秦某某担任工会主席一职，受《工会法》及相关法规、规章的特别保护，无法轻易对其进行调整职务。银行在5月月末与上级工会沟通罢免秦某某工会主席职务未果，深感棘手，遂于6月中旬找到本律师团队，要求专业的劳动法律师指导解决此问题。

银行方面认为秦某某工作业绩一直不佳，身为银行高管，身居高位、领取高薪却长期未有相应的工作绩效。一旦与其他员工发生纠纷，不求弥合矛盾，恢复团结、和谐的工作气氛，反而散布谣言，进一步扩大矛盾深度和范围。更有辗转多家医院以不同理由开具病假单的行为，存在明显的“泡病假”嫌疑。故此银行认为秦某某已经不适合继续留在该行工作，希望解除与其的劳动合同，并且愿意支付不超过2倍的经济补偿。

## 法律分析

### （一）工会主席受法律特别保护，对其解职、解除劳动合同均需工会同意，违法解除成本过高

1. 对工会主席的调岗必须经过本级和上级工会的同意

《工会法》第18条第1款规定："工会主席、副主席任期未满时，不得随意调动其工作。因工作需要调动时，应当征得本级工会委员会和上一级工会的同意。"因此，即使银行认为秦某某在争斗事件发生前业绩乏善可陈，在事件发生后更是长期不能正常履行行长助理职务，考核认定其不胜任行长助理职务而对其降职，也必须征得本级工会委员会和上一级工会的同意。因秦某某在行内人望颇差，本级工会委员会除去秦某某后，估计会全数同意对其的降职，但上级工会方面则通过前期的沟通发现难以取得其同意。

2. 解除工会主席的劳动合同须征询本级和上级工会意见，可能需要征得本级和上级工会的同意

关于用人单位解除与在任工会主席的劳动合同是否需要得到本级或上级工会的同意，《工会法》并未明文规定。而原劳动部在不同时期的两个文件存在冲突：《关于企业工会主席签订劳动合同问题的通知》规定："已经与企业签订了劳动合同的工会主席，双方应继续履行劳动合同，不经本单位工会委员会和上级工会同意，企业不得解除劳动合同。"但同样是该部的文件，《关于工会主席任职期间用人单位能否因违纪解除劳动合同问题的复函》则认为："用人单位按照《劳动法》第二十五条的规定解除劳动合同不受其他附加条件限制，因此，如工会主席、副主席或者委员会在任职期间存在《劳动法》第二十五条规定情形之一的，用人单位可以解除劳动合同。同时，根据《工会法》第二十一条规定，用人单位单方面解除职工劳动合同时，应当事先将理由通知工会，若工会认为用人单位违反法律、法规和有关合同，要求重新研究处理时，用人单位应当研究工会的意见，并将处理结果书面通知工会。"

我们发现，实践中的案例基本是按照后者的劳社厅函〔2005〕24号文来判决的。如（2015）苏中民终字第01630号判决认为：公司采取了积极通知工会的措施，工会的相应人员也已经知晓公司解除与王某某之间的劳动合同，故该上诉理由不成立①。该判决书中的“原审法院认为”部分则显示一审法院的意见更加明确：“用人单位在解除劳动合同告知工会的程序上负担的是一种通知义务且可补正有关程序，工会有权提出意见和建议，但法律并未规定对于劳动者严重违反劳动纪律的行为用人单位必须取得工会同意才可解除劳动合同。”一审法院的观点认为解除与工会主席的劳动合同与普通劳动者无异，只要确实有严重违纪的事实，在履行通知工会并听取工会意见的程序之后即可合法解除。且依据最高人民法院《关于审理劳动争议案件适用法律若干问题的解释（四）》（以下简称《司法解释（四）》）的规定，该通知程序可以在起诉前补正。

但是，2002年12月1日开始施行的《江苏省实施〈中华人民共和国工会法〉办法》（以下简称《江苏省实施办法》）第25条第3款却明确提出“基层工会主席、副主席任期未满确需变更其工作单位、工作岗位，或者被所在单位认定需要解除劳动（聘用）合同的，应当事先书面征得本级和上一级工会同意”，即无论对工会主席、副主席进行调岗还是解除劳动合同，均需得到本级和上一级工会同意。由于《江苏省实施办法》是江苏省人大常委会通过的，属于地方法规，从效力角度来讲应高于最多属于一个规章的劳社厅函〔2005〕24号文。无论是《劳动合同法》还是《司法解释（四）》均是对用人单位解除劳动者需要通知工会并听取意见的程序性要求的一般规定，而工会主席属于具有特殊身份的劳动者，享有《工会法》及相关法规对其的特殊保护，在《江苏省实施办法》对此有特殊规定时，是否在解除工会主席劳动合同时仍仅需考虑《劳动合同法》或《司法解释（四）》的一般规定，是存在一定不确定性的。

因此，我们认为即便目前查到的案例中基本认为解除与工会主席的劳动合同时仅需遵守一般性的程序要求，但如果有法官引用《江苏省实施办法》中的

① 编者注：即王某某在上诉理由中称被上诉人单方解除劳动合同，未听取工会意见，解除程序违法。

相关规定，认为也需征得本级和上级工会的同意，在法律上亦有足够依据。

3. 工会主席的劳动合同期限要顺延至任期期满

本案中，秦某某与银行仅订立了一次劳动合同，且至2018年12月31日即期满，似乎只要银行有足够的耐心忍耐半年至当年年底即可终止与其的劳动合同，一劳永逸地消除双方的劳动纠纷。但是由于秦某某担任银行的工会主席，按照《工会法》第19条的规定，“基层工会专职主席、副主席或者委员自任职之日起，其劳动合同期限自动延长，延长期限相当于其任职期间；非专职主席、副主席或者委员自任职之日起，其尚未履行的劳动合同期限短于任期的，劳动合同期限自动延长至任期期满。但是，任职期间个人严重过失或者达到法定退休年龄的除外。”因秦某某并非专职工会主席，故其劳动合同期限应延长至其任期的2020年6月30日。

## 参考案例

**案例一：**工会主席的劳动合同期限延长至任职期满——2012年江苏劳动争议十大典型案例之四

### 基本案情

丁某自2004年4月起到南通某钢铁公司工作，双方劳动合同期限到2010年9月30日期满。丁某自2009年12月29日开始担任单位工会主席，任期至2010年12月28日。2010年9月2日，公司向丁某发出书面通知，通知其合同到期后不再续签。2010年10月，丁某离开公司，后诉至法院，要求公司支付违法解除劳动合同的赔偿金。

### 裁决理由

法院认为，丁某系公司工会主席，任期至2010年12月28日，虽然双方签订的劳动合同期限截至2010年9月30日，但根据《工会法》的规定，丁某的劳动合同期限自动延长至工会任职期间届满。因此公司在2010年9月通知丁某自2010年9月30日终止双方劳动合同，由于丁某的劳动合同期限根据《工会法》的规定已经延长至2010年12月28日，该公司属于在劳动合同未到期的情形下通知终止，其行为违反了法律的强制性规定，属于违法解除，公司应当支付丁某经济赔偿金。

4. 罢免工会主席需要上级工会首肯

由于秦某某担任银行工会主席一职，所以受到上述的特殊保护，无论是对其调岗、解除还是终止劳动合同，均存在不同程度的风险。但如果能够依据《工会法》的程序要求合法地将其工会主席的职务罢免，则其就失去这个“保护罩”，与普通劳动者相同，处理起来则会少很多掣肘，大大降低银行的法律风险。

《工会法》对于罢免工会主席仅仅规定了“必须召开会员大会或者会员代表大会讨论”和“经会员大会全体会员或者会员代表大会全体代表过半数通过”，其他的一些规章如《企业工会工作条例》中也有类似规定。那是否意味着罢免工会主席只要依法召开会员大会或会员代表大会并经全体会员或全体代表的过半数通过即可呢？实践中并不尽然。

## 参考案例

**案例二：** 工会主席任期内公司能否到期终止劳动合同——温某某诉北京某贸易有限公司劳动争议案——国家法官学院案例开发研究中心选编2013年度案例之21

**基本案情**

温某某于2005年10月8日与北京某贸易有限公司（以下简称某贸易公司）建立劳动关系，双方签订了期限至2009年12月31日的劳动合同。2008年9月18日任工会主席，任期至2011年9月18日。2009年12月18日，某贸易公司书面通知温某某终止劳动合同关系。后又于该月30日经公司工会会议无记名投票罢免了温某某的工会主席一职。温某某认为公司在其工会主席任期内终止与其的劳动合同关系，属于违法解除，应当向其支付违法解除的赔偿金。

**裁决理由**

首先，法院认为温某某任工会主席后，其劳动合同期限应当顺延至工会主席任期的 2011 年 9 月 18 日。而某贸易公司在发出书面终止劳动合同关系时为 2009 年 12 月 18 日，通知的“终止日期”为 2009 年 12 月 31 日，该日期仍处于劳动合同期内。其次，某贸易公司虽然组织了工会会议通过投票对温某某的工会主席一职进行了罢免，但该“罢免”未提前征得上级工会组织的同意，其“罢免”程序亦不符合法律规定。因此，某贸易公司在通知终止与温某某劳动合同关系时，温某某仍为工会主席，公司的“通知终止”行为属于在劳动合同期内的违法解除，应当向温某某支付违法解除的赔偿金。

---

从上述案例可以看出，法院认为《工会法》第 10 条规定：“上级工会组织领导下级工会组织。”而罢免基层工会主席属于重大事件，基层工会应及时向上级工会汇报，征求上级工会意见，并就罢免决定请求上级工会批准，即罢免基层工会主席需得到上级工会的批准。

到了 2016 年，全国总工会颁布了《工会基层组织选举工作条例》，其中的第 32 条就罢免工会主席的规定在《工会法》的基础上变更为“经会员大会或会员代表大会民主测评和上级工会与同级党组织考察，需撤换或罢免工会委员会委员、常务委员会委员和主席、副主席时，须依法召开会员大会或会员代表大会讨论，非经会员大会全体会员或会员代表大会全体代表无记名投票过半数通过，不得撤换或罢免”，即在原来《工会法》规定的程序外，增加了民主测评和上级工会与同级党组织考察的前置程序。

故此，无论从规章来看还是从司法实践来看，上级工会的态度在罢免程序中占据了重要的一席之地，没有上级工会的支持，基层工会是不太可能实际罢免工会主席的。

5. 违法解除工会主席的成本在有些情形下高于普通劳动者

根据《工会法》及《企业工会主席合法权益保护暂行办法》等的规定，企业工会主席因依法履行职责，被企业无正当理由解除或终止劳动合同的，上级工会要督促企业依法继续履行其劳动合同，恢复原岗位工作，补发被解除劳动合同期间应得的报酬，或给予本人年收入二倍的赔偿，并给予解除或终止劳动合同时的经济补偿。因此，如果被认定为用人单位违法解除，且起因于工会主席依法履行职责的，一则上级工会将会督促企业继续履行劳动合同，对法院判决是否恢复劳动合同关系起到一定的影响作用；二则即使被认定为无法恢复劳动合同关系或者工会主席不希望恢复劳动关系，则除了正常的经济补偿或赔偿金外，尚有可能被判决额外给予工会主席年收入两倍的赔偿。此法律责任远高于对普通劳动者违法解除的情形。

## （二）劳动者享受医疗期保护

1. 劳动者处于规定的医疗期内时，用人单位不得无过错解除

根据《企业职工患病或非因工负伤医疗期规定》第 2 条的规定，医疗期是指企业职工因患病或非因工负伤停止工作治病休息不得解除劳动合同的时限。

另外，根据《劳动合同法》第 42 条的规定，劳动者处于医疗期内的，用人单位不得依据该法第 40 条和第 41 条的规定解除劳动合同，也即不能以劳动者不胜任、客观情况发生重大变化及经济性裁员为理由解除与其的劳动合同。且根据第 45 条的规定，即使劳动合同在此期间期满，用人单位也不得终止与劳动者的劳动合同，而必须顺延至医疗期满。

因此，即使银行通过考核认定秦某某不胜任行长助理的职务，也不可能以此为由解除劳动合同。更何况高管的不胜任判定很少有客观依据，在举证方面非常困难；而即使可以证明其不胜任，依照《劳动合同法》第 40 条的规定，也需要在调岗或培训后再次不胜任时才可解除。

2. 劳动者在医疗期内病休的，享受病假工资

关于病假工资，各省都有不同的地方规定，在江苏则主要依据《江苏省工资支付条例》第 27 条的规定，其第 1 款为：“劳动者患病或者非因工负伤停止

劳动，且在国家规定医疗期内的，用人单位应当按照工资分配制度的规定以及劳动合同、集体合同的约定或者国家有关规定，向劳动者支付病假工资或者疾病救济费。”第 2 款为：“病假工资、疾病救济费不得低于当地最低工资标准的百分之八十。国家另有规定的，从其规定。”

在司法实践中，一般先考察用人单位的规章制度对病假工资有无规定，如有规定且不低于当地最低工资标准的 80% 即为有效；如用人单位并无规章制度规定病假工资，则法官一般会参考原劳动部于 1953 年 1 月 26 日颁布实施的《劳动保险条例实施细则修正草案》第 16 条：“工人职员疾病或非因工负伤停止工作连续医疗期间在六个月以内者，根据劳动保险条例第十三条乙款的规定，应由该企业行政方面或资方按下列标准支付病伤假期工资：本企业工龄不满二年者，为本人工资百分之六十；已满二年不满四年者，为本人工资百分之七十；已满四年不满六年者，为本人工资百分之八十；已满六年不满八年者，为本人工资百分之九十；已满八年及八年以上者，为本人工资百分之一百。”及第 17 条“工人职员疾病或非因工负伤停止工作连续医疗期间超过六个月时，根据劳动保险条例第十三条乙款的规定，病伤假期工资停发，改由劳动保险基金项下，按月付给疾病或非因工负伤救济费，其标准如下：本企业工龄不满一年者，为本人工资百分之四十；已满一年未满三年者，为本人工资百分之五十；三年及三年以上者，为本人工资百分之六十。此项救济费付至能工作或确定为残废或死亡时止”。

但是由于该银行福利待遇比较好，其《员工手册》规定在病休 6 个月之内享受全薪待遇。按照对劳动者有利前提下的有约从约原则，显然秦某某是享受在 6 个月以内全薪病假工资的待遇的。

## 交锋经过

经过上述法律分析可知，首先，即使银行认为秦某某有很大的嫌疑在“泡病假”，但除非可以证明其病假为虚假，否则只能依据规章制度给予其全薪病假工资待遇。其次，即使银行认为其工作表现不胜任其岗位职责甚至虚假病假骗取“病假”期间工资待遇，但由于其工会主席的特殊身份，亦无法轻易解除与其的劳动合同。鉴于此，我们向银行提出了正面攻坚战和运动战相结合的策略。所谓正面攻坚战即依据《工会法》及相关法律规定，依法定程序罢免其工会主席的职务，去除其特殊身份的保护罩；所谓运动战则是寻找其在休病假、享受病假工资待遇过程中的瑕疵与错误，找机会阻断其以不同理由开具病假单从而达到享受全薪病假工资的途径。

## （一）正面攻坚战遭遇失败

1. 整理和确定攻坚战思路和步骤

既然是攻坚战，必须以堂堂之阵出击，所以首先必须厘清法律法规对罢免工会主席的程序性规定。

根据上文的法律分析可知，罢免工会主席必须召开会员大会或者会员代表大会讨论，并经会员大会全体会员或者会员代表大会全体代表过半数通过。而会员大会或者会员代表大会除了每年定期召开以外，经基层工会委员会或者 1/3 以上的工会会员提议也可以临时召开。由于秦某某在银行内人望不佳，无论是工会委员会提名还是 1/3 以上工会会员提名均不难做到。然后，上文的法律分析也指出，根据《工会基层组织选举工作条例》第 32 条可知，在会员大会或会员代表大会召开表决之前，尚需会员大会或会员代表大会进行民主测评，以及上级工会与同级党组织的考察。因此，通过分析相关法律法规我们可以得出一个结论，罢免工会主席必须经过以下程序：

（1）工会委员会或者 1/3 以上的工会会员提议召开工会会员大会或会员代表大会，对秦某某担任工会主席的情况进行民主测评①；

（2）在民主测评不合格的情况下，提交上级工会和同级党组织考察；

（3）再由工会委员会或者 1/3 以上的工会会员提议召开工会会员大会或会

---

① 作者注：本案解决以后的 2019 年，总工会颁布了《基层工会会员代表大会条例》（总工发〔2019〕6 号文，如通过民主测评罢免的，需要连续 2 年测评分结果为不满意才可）。

员代表大会，对是否罢免秦某某工会主席职务进行投票表决。

2. 具体实施攻坚战措施

由于在律师介入之前，银行自行在工会会员内部进行了民主测评，结果为全员对秦某某担任工会主席期间的表现极不满意。而且银行拿了此结果与上级工会进行了沟通，原以为在全员不满意的情形下上级工会能够支持罢免，但由于上级工会在向秦某某了解情况后，秦某某向市总工会投诉声称因其行使工会主席职务而被银行迫害，导致上级工会对罢免一事投鼠忌器，不敢作出决定。

经过分析，可以发现在罢免工会主席的3个步骤中，民主测评、会员大会投票都无任何障碍。但关键还在于上级工会和同级党组织的考察意见。而该银行由于是外资的，且规模不大，故未建立党组织，其党员关系由总行的华东区党支部管理。我们认为在此情形下由华东区党支部出面可以起到条例中关于同级党组织考察的作用。而最难以把握的则是上级工会的态度，虽然在银行前期的沟通中发现上级工会的态度已经表现得明显消极，但我们认为还是需循正当程序与工会作一次正式沟通。只要上级工会态度是依法办理而非极端消极，还是有机会循正常程序罢免秦某某工会主席职务的。

经过联系，我们会同银行的工会代表、人事经理、华东区党支部书记前往上级工会，陈述了秦某某不适合再担任工会主席的理由，出示了民主测评结果为不满意的书面记录，并提交了《关于请求上级工会对××银行（中国）有限公司无锡分行工会委员会罢免第二届工会主席及换届改选进行指导的请求函》。但上级工会依旧以各种理由推脱，最后甚至明确表示：在双方存在纠纷的情形下不支持银行工会会员罢免现任主席。

根据《工会法》第2条的规定，工会是职工自愿结合的工人阶级的群众组织，故其并非行政机关，其作出或不作出决定的行为，均不属于行政行为，银行工会即便对此不认同，也只能再向上级工会反映，并不能通过行政复议或行政诉讼进行救济。故此，我们判断正面攻坚作战策略基本失败，在没有其他渠道改变上级工会态度的情形下，是无法完成罢免工会主席的作战目标的。

## （二）运动战胜利完成作战目标

由于一开始就没有把希望完全寄托在正面攻坚战上，所以在与上级工会沟通的同时，我们指导银行从秦某某请病假过程中手续缺失和就诊资料与病假之间明显不合理等情形入手，展开了“运动战”，以求在双方的交锋过程中寻找可以一击制胜的战机。

1. 向医院确认病情及病假单的合理性

由于某些原因，存在在医院只要有一些“人脉”，就能比较容易地让医院开出病假单的情形。而我们发现秦某某在发生争斗的当天就做了脑部 CT 检查，结果是“未见异常”，且之后请病假则变换了多种理由（喉挫伤、焦虑、脑外伤等），医院也变换了多次。由于后期集中在一家综合性医院，且在无新的 CT 检查情况下就以脑外伤为由一直开具病假单。在此情况下，用人单位对其病假的合理性提出质疑也属合理范围。一开始银行人事打电话至医院询问为何为其连续开具病假单、病情究竟如何时，被医院医务部门三言两语就搪塞了，未取得任何有效信息。我们律师介入后提出：在人与人的沟通和交流中，一般接到电话时比较容易拒绝、推却，但当面交流则没有那么容易拒绝和推诿，且其病假单确实有疑点。故此我们强烈建议人事去医院当面询问。

果不其然，人事重新至医院医务科询问，为何在早期脑部 CT 检查未见异常情况下，过了 1 个多月在无新的脑部 CT 检查情形下反而可以诊断为脑外伤？脑外伤是否会在遭受外力打击情况下刚开始无法检出，而后期反而会加重？医院有无对秦某某做新的脑部 CT 检查？如何得出其有脑外伤结论的？如果用人单位对医院的解释仍有疑问，能否向作为医院上级主管部门的卫计委医政处咨询甚至投诉？在一连串的问题下，医务科人员无法回答，急忙电话通知开具病假单的科室主任来亲自解释。虽然科室主任的解释也是利用医学知识掌握的不对称优势，以专业术语勉强掩盖其科室医生开具病假单过程中的不规范操作行为，但已经能够强烈感受到医院对此问题开始重视，接下来不太会随意为秦某某出具病假单了。虽然我们不是为了投诉医院，但如果该医院继续如此操作，作为下一步对应措施，我们已经预备了向卫计委医政处投诉的步骤。

2. 通知暂停发放病假工资

凡是泡病假的人，其主要目的就是想要获得不用工作却能拥有收入的好处。而由于该银行福利政策比较好，6 个月以内的病假享受全薪，所以对于薪资较高的高级管理人员来说，泡病假所享受到的好处是显而易见的。要解决这个问题，必须要打破平衡，让泡病假的人脱离不工作却能享受薪资待遇的舒适区。

由于秦某某在请假过程中都未至银行办理手续，仅仅通过邮件发送就诊记录和病假单的照片要求请假，而医院在银行前往询问时曾经提出需要就诊记录的原件以及患者本人的授权委托书才能对病情发表正式意见。针对此，我们为银行起草了《补全病假材料告知函》，要求其提供就诊资料的原件和允许银行至医院询问病情的授权委托书。

由于秦某某对银行的要求置若罔闻，我们继续指导银行发出《暂停发放病假工资通知书》，明确因其请病假理由和就诊医院多次变化，且就诊结论与CT检查结果明显矛盾，单位对其提交的病假单有合理怀疑。鉴于其未提供就诊资料原件和授权委托书，导致银行不能到医院核实，故在核实其病情真假之前，暂停发放病假工资，待确认为真实后再行补发。

通知书发出后1周左右，银行收到了秦某某寄来的《解除劳动合同通知书》，提出因为银行停发其工资为恶意克扣工资，侵害了劳动者合法权益，其依据《劳动合同法》第38条的规定解除劳动合同，并要求银行支付经济补偿。

至此，银行是否认同其解除理由、以及在不认同情形下的劳动争议案件是否会胜诉已经不重要了。因为秦某某主动提出解除劳动合同，即使在劳动争议案件中胜诉，其也只能获得N的经济补偿。而银行本来是预备通过协商支付不超过2N的补偿金来解除劳动合同的。

## 办案感悟

虽然每年的劳动争议案件在以比较高的比例增长，但对于用人单位来讲，更多的劳动纠纷是在单位内部解决的，并未走到劳动仲裁甚至诉讼的阶段。所以如何通过非诉讼的方式解决劳动纠纷，是用人单位的HR更有必要掌握的技能。

而在我们律师参与协助或指导用人单位通过非诉讼方式解决劳动纠纷过程中，实践经验告诉我们以下几点比较重要：

## （一）对相关劳动法律法规的精通

相比劳动仲裁或诉讼中争议焦点比较明确和集中，在非诉讼方式解决劳动纠纷的过程中，单个案件所涉及的相关法律法规有分散、琐碎和范围广的特点。在本案上，既涉及医疗期、病假工资待遇等法律问题，还涉及工会主席的特殊保护，进而还牵涉工会主席罢免程序等法律问题。律师只有对相关法律非常精通，才能在保证提供的解决方案可以让用人单位在合法合规的基础上最终解决问题。

## （二）不能简单机械地理解和运用法律知识

在本案中，如果就法律而论法律，则在劳动者医疗期内用人单位无法依据《劳动合同法》第40条和第41条的规定解除劳动合同；病假工资按照银行内部规章制度又必须全额支付；工会主席的罢免程序无法走通，工会主席受法律特殊保护。那么银行就会陷入死循环，要么接受秦某某长期“泡病假”的事实，要么提出远高于法定标准的高额补偿金来换取秦某某同意协商解除。如果按此思路，则银行会被秦某某牵着鼻子走，即使走协商解除的途径解除劳动合同以解决双方的僵局，在此过程中也毫无谈判筹码，会极易被对方予取予求。

在银行对秦某某的病情有合理怀疑但又无法证实的情形下，如果对法律生搬硬套，显然是无法采取任何措施的。但我们通过向医院当面询问施加压力后，秦某某再未提交过新的病假申请，说明医院感受到压力后也不敢随意提供病假单。在秦某某不提供就诊资料原件，也不提供确认病情的授权委托书后，果断通知暂停向其发放病假工资，虽然存在被认定为克扣工资的法律风险，但我们分析后认为，即使存在此风险，其后果要么是补发，要么是被认定为员工有权依据《劳动合同法》第38条的规定行使推定解雇权，这两个后果并不是很严重，均在银行可以承受的范围内。并且，由于秦某某提交的就诊资料确有疑点，即使银行为此而败诉，也不至于让了解案情的相关人员认为银行是在恶意迫害员工，对于银行的声誉并无大的影响。

对这一系列的博弈过程，我们称其为“运动战”。原因在于各项措施虽有明确的目标，但其每个步骤的结果难以预料，且需根据对方的应对来决定下一步的应对，如同在战役中寻找战机以决定下一步的作战方略并对作战目标进行及时调整一样，故称其为“运动战”。本案中银行事先并不知道到医院询问病情的结果如何，也不知道秦某某对要求提供就诊资料原件和授权委托书的反应如何，更不知道通知其暂停发放病假工资后会如何应对。但根据每一项措施的结果，都可以在当时考虑下一步的应对，只要抓住机会就可以进一步突破，最终将问题导向最终的解决。这如同《宋史》中岳飞所说的：“阵而后战，兵法之常，运用之妙，存乎一心。”其背后需要对法律的精确把握，更需要长期的实战经验总结，才能做到处理纠纷时的临机应变，找到解决问题的合理路径。

与之相对的则是工会主席罢免程序，因为程序是法定的，唯一的不可控因素即为上级工会的意见和态度，一系列的措施的结果只有两种：要么成功，要么失败，其后果导致的后续措施也是明确的。如同战争中攻打某一城池，要么成功占领，要么铩羽而归，故称其为“攻坚战”。

在本案中，由于银行在律师介入前已经与上级工会沟通过，多少了解了其态度，故对于攻坚战并未抱太多的期望，而把主要精力集中在运动战中。而此次正是攻坚战与运动战相结合，并让运动战发挥主要作用，迫使秦某某认识到银行的坚决态度，意识到如果双方继续对峙下去会耗费其大量的精力和时间，从而选择了主动依据《劳动合同法》第38条的规定主张推定解雇权的道路。

### （三）欲解决矛盾要让矛盾先适度爆发

解决劳动纠纷，很多时候需要让矛盾先适度爆发。如果用人单位对劳动者当前的表现不满意并且希望解决的，则不能仅采取“暗战”的方式，也即需要将部分矛盾挑明，让矛盾显现化甚至适度地激化。如果让双方的矛盾处于一种“温吞水”状态，用人单位没有足够的“大义名分”去处理，则会使矛盾处于一种隐性发展的状态，长期得不到真正解决。而如果用人单位在双方矛盾尚未爆发时即强行处理，一则在劳动纠纷演变为仲裁和诉讼时容易败诉，二则更加容易落人口实，给外界造成一种用人单位小题大做迫害员工的不良观感。而如果用人单位通过对法律和事实的分析，找到劳动者自身违规的地方，用规章制度和合理的管理措施来适度严格要求，则可以使矛盾适度爆发。劳动者在此时如按照单位要求执行，则从此成为一个遵纪守规的合格员工；如采取继续甚至升级对抗态度，则很容易被单位抓到违纪的事实，为用人单位创造对其进行纪律处分的机会，最终彻底解决双方的矛盾。

# 高管解除的风险规避

## ——陈某与南京某公司劳动争议案

关键词 并购 证据搜集 高级管理人员 二审进攻性防御

### 基本案情

2002年12月，某公司成立，陈某为股东之一，是某公司的法定代表人。2009年5月，双方签订无固定期限劳动合同。

2014年4月，某公司更名。2014年11月，某公司董事会任命陈某为总经理。2014年11月，某公司及其股东与杭州某公司签订增资协议，约定由杭州某公司向某公司增资，增资完成后占股47.98%，成为第一大股东，新董事会由三名董事组成，董事长由杭州某公司提名的董事担任，董事会决定聘任或者解聘总经理、财务负责人和其他高管及其报酬事项，董事会决议表决实行一人一票，过半数通过。

2015年3月，某公司的法定代表人由陈某变更为董事长张某。2015年7月，某公司任命陈某为副总经理，负责市场推广。2015年10月，某公司向陈某邮寄发出要求陈某立即回到工作岗位的通告，声明陈某近期无故外出，未办理请假手续，并于2015年10月在总经办取走公司公章，在财务部抢夺电脑，要求陈某立即停止侵害并回岗工作，否则将视情节严重程度给予包括“开除”在内的处分。2015年11月25日，某公司向陈某邮寄发出关于陈某工作岗位调整的通知，声明董事会决定任命陈某为生产部副经理，要求陈某于2015年11月报到，并严格遵守规章制度打卡考勤。2015年12月，某公司向陈某邮寄发出《要求陈某正常上班通知书》，要求陈某于2015年12月到总经办办理考勤手续，到生产部经理处报到履职，否则将按旷工规定解除劳动关系。2015年12月，某公司向陈某发送电子邮件，声明其已多次要求陈某遵守规章制度，陈某虽于2015年12月到生产部经理处报到，但未到总经办办理考勤手续，并在当天下午未请假离开公司，缺勤和旷工不仅将导致无法核定应发工资，还将触犯劳动纪律。2016年1月，某公司向陈某邮寄发出《解除劳动合同通知书》，声明陈某严重违反规章制度，决定自2016年2月29日起解除劳动合同关系。2016年3月14日，某公司向陈某邮寄发出要求陈某办理工作交接及离职手续通知函，要求陈某于2016年3月办理完工作交接及离职手续，逾期不办理而造成的后果由陈某本人承担。

2016年4月，陈某向南京市江宁区劳动人事争议仲裁委员会申请仲裁，该仲裁委员会于2016年6月作出宁劳人仲定字（2016）第1128号终结审理决定书后，陈某于2016年6月诉至法院。请求法院依法判决某公司支付其2015年1月至10月所欠30%的工资、2015年11月至2016年2月的工资、提成和赔偿金。

## 法律分析

本案中比较具有争议的一点是陈某作为公司的高级管理人员能否适用劳动法相关规定。在一审判决中，江宁区人民法院认为："某公司虽然与陈某签订了无固定期限劳动合同，但陈某实为董事会决定聘用的高级管理人员，双方之间不属于劳动关系，故对陈某主张劳动法上违法解除劳动合同赔偿金的请求，不予支持。"而在二审判决中，南京市中级人民法院虽然没有改判，却对判决理由进行了修改，二审法院认为："某公司于2015年11月将陈某的职位由副总经理调整为生产部副经理，陈某虽于2015年12月到生产部经理处报到，但其自2015年12月起未正常出勤，亦未提供劳动，其行为符合由其批准实施的员工考勤、休假管理制度和劳动纪律管理制度中规定的予以开除的情形。某公司据此与其解除劳动合同，符合法律规定，无须向其支付违法解除劳动合同赔偿金。"从上述两个判决可以清楚地看出，对这一法律问题司法实践中尚未达成一致，存有争议。

当前在劳动法法律法规当中，高管的含义并不明确，我们仅能从部分法规中窥探公司高管的定义以及公司高管也接受劳动法法律法规的调整。如经理、厂长等均需签署劳动合同；《劳动合同法》第24条规定了高级管理人员受到竞业限制义务的限制。

《公司法》第216条则直接定义了高管的含义，"公司的经理、副经理、财务负责人，上市公司董事会秘书和公司章程规定的其他人员"。因此，劳动法当中对高管定义的缺位与公司法高管的定义存在衔接问题。致使学界在界定高管应否属于劳动者身份的问题上长期存在争议。

当前学界对该问题有两种不同的观点。否定说认为，高管与公司之间存在劳务关系，不属于劳动法意义上的劳动者。主要理由如下：

（1）对于具有股东身份的公司高管，作为公司的所有者，通常被认定为雇主，显然与劳动者存在利益冲突；对于不具有股东身份的公司高管，主要负责公司的经营管理，在日常经营管理中代表公司，负责管理下属员工，在员工的心中，他们就是"雇主"。因此两类身份的公司高管都与劳动者存在利益冲突。

（2）公司高管的薪资来源、薪资往往高于普通劳动者。公司高管有股票分红等多种薪资来源，在获得报酬层面也高于一般劳动者。

（3）最根本的原因在于，公司高管掌控公司管理的主动权，具有明显强势地位，与普通劳动者的弱势地位不同。

而肯定说则认为，高管与公司之间存在劳动关系，仍属于劳动者范畴。主要理由如下：

(1) 公司高管仍然接受公司的管理和制约，因此具有人身依附性；在报酬层面，公司高管仍然获取公司分发的薪酬，具有经济从属性，故具有成立劳动关系应当具备的特性。

(2) 目前我国法律法规中并未明确表明高管不接受劳动法法律法规的管理，故高管应当接受劳动法的调整。高管只要符合《劳动和社会保障部关于确立劳动关系有关事项的通知》规定的劳动关系成立的三个条件，就应当认为其属于劳动者。

因为劳动法法律法规对于用人单位与劳动者解除或终止劳动关系有严格的条件限制，如果认为高管属于劳动者，一旦用人单位未能满足法定条件，违法解除或者终止了其与高管的劳动合同，则高管可以要求继续履行劳动合同，补发争议期间的劳动报酬或者要求支付赔偿金。此外，高管具有较大的社会影响力，薪酬普遍较高，举证能力与用人单位不相上下。加之，高管一旦胜诉，可以获得的经济利益非常可观，出于利益考量，高管往往有能力也有意愿持续主张权利。这就导致高管类案件司法周期普遍较长，给公司带来的损失则更难以估量。故高管争议历来均是用人单位的难点、痛点。基于当下观点各异的裁审口径与实务经验，我们提出如下建议，以尽可能地降低违法解雇高管的法律风险：

(1) 在高管入职时与其签订劳动合同，在劳动合同中明确约定基本工资及因担任特殊高等职务而产生的岗位工资，并明确约定薪随岗变的原则。随后，由董事会作出聘任决议，任命高管担任相应的高等职务，享受特殊的职级工资。如此操作便于公司规避后期调岗可能导致的违法风险。

(2) 通过合法有效的董事会决议，免除公司高管的职务。该董事会决议应不违反法律、行政法规的规定，并应当符合《公司法》的程序要件。

(3) 调整公司高管的工作岗位，同时根据新岗位的薪酬标准降低高管的劳动报酬。

(4) 在依法调岗并降低高管工资报酬后，公司可依据劳动合同法的相关规定，与高管依法解除劳动关系。

按照以上步骤操作的优点在于，即便公司在与高管解除劳动合同的过程中存在违法行为，构成违法解除，但因高管的工资报酬已经被依法降低并已远离关键岗位，后续可能造成的不利影响（如高管请求支付违法解除劳动关系赔偿金、补发争议期间工资等）会大大降低。

## 胜诉指引

### （一）证据搜集是诉讼律师的核心能力

本案承办律师于一审第一次开庭之后开始参与案件承办，该案与关联案件徐某与南京某公司劳务争议纠纷一案由同一个法官承办。该争议是以公司股权并购为背景，在本案中，原告陈某原为南京某公司创设股东之一，也是原公司法定代表人。后杭州某公司与该公司签订增资协议，并成为某公司第一大股东。因在企业经营中发生一系列问题，陈某与公司其他股东产生正面矛盾，并卸任公司法定代表人职务，转任副总经理一职。此后陈某长期离岗，南京某公司几次发出通知要求其回到工作岗位未果后，与其解除劳动合同。陈某因此诉到法院，诉讼请求除要求公司支付2015年1月至10月所欠30%的工资、2015年11月至2016年2月的工资和赔偿金之外，还要求公司支付160万元的提成（关联案件中徐某主张400万余元）。案件审理查明，在完成公司增资之前，确有关于提成的政策性文件，其中之一为《2014年销售政策》。但是股权并购后南京某公司并不知情，也未实施过《2014年销售政策》。陈某提交有公章的文件予以证实其主张。

在我们接受该案的委托代理事项后，对整个纠纷的发展脉络进行了梳理，以增资为背景对案件的逻辑脉络进行了填补，并在案件分析会议中提示南京某公司对增资协议进行审查。通过该证据审查，发现了新的关键性证据，即杭州某公司与陈某、徐某签订的增资协议的附件一《陈述与保证》中明确：“公司已按时、足额支付员工工资和报酬，并按地方政府的规定缴纳社会保险费、住房公积金以及其他福利费用，公司现在没有（或者未拟推出）为其全部或任何董事或雇员提供的任何股权奖励计划、股权认购权计划或者利润分享、奖金、佣金或者其他奖励计划。”该证据成为法院事实认定的关键性证据，完成了法律事实认定漏洞的填充工作，是成功实现案件诉讼目标的关键。

作为诉讼律师，需要熟知常见的各类商业行为，并以此为分析、承办案件的工具。具体而言，在参与诉讼的过程中，从诉讼请求到案件事实，到法律关系、法律责任的判断，证据是一切主张的前提和基础。而搜集、发现、整理、分析证据均需要在一定的逻辑脉络引导下进行，因此学习掌握分析案件的逻辑能力是极为重要的。

法院裁判案件的依据是案件事实和法律规定，所谓“以事实为根据”指的是“法律事实”，即经过证据证明的事实。法律事实只能尽量去还原客观真实。这就意味着对于证据的理解与把控是律师必须掌握的基本功，也是衡量律师办案能力的重要因素。一名高水平的律师需要能够从客户提供的证据中梳理、概括出与案件请求所依据的法律规定大前提相关的、完整的法律事实，帮助法官找到适用于案件事实的大前提，并且要早于法官在认定事实之前，清晰明确该大前提的正当性、正确性。使法官相信，律师是在大前提的确定和指导下，陈述案件事实，提出诉讼主张的。

一名经验丰富的律师，可以做到跳脱出个案，根据事物发展的规律以及诉讼本身的特点纵观全局，一方面，发现案件诉讼双方的证据的矛盾之处，找到对方陈述中存在的虚假之处，并将其用作证明己方主张事实的证明；另一方面，发现自身举证逻辑中的缺失之处。这就要求办案律师有较强的逻辑思维能力和实践经验，例如，本案是一个劳动纠纷，承办律师不仅要熟知劳动争议的裁判规则，还需要对公司并购业务有所涉猎，并且可以将两者进行有机结合。

### （二）对于一审胜诉的案件，承办律师也应当注意诉讼防御

胜诉方律师需要进行胜诉原因分析，如一审判决存在较大争议，除进行正常的诉讼防御外，更需要关注的是侧面进攻，为二审实现胜诉提供其他可行思路。

本案中，陈某作为公司的高管能否适用劳动法相关规定这一点存在较大的法律争议。在一审中，法院认为高管不适用劳动法，因此无法要求公司支付经济补偿。后陈某不服判决提起上诉。事实上我们在办理此案的过程中，通过检索大量学界观点和法院判决认为，对于“法院能否认可公司高管不属于劳动者，不适用劳动法相关规定”确有较大争议。因此我们在加强论证该观点的同时，为二审法院提供了新的判决思路。明确提出即便认为陈某是劳动者，其长期旷工的行为也严重违反了公司的规章制度，公司依法与其解除劳动合同无须支付经济补偿。在二审的过程中，许多一审胜诉方律师往往不再多加举证，在答辩状中仅简单陈述认为一审判决认定事实清楚，适用法律正确。这在一审判决存在法律争议，判决理由并不扎实的情况下仍存在败诉的风险。在实务中，二审法院一般不愿意轻易改判，但是律师在办案过程中，依然不能忽视找寻新的论证理由，以达到最终维持一审判决的目的。

# 公司转型时的员工遣散

## ——某外资企业裁员案

关键词 停产 裁员 经济补偿

## 基本案情

### （一）公司情况及裁员起因

Y公司为设立于无锡市某经济开发区的外商投资企业，主营业务为设计、生产和销售防盗门窗。因市场变动影响及总部在华战略调整的考虑，中国区决定调整在中国的生产基地布局，需要将现有的几家沿海地区的工厂的生产转移至中西部，而其中即有无锡公司。由于仅仅是将生产转移，并不放弃无锡及周边地区的市场，故此仍需保留部分财务及销售人员，转型为一个区域性的销售公司，与此无关的人员需要全部遣散。目前无锡公司员工总人数为78名，而需要对其中生产相关的63名人员进行遣散。

### （二）劳动用工不合规情况

Y公司虽为外资企业，但其前身为一家民营企业，被收购后才成为外商投资企业。由于历史原因，该民营企业的管理模式在该公司一直持续至本案处理时，在劳动用工方面有不少采取“擦边球”的方式，不尽合规。该等“擦边球”方式主要有：

1. 社保未按实际工资缴纳

Y 公司长期采取每年与地方劳动保障部门协商确定缴费基数的方式，约定一个地方劳动保障部门可以接受的基数，按该基数计算缴纳员工的社保费。由于 Y 公司所在的经济开发区以民营企业为主，当地社保部门以先保障加入社保为主要目标，默认了此种操作方式。而员工因为降低基数也可以少扣社保，实际到手金额更高，所以也从未提出过异议。

2. 部分人员未缴纳住房公积金

由于年代久远、人员变动，现有公司管理层及人事工作人员无法解释为何公司内部分人员有住房公积金，而部分人员从未缴纳过住房公积金。其中缴纳住房公积金的基数标准又各不相同，并不完全符合法律规定。

3. 工资支付约定不明

Y 公司在制造部门采取的 12 小时制班，劳动合同上约定的工资据称为 12 小时工作的工资，但并未注明其中是否包含 4 小时的加班工资，而仅仅是约定俗成，员工基本未提出过异议。而在 12 小时以外尚有部分休息日及延时加班部分，对该部分公司也存在部分的不足额支付现象。就在裁员前 1 个月，有 4 名员工提起劳动仲裁，认为劳动合同约定的工资为 8 小时的工资，但实际每天工作 12 小时，公司长期以来欠付了巨额的加班费。劳动仲裁委员会就此通知了公司，希望双方进行诉前调解。

4. 未休年休假工资报酬存在风险

Y 公司并未执行带薪年休假制度，虽然在每年春节前后都会统一安排多休 5 天至 6 天，但发出的春节放假通知却从未明确多放的天数为公司统一安排的带薪年休假。且实际上累计工作年限长的员工并未因此安排而消化掉所有年休假，累计工作年限短的员工则多休的天数超过了其可以享受的带薪年休假天数。

## 法律分析

### (一)《劳动法》对经济性裁员满足条件的规定

那么如何才能合法、有效地裁减人员呢？首先大家可能会想到是经济性裁员，而事实上中国的劳动法确实也有关于经济性裁员的规定。1995 年 1 月 1 日施行的《劳动法》第 27 条就规定："用人单位濒临破产进行法定整顿期间或者生产经营状况发生严重困难，确需裁减人员的，应当提前三十日向工会或者全体职工说明情况，听取工会或者职工的意见，经向劳动行政部门报告后，可以裁减人员。"

《劳动法》第 27 条的内容明确了企业可以进行经济性裁员的两种情形，即"濒临破产进行法定整顿"和"生产经营状况发生严重困难"。原劳动部于《劳动法》颁布但尚未施行的 1994 年出台了《关于〈劳动法〉若干条文的说明》，其中就将"法定整顿"明确为"依据《破产法》和《民事诉讼法》的破产程序进行的整顿"；而将"生产经营状况发生严重困难"明确为"根据地方政府规定的困难企业标准来界定"。

### (二)《劳动合同法》对经济性裁员满足条件的规定

《劳动合同法》又在此基础上对经济性裁员需要满足的条件予以进一步明确。

首先，裁减人员必须达到 20 名或者不满 20 名但人数比例达到 10%。

其次，将符合经济性裁员的情形细化为 4 类：

（1）依照企业破产法规定进行重整的；

（2）生产经营发生严重困难的；

（3）企业转产、重大技术革新或者经营方式调整，经变更劳动合同后，仍需裁减人员的；

（4）其他因劳动合同订立时所依据的客观经济情况发生重大变化，致使劳动合同无法履行的。

但是，《劳动合同法》明确了3类优先留用的人员：

（1）与本单位订立较长期限的固定期限劳动合同的；

（2）与本单位订立无固定期限劳动合同的；

（3）家庭无其他就业人员，有需要扶养的老人或者未成年人的。

再次，《劳动合同法》保留了《劳动法》中关于6个月内重新招用人员时被裁减人员的优先录用权。

最后，《劳动合同法》对以下几类特殊人群又作了不得被裁减的特别保护规定：

（1）从事接触职业病危害作业的劳动者未进行离岗前职业健康检查，或者疑似职业病病人在诊断或者医学观察期间的；

（2）在本单位患职业病或者因工负伤并被确认丧失或者部分丧失劳动能力的；

（3）患病或者非因工负伤，在规定的医疗期内的；

（4）女职工在孕期、产期、哺乳期的；

（5）在本单位连续工作满十五年，且距法定退休年龄不足五年的；

（6）法律、行政法规规定的其他情形。

### （三）经济性裁员的程序性规定

《劳动法》第27条的内容也规定了程序性的要求，即需要“提前三十日向工会或者全体职工说明情况，听取工会或者职工的意见”，并且需要向劳动部门进行报告。《劳动合同法》对此并未作出更多的细化。但1994年原劳动部出台的《企业经济性裁减人员规定》对此作了较为细致的规定：

（1）提前30日向工会或者全体职工说明情况，并提供有关生产经营状况的资料；

（2）提出裁减人员方案，内容包括：被裁减人员名单，裁减时间及实施步骤，符合法律、法规规定和集体合同约定的被裁减人员经济补偿办法；

（3）将裁减人员方案征求工会或者全体职工的意见，并对方案进行修改和完善；

（4）向当地劳动行政部门报告裁减人员方案以及工会或者全体职工的意见，并听取劳动行政部门的意见；

（5）由用人单位正式公布裁减人员方案，与被裁减人员办理解除劳动合同手续，按照有关规定向被裁减人员本人支付经济补偿，出具裁减人员证明书。

## （四）经济性裁员在实践中存在的障碍

根据上述分析，似乎经济性裁员确实如很多HR所想，是企业在裁减人员时的首选项，应当具备很强的可行性。但是，在实践中往往存在众多的障碍，导致企业在裁减人员时，很难选择依照法定流程走经济性裁员的道路。那么经济性裁员在实践中存在哪些具体障碍呢？

1. 经济性裁员的法定条件带来的障碍

根据前一期分析的内容我们可以得知经济性裁员规定了严格的条件，企业如不符合条件，经济性裁员根本就无从谈起。在实践中，裁员的主要原因是企业的经营产生了现实的困难，背负的人员成本使企业在市场经济的竞争中举步维艰。而对于经济性裁员条件之一的“生产经营发生严重困难”，从原劳动部《关于〈劳动法〉若干条文的说明》来看，需要“根据地方政府规定的困难企业标准来界定”。而各地方政府对于困难企业的标准并不统一，但一般都比较严格，如：

北京市曾经在《北京市企业经济性裁减人员规定》（已废止）中将“生产经营发生严重困难”定义为“连续三年经营性亏损且亏损额逐年增加，资不抵债、80%的职工停工待工、连续6个月无力按最低生活费标准支付劳动者生活费用的”。

上海市曾经在《关于印发〈本市企业实施经济性裁减人员办法〉的通知》（已废止）中明确需要企业生产经营出现亏损，且已经采取了停止招工、清退外聘人员、停止加班加点、降低工资等措施，经实施半年后仍然亏损且经营状况无明显好转的。

无锡市在《关于印发〈企业经济性裁减人员实施办法〉的通知》中规定了

类似于上海市的规定要求，只是将“清退外聘人员”改为“清退劳务性用工”。

诸如此类对于“困难企业”的规定，基本只允许处于长期亏损且经过非裁员的措施后仍旧扭亏无望的企业才可以进行经济性裁员。而有些企业是因为订单下降导致总体人员多于实际所需人员，有些企业则是直接人员因流动率高而通过自然流失保持合理的人数，但间接人员却由于流动率低而处于一个不合理的水准。裁减冗余的员工，确保各部门的员工保持在合理的需要人数范围内，使企业扭亏为盈或保持盈利是企业裁员的最大动因。但此时的企业往往尚未亏损或仅仅是刚开始亏损，对于此类企业来讲，经济性裁员的规定条件决定了其无法通过经济性裁员的法定程序来裁减人员。

而在实践中，有些企业即使将经济性裁员方案在当地劳动部门进行了备案，一旦与劳动者就此发生纠纷，法院仍要审查其经济性裁员是否符合法定条件。

## 参考案例

**案例一：** 陆某某诉某工程有限公司违法解除案——北京市第一中级人民法院（2017）京01民终3388号

### 基本案情

陆某某于2006年5月入职工程公司，2016年5月16日，工程公司召开全体员工大会，向全体员工通知将进行经济性裁员，裁员名单中包含陆某某。陆某某主张公司于2016年5月24日向其送达解除劳动合同通知书，要求其于6月30日办理离职手续。而工程公司认为当日仅向其出示了解除通知，并未送达，通知书为陆某某自行取走，实际为2016年7月才正式通知其解除劳动合同。又，工程公司2015年度的财务审计报告显示该公司2015年度为亏损状态。陆某某认为工程公司经济性裁员不符合法律规定的条件和程序，认为其解除行为为违法解除，要求支付违法解除赔偿金。

### 裁决理由

首先，法院认为工程公司虽然2015年为亏损状态，但其并不符合

《北京市企业经济性裁减人员规定》中规定的企业经济性裁减人员的条件，即：（1）濒临破产，被人民法院宣告进入法定整顿期间；（2）连续3年经营性亏损且亏损额逐年增加，资不抵债、80%的职工停工待工、连续6个月无力按最低生活费标准支付劳动者生活费用的。其次，工程公司在向人力资源和社会保障局就经济性裁减人员进行备案前已向陆某某发出解除通知，程序上亦不当。故此判决工程公司以经济性裁员为理由解除与陆某某的劳动合同关系属于违法解除行为，依法应当支付赔偿金。

---

通过上面的案例可以看出，即使企业向当地劳动部门进行了备案，其经济性裁员的条件及程序仍有可能被法院实质性审查，根据企业的情况及当地对于经济性裁员条件的规定，存在被认定为违法裁员的可能性。

2. 经济性裁员的法定限制性条件所带来的障碍

企业裁减人员，肯定是希望留下年轻精干、积极向上、充满活力的员工，但经济性裁员要求企业不得裁减工伤伤残者、医疗期内者、“三期”女职工等，并且需要优先留用无固定期限劳动合同员工及较长固定期限劳动合同员工。

一般而言，企业对于工伤伤残者、三期女职工在工作安排上都是会特别考虑，让其承担相对比较轻松和不重要的工作。而医疗期内的员工和产假内的女员工都需要在家休养，无法提供劳动。无固定期限劳动合同员工及较长固定期限劳动合同员工都是在企业工作年限较长、年龄较大的员工，相比年轻的新员工，工作的积极性、健康因素等多少都会有些欠缺。而企业如通过经济性裁员优先留用了此类人员，却将工作年限较短、年龄较轻的员工裁减掉，就无法达到通过裁减人员提高生产效率的目的，也失去了裁员的真正意义。

3. 经济性裁员的程序性要求所带来的不确定性

对于经济性裁员，首先，要求企业提前30日向工会或全体职工说明，听取工会或全体职工的意见后才能将裁员方案提交劳动部门登记备案。其次，劳动部门在审查过程中会对企业作出一些指导性的意见，要求企业按意见整改后才会同意企业进行经济性裁员。最后，企业在取得劳动部门的正式备案后，才可在内部正式公布并实施经济性裁员的方案。按照此程序实施，从企业向工会或员工说明初步方案到最终被劳动部门许可备案，至少需要 1 个月至 2 个月，周期不可谓不长。

就企业员工而言，在此期间，所有员工都知道了企业要裁员的信息，对于裁员的名单、经济补偿的标准均会有各自的想法，个中又含有许多非理性的诉求因素。在如此长的期间内裁员信息已然公布，却迟迟引而不发，很容易导致各种不良情绪的酝酿、发酵甚至爆发，造成集体性的劳动纠纷。轻则裁员难以推进，重则发生罢工事件，造成企业无法生产，最终无法向客户交货，让企业本已困难的生产经营雪上加霜。故此，对于追求平稳裁员的企业来讲，需要 2 个月以上周期的经济性裁员并非一个良好的选择。

就地方政府而言，由于各地地方政府对企业进行经济性裁员的看法不一，实践中有些地方政府因为担心准许企业进行经济性裁员会招致劳动者的群体性批评，往往对企业的备案不予许可。况且确实有部分企业在希望裁减人员时，企业的经营状况还未达到地方政府所规定的“严重困难”的程度，而只是希望通过裁减部分人员以达到改善经营业绩的目标，就更加不可能得到政府部门的许可了。

如企业在内部公布了进行经济性裁员的信息，与工会或全体职工进行了商议，最终却不能得到劳动部门的备案许可，将向员工传达一个企业的裁员行为得不到政府支持的信息，会让员工理解为企业的人员裁减行为根本不具备合法性。在此局面下，之后企业即使想用其他方案来裁减人员，均会招致员工的集体抵制，非但不能达到裁减人员的目的，反而会受到员工集体纠纷、罢工等负面影响。

## 办案经过

### （一）了解裁员原因、目标，摸清企业情况

该企业委托我们的律师团队后，通过前期与其中国区总部人事、法务的多

次电话会议、邮件沟通，让我们基本摸清了上述基本案情背景。同时了解到该公司历史比较复杂，20世纪90年代末即设立，在民企转外企过程中，并未向员工支付经济补偿以买断工龄。并且管理层变动过多次，对之前的一些历史细节也没有人完全清楚。故我们得出一个结论，像这样经营年份较长，历史沿革较复杂，劳动用工很不合规的企业，如果裁员方案不恰当，在裁员过程中很有可能爆出一个又一个的雷，让裁员过程充满“惊喜”和意外。而中国区总部的反馈也印证了我们的结论，该集团在河北廊坊的一个子公司，与无锡子公司情况类似，不久前也是因为转型为销售公司，进行了人员精简，结果是调动了中国区10多个HR前去支援，花了近2个月的时间才处理完。

### （二）确定实现裁员的法律途径

通过上文的法律分析可知，该公司虽然符合《劳动合同法》第41条规定的可以进行经济性裁员的“经营方式调整”的情形，但是在实践中很难完成将经济性裁员方案在劳动部门备案的程序，且即使能够完成，所耗费的周期也过长，无法满足公司希望在1个月内启动与员工面谈裁员的目标。因此，我们建议公司采取我们在裁员中常用的协商解除的途径来实现公司的裁员目标。

根据《劳动合同法》第36条的规定：“用人单位与劳动者协商一致，可以解除劳动合同。”只要公司制订出合理的方案，与员工能够协商一致解除劳动合同，对于企业来讲是法律风险最低的一个裁员途径。

### （三）制订补偿金方案

在了解企业基本情况及裁员原因、目标后，我们的律师团队开始了与中国区人事及法务共同制订补偿金方案的工作。

公司方最初考虑的方案是按照他们在廊坊子公司实施的思路，即按照法定的经济补偿，再将公司在加班工资、带薪年休假、社保和公积金缴纳方面存在的不合规情形分别针对每个员工进行核算，在此基础上进行打折后作为额外的补偿支付给员工。但是我们在分析公司的实际情况后对此提出了异议，认为此方案可能最后是吃力不讨好，理由主要如下：

1. 核算工作量过大，在总部要求的裁员开始日之前可能无法完成

由于该公司历史沿革较长、较复杂，部分员工工作年限比较长，而人事及总经理目前仅掌握他们经手期间的劳资管理方式及数据，之前的出勤情况、工资结算情况、休假情况并不完全清楚。虽然《江苏省工资支付条例》要求用人单位对劳动考勤记录的保管最低期限仅为两年，但无法保证员工不提出各自的诉求甚至显示其两年以上的出勤证据，届时公司将会疲于应付，且难以核实。但如果对员工在职期间所有的出勤情况进行核实，一则数据不全，二则耗时耗力，且难以保证准确。

2. 容易刺激员工提起劳动仲裁

由于需要根据每个人的出勤情况核算其应补偿多少加班工资、未休年休假劳动报酬，如果与员工自己计算的不一致，必然会导致与员工之间的纠纷，一旦处理不好，很容易形成群体性的劳动争议案件。而事实上公司正面临 4 名员工因加班工资支付问题而提起的劳动仲裁，很容易刺激其他员工群起效仿。

3. 额外补偿方案很有可能无法满足员工

由于公司的初步方案并非对所有的在职期间的出勤时间进行核算，仅仅对前两年的出勤情况进行核算，据此计算应该额外补偿多少金额的加班费、未休年休假工资报酬。但此方案反而会刺激员工开始在这方面计算公司应该补偿自己多少加班费、多少未休年休假工资报酬，而往往都会就高计算，以实现自己的利益最大化。而上文也提到了，公司与员工默认的是《劳动合同》约定的 12 小时的工资，但并未明确注明，更未拆分 8 小时以内的正常工资和 8 小时以外的加班工资。如员工希望实现利益最大化，很有可能拒绝承认双方之间的默认，与目前提起劳动仲裁的 4 名员工一样，主张《劳动合同》约定的仅为 8 小时以内的工资，公司长期欠付了每天 4 小时的加班费。如果全体或大部分员工都如此主张，必然会导致“秀才遇到兵，有理说不清”的局面，无法与员工就补偿条件协商一致。

4. 员工不会满足少缴、欠缴社保、公积金的补偿

公司虽然考虑将少缴、欠缴的社保、公积金按一定比例折算后额外补偿，但员工为了利益最大化显然会提出公司将少缴、欠缴部分全部补偿给员工，甚

至会为了逼公司就范提出要去举报投诉，要求全额补缴。且在公司考虑的方案中，也仅仅是计算离职前2年少缴、欠缴的社保、公积金，必然会导致员工趁势提出应当按整个在职期间少缴、欠缴的社保、公积金来计算此部分的额外补偿。

5. 带来众多争议点，不利于快速处理

通过上述分析，可以看出公司的初步方案在加班工资、未休年休假工资报酬，少缴、欠缴社保、公积金问题上，都会与员工发生争议，且每个人的情况都不同，会使公司在开始执行裁员方案后陷入与员工无穷无尽的争执中，无法实现快速裁员的目标。

基于上述考虑，我们律师团队提出了“N+1+4”的补偿方案，即以离职前12个月平均月薪为基数，计算N（本单位工作年限）+1+4年的补偿金额。

其中的“1”为未提前30日通知的代通知金，会明确告知员工如果晚签1天就会少1/30。虽然根据《劳动合同法》的规定，仅在依据该法第40条解除时才需要提前30日通知或额外支付1个月工资作为代通知金，但由于在实践中员工普遍认为只要公司提出就均需要提前30日通知或额外支付1个月工资作为代通知金。如果在协商时就此点与员工纠缠会极不利于裁员项目的推进，故一般都会建议公司默认需要支付代通知金。

其中的“4”为纯粹的额外补偿，既作为对之前公司劳动用工中的不规范的一个弥补，又作为对在方案公布后当天签约员工的一个奖励。换言之，如果员工在当天没有签订协商解除的协议，即不享受此额外4个月的补偿；或者如果员工纠缠此前劳动用工中不规范的地方，要求就此支付额外补偿的，公司也会明确告知如此不享受额外补偿的“4”，员工可以就其认为的劳动用工不规范提起劳动仲裁来解决。通过这个“4”的设置，既实现了对员工尽早签约的激励，又模糊处理了劳动用工中的不规范的补偿问题，可以满足大部分员工的心理期望，保证裁员的大势顺利进行。

### （四）制订行动方案

在确定经济补偿方案后，我们又为公司制订了裁员的行动方案，具体包括：

1. 经济补偿明细计算

此部分由公司的人事实施，需要对每个员工的工作年限、前12个月平均工资进行确认，据此结合公司的经济补偿方案计算每一名员工的具体补偿金额。同时，核实每一名员工的具体情况，对处于医疗期、“三期”的员工，以及曾经因工伤劳动能力鉴定有等级的员工，都要根据相关的法律法规计算额外的补偿。

2. 公布日前后的日程计划

虽然我们采取的法律路径是协商解除，但由于涉及60多名员工，考虑到万一发生群体性纠纷时还是需要劳动部门甚至公安部门出面协调，故需要在公布前安排时间至相关政府部门沟通。而重点在于公布日的计划，我们确定了当天员工的召集、个别面谈的人员安排、会议室安排、时间进度等。

3. 确定员工不同意协商解除情形下的B计划

考虑到可能有部分员工就是不同意公司的解除方案，我们计划以“生产线关闭”作为“客观情况发生重大变化”的理由，提出备选方案为公司将不同意协商解除的相关员工借调往接受生产线的长沙公司。如果员工不同意，则以《劳动合同法》第40条第3项“劳动合同订立时所依据的客观情况发生重大变化，致使劳动合同无法履行，经用人单位与劳动者协商，未能就变更劳动合同内容达成协议”为由解除劳动合同。而在以此为理由解除时，因为是《劳动合同法》规定的法定解除，故公司也仅支付法定的N+1作为经济补偿和代通知金。当然，此点仅作为对员工的威慑，仅仅是向员工表明在其不同意协商时公司的后手对员工更不利。

4. 确定留用人员的补偿方案与留用计划

公司虽然停产，但由于是将生产线转移至长沙公司，故后期仍需要部分人员留用一段时间，以安排将生产线拆卸、包装、运输往长沙公司。我们根据经验向公司提出了为保证员工留用时的工作积极性在留用期正常工资的基础上，结合工作量适当予以额外奖励的方案。当然，解除劳动合同的经济补偿方案与其他员工是一致的。

5. 确定风险防范预案

考虑到公司在中国仍旧需要经营下去，且销售的是终端消费品，容不得意外事件发生损害公司在中国的市场声誉，所以我们又制订了员工罢工、发帖、联系媒体采访甚至意图自杀等突发事件发生时如何应对处理的预案。

## （五）裁员方案的具体实施

1. 与政府相关部门的沟通

按计划，我们提前3天开始与政府相关部门进行沟通。由无锡公司总经理先向招商局报告情况，后由律师陪同总经理前往劳动部门和当地派出所进行报告。出于对维持社会稳定的考虑，政府各部门都提出了一些意见，甚至是具体的方法、步骤的建议。由于我们处理裁员的经验非常丰富，对于政府部门的意见和建议大致都提前考虑了，因此无须对方案进行修改。

2. 向员工公布，并进行个别面谈

公布日那天，我们的律师团队早早地来到公司，公司也提前通知了员工，按时召开了大会。首先，由公司总经理宣布公司准备关闭生产线的决定，并告知对相关人员需要协商解除劳动合同。然后由律师说明协商解除的经济补偿方案，重点说明了额外补偿的条件。

散会后6名律师分成3个小组，分别在3个会议室，会同中国区从兄弟公司调配来的几名人事工作者，每个小组2名律师加1名人事组成面谈小组，另有其他几名工作人员按名册安排后续员工进会议室及在会议室外面等候。另外1名项目负责律师与中国区人事总监、法务总监及公司总经理坐镇和巡视，发现疑难问题或突发状况随时处理。

截至上午11时，63名员工只剩3名没有签字。其中1名为孕妇，在家休养待产，已经电话约定好由公司人事将协议送上门签字；1名员工提出有300元左右加班费未结清，公司曾承诺尽快解决，但到现在要解除了仍未实际解决；最后一名员工对不足额缴纳社保、未缴纳公积金有异议，甚至隐讳地提出8小时工资和12小时工资的问题，认为应该将此部分折成补偿金加入补偿方案。

针对此情况，我们向人事进行了核实，300元左右加班费的问题确实是有，但由于特殊原因一直未能得到确认。我们当场让人事向部门经理作了最后核实，确认事实后当场承诺在最后一期工资中予以补发。顺利解决了该员工的疑惑，该员工也非常高兴地签字了。

最后一名员工因为对补偿方案本身有疑问，我们按照制订方案时考虑的策略，明确告知其如果对社保、公积金缴纳有疑问，公司可以与其一同到相关部门去办理补缴手续，但是公司只补缴公司承担部分，个人承担部分要由其自行缴纳。而对于加班工资问题，公司也明确表态公司认为是合法的，如果其认为不合法，可以与其他提出劳动仲裁的员工一样，提起劳动仲裁解决。但是，补偿方案中额外的“4”的部分，也是因为公司考虑了以往劳动用工中可能有一些不规范的部分而作出的统一的额外补偿，如果员工希望通过劳动仲裁精确计算公司是否有少付加班费的，那么公司只能选择只支付法定的经济补偿，额外部分无法让其享受。该员工考虑到当天下午将近3时，看到其他员工都签字走人了，车间只剩下他1个人，内心开始焦虑起来，便主动跑到楼上办公室要求签字。

至此，该公司的裁员项目顺利结束，未发生一起劳动纠纷，在大半天时间内与63名员工都解除了劳动合同，远远超出了中国区的期望。

## 办案感悟

裁员项目是最容易发生群体性劳动纠纷的劳动法业务之一，不但会影响企业声誉，更会影响社会稳定，严重的还会造成人员受伤的恶性事件。这也导致政府部门对企业的裁员都持谨小慎微的态度，轻易不敢予以备案通过。这也造成了企业裁员无法按法定程序走经济性裁员路径的困局，而即使有部分地方政府同意备案，上文的分析也指出了经济性裁员面临的实际障碍。

既然经济性裁员面临那么多障碍，那是否企业就无法裁减人员了呢？当然不是！只要策略和方法得当，还是可以成功地裁减冗余人员的。我们通过多年的裁员实务经验，有以下感悟可以分享：

### （一）要分析本企业裁减人员的真实原因

如果企业确实是因为生产经营发生严重困难，在可以申请经济性裁员的地区，还是应当对照相应的条件，如果符合当地的标准，则可以考虑选择依据《劳动合同法》第41条的规定走经济性裁员的程序。毕竟向当地劳动部门报告后得到备案，是企业可以单方解除一批劳动合同的合法理由，解决了裁减人员的合法性问题。

如果企业仅仅是因为利润下降，为了恢复原有利润而裁减人员降低人工成本的，则肯定无法满足经济性裁员的条件，因而只能考虑其他合法途径来解除相关人员的劳动合同，从而达到事实上削减人员的目的。而根据《劳动合同法》可以合法解除劳动合同的情形主要有协商解除、医疗期满解除、不胜任解除、客观情况发生重大变化解除和严重违纪解除。其中医疗期满解除、不胜任解除和严重违纪解除只能解除极个别员工，且需要有充足的合法理由；客观情况发生重大变化解除可以解除整个甚至几个部门的人员的劳动合同，但需要有充分的证据证明客观情况发生重大变化，且需要有企业与相关员工就协商变更劳动合同条件不能达成一致的程序性要求。而协商解除则只要双方协商一致，不存在欺诈或重大误解，其解除后果都是合法有效的。

有些企业的所谓裁员，仅仅是因为之前的员工管理对经常违纪、工作态度消极或严重缺乏团队合作精神的员工长期疏于指导和管理，到了实在不能忍受时意欲将一批此类员工统一地解除劳动合同。在此情况下尤其要注意解除理由的选择，并且针对员工情况搜集企业可以合法解除的相应证据材料，作为企业与员工协商解除的筹码，最终达成成功解除的目标。

### （二）要组成一个有战斗力的项目小组

裁减人员涉及解除劳动合同的理由、经济补偿的标准、针对相关员工不同意解除的后续措施、风险防范预案的制订等重要问题，需要有足够权限的人员参与并领导项目小组。而小组成员人数应当适中，且应根据项目筹划、实施的不同阶段，及时安排相应的人员参与。

项目小组的成员一般必须包含人事和相关部门的负责人，且应有具备专业知识和裁员实务经验、技巧的律师参与，可以保证裁员过程的合法性和顺利展开。并且每个小组成员都应当具备严格的保密意识，在项目筹划阶段绝对不能泄露任何有关裁员的信息，否则可能会在项目开始实施之前就引发集体纠纷。

### （三）要进行劳动合规性审查，做好风险防范预案

每个企业在经营过程中不可能做到完全合法合规，尤其在劳动合规方面，因为劳动法规涉及面广，通知、文件层出不穷而又纷繁复杂，几乎没有哪个公司的 HR 部门可以做到熟知所有劳动法规，能够做到遵守主要劳动法规已是不易。但在裁员时，被裁员工为了争取自身的最大利益，必然会从各方面寻找企业在劳动合规方面的漏洞，并以此为筹码与企业进行博弈。

因此，项目小组必须在裁员项目开始实施之前委托律师对劳动合规性进行审查，列出可能存在的不合规点，并据此分析可能存在的风险以及与员工谈判、博弈时的对策。并且，部分不合规点涉及员工的劳动报酬或福利待遇，对经济补偿方案的制订也有重要的影响，更需要准确把握劳动合规性情况。

另外，对裁减对象员工的情况也需要进行摸底排查，分析每个人的性格、经历等特点，在此基础上结合专业人员的一般经验，预估可能出现的风险，并针对每一个风险点制订好对应处理的预案。

### （四）需要制订经济补偿方案和具体实施方案

经济补偿方案的制订可谓是关系裁员项目能否成功的最关键的因素，如何让经济补偿标准既对员工有吸引力又能控制在企业的预算范围内，是一件需要极高的策略和艺术性的工作。一般需要考虑企业经济补偿的历史标准、集团内兄弟公司的标准、周边企业标准、解除理由及劳动法合规情况和如何激励员工尽早签订等目的来综合考虑制订具体的经济补偿方案。此次裁员项目的补偿方案正是考虑了企业的特殊情况，避免员工计较细节，进而避免了与每个员工陷入繁复的额外补偿金额的确认和交涉，比公司初步方案的预算节约了近 200 万元的支出，并且没有出现像廊坊子公司那样中国区 10 多个 HR 支援近 2 个月的苦战局面。

对于具体实施方案需要考虑何时向政府相关部门进行报告并取得其协助，安排好具体实施的每一个步骤的时间点和负责人，如果需要企业管理人员直接与员工进行面谈的，还需安排对相关管理人员进行面谈技巧培训的环节。

由于在实施过程中企业需要张贴公告、发送通知、与员工签订协议等，因此需要事先列出文件清单，由律师起草或审核相关文件，保证每份文件的合法性和实用性。

在面谈的具体日程计划方面，需要确定面谈、安保、统筹等具体负责人，考虑员工面谈的导入、面谈、退出的详细流程，以及员工同意或不同意解除劳动合同的后续处理流程。

### （五）裁员项目的实施过程中需要随机应变

其实只要项目的计划安排详尽、合理，在具体实施时只需要按照计划按部就班地实施，无论员工同意还是不同意、态度平和还是激烈、是否有突发事件发生，都有相应的预案进行对应，所有项目小组成员各司其职完成各自职责即可保证项目大体能按计划完成。但毕竟不能完全防止百密一疏的产生，还是会有一些计划阶段未能发现或考虑的因素，需要项目小组各成员在实施过程中及时发现和反馈此类信息，由项目统筹的负责人及时作出决策处理突发性问题，保证及时消除项目实施过程中的不稳定突发因素。

综上，裁员是一个涉及面非常广的、重要的系统工作，需要考虑与项目相关的各个方面。《孙子兵法》所言："夫未战而庙算胜者，得算多也；未战而庙算不胜者，得算少也。多算胜，少算不胜，而况于无算乎。"在裁员项目上可以得到很好的印证，事先筹划是否详尽合理关系到项目的成功概率。没有良好的事先计划就实施裁员的，虽然勇气可嘉，但失败概率极高，即使成功也属于碰运气的偶然事件，其经验是无法复制的。

因此裁员需要有相当丰富经验的专业人员统筹，制订计划、领导实施，才能最大限度地提高成功裁员的概率，完成企业降本节支的目标。

# 相同的罢工理由，不同的处理结果

## ——从两家欧美企业罢工案中看罢工处理对策

关键词 吸收合并 罢工 买断工龄 解除

## 基本案情

### （一）Y 公司罢工情况

Y 公司位于江苏江阴，是一家化工产品生产企业，其母公司为以色列企业，爷公司为德国企业。2014 年，其爷公司的德国企业被某日本企业收购。发生罢工时针对其爷公司的收购项目尚未完成交易，只是在谈判过程中，德国公司的员工就开始罢工争取自己的权利，而德国公司的员工与 Y 公司的员工因为工作关系而有部分人员相互熟知，通过此渠道将德国公司即将被一家日本公司收购的消息传到 Y 公司。

由于得知爷公司的员工也在通过各种手段争取权益，故 Y 公司的员工委托工会委员代表全体员工向公司提出要求公司按工作年限支付经济补偿以买断工龄，否则将会发起罢工。而 Y 公司的部分生产设备属于压力容器，需要员工定时检查压力并进行相应操作，否则可能会引发爆炸。

### （二）A 公司罢工情况

A 公司位于上海市青浦区，是一家生产汽车零部件企业，主要生产工序以机械加工为主，其母公司为一家美国企业。同样在2014年，其母公司被另一家美国企业收购完毕，根据母公司的新股东要求，需要将母公司以及A公司的公司名称都统一为母公司的新股东的字号。员工得知公司即将变更字号，提出变更字号即变更了劳动合同订立主体，等于原用人单位与员工解除了劳动合同，故要求公司支付经济补偿。在公司予以拒绝后，生产部门约50名员工发起了罢工。

## 法律分析

### （一）股东变更对劳动合同履行的影响

根据《劳动合同法》第33条的规定，“用人单位变更名称、法定代表人、主要负责人或者投资人等事项，不影响劳动合同的履行”。股东变更即为其中的“投资人”变更，并不影响劳动合同的履行，也即原劳动合同未受到任何影响，劳资双方应按原合同继续履行，无须作任何变更。

在司法实践中，法院基本也是依据《劳动合同法》的第33条来处理股东变更后的劳动合同履行问题的。

### 参考案例

**案例一：**用人单位法定代表人或股东变更不影响用工责任的承担——江苏省高级人民法院2013年劳动争议十大典型案例之十

**基本案情**

李某系某新型材料公司的员工，该公司未为李某办理工伤保险。2012年3月8日4时50分左右，李某在切割机西边挂钩区清理垃圾时，被从行车上脱落的铁模框砸伤，后经救治无效死亡。2012年6月

24 日，人社部门作出工伤认定决定书，认定李某受到的事故伤害为工伤。李某的丈夫刘某诉至法院，请求判令该新型材料公司支付李某的工伤保险待遇。在案件审理期间，公司辩称李某于 2012 年 3 月 8 日因工受伤，而公司现所有人是在 2012 年 6 月 1 日从原法定代表人处接手的，故对之前发生的事情并无责任。

**裁决理由**

法院认为，用人单位变更名称、法定代表人、主要负责人等事项，不影响工伤保险责任承担，遂判决支持刘某的诉讼请求。

---

虽然上述案例是针对用人单位在股东变更前后的用工主体责任，认为“企业的法定代表人或者股东发生变更，只是其内部的组织结构发生了变化，并不影响企业对外民事责任的承担”。但从该法律规定的内容来理解，显然在劳动合同的履行中用人单位与劳动者相互承担义务是双向的，劳动者也应在用人单位股东发生变更时继续向用人单位承担劳动者的义务。

而在 Y 公司与 A 公司的变更中，A 公司为母公司的股东发生变更，Y 公司为爷公司的股东发生变更。该两种情形在《劳动合同法》上虽未有明文规定，但根据法律解释中“举重以明轻”的原则，本公司的股东发生变更尚不能影响劳动合同的履行，更不用说母公司及爷公司的股东发生变更了。因此，A 公司及 Y 公司的变更事项并不会影响其与员工所订立的劳动合同的继续履行。劳动者所称的母公司或爷公司的股东发生变更或公司名称发生变更导致原劳动合同已经解除进而要求支付经济补偿的要求是不成立的。

### （二）劳动者是否有罢工的权利

1. 法律规定

对于此问题，国内法学界争议比较大。1954 年《宪法》并未规定公民有罢工的权利，但 1975 年《宪法》第 28 条规定“公民有言论、通信、出版、集会、结社、游行、示威、罢工的自由，有信仰宗教的自由和不信仰宗教、宣传无神论的自由”。在“文革”结束后的 1978 年《宪法》对此予以了保留。但在 1982

年《宪法》中删除了其中的“罢工自由”，而在之后的历次《宪法》修订过程中，“罢工自由”再未恢复。

反对劳动者有罢工权利者认为，通过《宪法》修订的过程可以得出劳动者没有罢工权利这一结论，因为曾经有过规定的“罢工自由”特意被删除，意味着我国目前对罢工是不支持也是不保护的。

但赞成劳动者有罢工权利者则认为，不能仅仅依据《宪法》修订的沿革来判断我国劳动者的罢工权利是否受法律认可，其理由有以下两点：

（1）我国加入的国际公约认可劳动者有罢工权利

我国于1997年签署加入了联合国《经济、社会及文化权利国际公约》，该公约第8条规定：缔约各国应该保证劳动者享有罢工权。在批准时我国并未对该规定提出保留意见，故意味着我国承认劳动者拥有罢工权。

（2）《工会法》等法律变相认可了罢工权

《工会法》第28条规定：“企业、事业单位、社会组织发生停工、怠工事件，工会应当代表职工同企业、事业单位、社会组织或者有关方面协商，反映职工的意见和要求并提出解决意见。”其中的“停工、怠工”虽然用词与“罢工”不同，但其实质意思并无本质区别。如果“停工、怠工”是违法的，法律就不会规定需要工会代表职工协商并反映职工意见。因此，从单行法律来看，我国虽然未明确提到劳动者有罢工权利，但是从侧面承认了罢工并不违法，也即我国的法律虽然未明确支持、保护罢工，但至少是不反对和禁止的。

2. 司法实践

劳动仲裁委员会和法院是如何看待罢工的呢？我们从几个案例来尝试分析在有关罢工的劳动争议案件中的司法实践标准：

## 参考案例

**案例二：**劳动者煽动或者组织集体停工，企业能否据此与其解除劳动合同？——浙江省劳动人事争议仲裁委员会发布2016年度全省劳动人事争议十大典型案例之八

### 基本案情

2007年2月25日，李某进入乙公司工作，双方曾签订书面劳动合同，合同期从2007年2月25日起至2014年5月31日止，约定李某从事SAM制造工作，月工资1650元或按不低于当地最低工资标准执行。2014年5月15日，双方续签了无固定期限劳动合同。李某入职后接受了厂规厂纪内容修订及奖惩管理办法等规章制度的培训。在劳动合同履行过程中，李某因福利、绩效、劳动定额等原因，组织员工集体停工对抗，造成乙公司的生产经营活动不能正常进行。2016年4月8日，乙公司向李某发出《解除劳动合同通知书》，以李某严重违反公司规章制度等为由，根据《劳动合同法》第39条的规定，解除了与李某之间的劳动合同。李某不服，申请仲裁，要求乙公司支付违法解除劳动合同的赔偿金69, 143. 4元。

### 裁决理由

乙公司制定的《奖惩管理办法》对“煽动、组织或者参与厂方对抗或不合作行为者（包括但不限于聚会、停工、罢工、罢餐等）”规定了解雇的惩罚措施，属于企业自治范畴，且不违反法律、行政法规的强制性规定和公序良俗，也无明显不合理之处，该规定内容的效力可予确认。

乙公司是一家企业，职工集体停工对抗可能会引发用人单位对外签订的商事合同违约从而造成不可控的风险和损失。同时，用人单位与劳动者双方系劳动合同关系，双方的权利义务除由法律规范调整外，

尚应受到劳动合同和用人单位依法制定的规章制度约束。鉴于李某预见或应当预见到自己的行为会产生解除劳动合同的严重后果，仍不约束自己的行为，组织职工参与集体停工对抗，属于严重违反规章制度，乙公司据此适用公司规章制度的规定解除与李某之间的劳动合同，符合我国《劳动合同法》第 39 条第 2 项的规定，且乙公司举证证明已将解除劳动合同决定及理由通知工会，故仲裁委员会对该解除行为的合法性予以确认。

同时，仲裁委在案例选编理由的说明中进一步明确：李某维护自己的合法权益无可非议，但维权应循投诉、仲裁或诉讼等法律途径，而不应采取停工对抗等损害劳动合同对方当事人合法利益的方式进行。在劳动者尚能够通过法律途径寻求和获得权利救济的情况下，如果无视法律规定和用人单位的合法权益，恣意地允许劳动者动辄采取集体停工对抗的方式维权或表达诉求，无疑是鼓励和助长劳动合同一方当事人任意破坏劳动合同秩序，既有违公平原则而致合同双方利益严重失衡，也背离我国构建和谐劳动关系的社会公共政策和价值取向。当然，乙公司应当从本案中吸取教训，在今后的人力资源管理过程中要坚持以人为本的原则，充分发挥工会作用，完善集体合同和集体协商制度，妥善预防和化解劳资纠纷和矛盾，尽可能地避免不必要的劳资对抗现象的发生，唯此才能使企业蓬勃健康发展。

根据上文浙江省劳动仲裁委员会的意见，劳动者在有其他救济途径的前提下，径自采取集体停工的方式维权或表达诉求，是一种破坏劳动合同秩序的行为，背离了我国构建和谐劳动关系的社会主义价值取向。因此公司据此规章制度解除与李某的劳动合同关系是合法的。

**案例三：** 符某诉广州某自动变速箱有限公司劳动争议案（作者注：本案被选为广州市中级人民法院发布劳动争议十大典型案例之一，但罢工被解除的情节不在典型之列，本文仅摘取其中罢工被解除的部分）

**基本案情**

符某于2013年3月28日入职广州某自动变速箱有限公司（以下简称变速箱公司），双方于2015年3月28日签订无固定期限劳动合同。符某于2017年1月17日建立微信群，煽动群里人员在1月18日早上食堂集合，准备罢工。变速箱公司发现后予以及时阻止，并依据《奖惩规定》第14条第22项“组织、煽动或参与集体停工、罢工、怠工等不利于正常生产经营的活动者”为重大违纪的规定，于2017年1月19日给予符某立即解除劳动合同处分且不支付经济补偿。符某对此不服，提起劳动仲裁，并历经一审、二审及再审程序最终定谳。

**裁决理由**

符某煽动罢工的原因仅仅是听说当年的激励金方案可能发生变化，而实际上其自身权利并未遭受任何损失，就贸然通过微信群鼓动其他员工罢工，企图向公司施压，虽然该次罢工行为因变速箱公司及时发现和干预最终未获成功，但符某组织煽动罢工的行为性质恶劣，对变速箱公司的正常经营管理造成负面影响，构成变速箱公司奖惩规定第14条第22项规定的严重违纪行为，变速箱公司经工会同意后作出解除符某劳动合同的处分，具有规章制度的依据，同时符合《劳动合同法》第39条第2项的规定，本院予以支持。符某请求变速箱公司支付违法解除劳动合同的赔偿金，缺乏事实和法律依据，本院不予支持。

---

从本案看出，法院似乎对劳动者的罢工也持不支持的态度。但是我们也不能忽视两个案例中有一个共同的细节，即用人单位并未违反法定或约定义务，在此情形下劳动者在未依我国有关集体协商的法律制度循合法律程序提起集体

协商前，就径自发动或企图发动罢工，来迫使用人单位答应其诉求。因此，我们并不能通过上述两个案例来认为中国的司法实践一概地会认定罢工违法而对此的解除行为合法，而应该理解为在用人单位没有明显违法行为，仅存在薪资福利方面的意见未达成一致的情形下，如劳动者尚有向社会保障部门投诉举报或通过工会提出集体协商等正当程序和途径可资利用的，不宜径自发动罢工来迫使用人单位答应其诉求。否则，如用人单位规章制度对停工、怠工行为有禁止性规定的，可以对该行为依法、依规进行处罚。

## 办案经过

### （一）Y 公司谈判及解决过程

1. 预想的阵地战变成被伏击

律师团队接到 Y 公司人事经理的电话后，就该公司员工可能就买断工龄问题与公司进行集体谈判的对应问题，约定了先与其总经理见面初步沟通。而人事经理不经意地提到届时由律师与总经理直接见面沟通，他当天休假不参加会议。当时我们感觉有些讶异，因为如此重要的事项，人事经理一般都会参与讨论、决策的，为何偏偏会在这一天休假呢？等到了约定的那天，我们依约来到了 Y 公司，居然是全公司 100 多名员工举着内容为要求公司买断工龄的标语在“迎接”我们。

在与从海外出差赶回公司的总经理一同上楼后，我们就被员工们团团围住，总经理办公室也有不少员工，几乎所有人都在七嘴八舌地提着诉求，非常嘈杂，根本无法跟总经理沟通意见。当时的感觉就如同自以为要打一场阵地战时，发现其实已遭对方的军队十面埋伏，陷入绝境。

2. 引导谈判，正面交锋

我们简单与总经理沟通后，认为已来不及讨论预案，只能先与员工展开谈判，否则事态有可能恶化为总经理与律师均无法离开而失去人身自由。于是我们向员工提出了选出代表与律师及总经理正式谈判的要求，虽然员工一开始予以了拒绝，都声称只能代表自己，不能代表其他人，但我们反问："你们这么多人，每个人讲一句话，我们就没办法回应了，如何进行谈判？"在我们的坚持下，员工最终妥协，选出了10名代表，与律师及总经理开始正式谈判。

员工方选出的代表中有工会主席、部门经理、普通员工，此时我们才发现，整个公司除了总经理秘书没有积极参与、人事经理借休假回避外，其他所有中方人员都团结一致且谋划已久。员工代表提出因为爷公司（母公司的母公司）即将被收购，要求：(1) 公司方向员工方明确说明与爷公司被收购相关的具体内容；(2) 公司支付经济补偿，买断工龄。

针对员工代表的要求，我们表示：(1) 公司的股东没有发生任何变化，员工方提出的《公司法》第18条第3款"公司研究决定改制以及经营方面的重大问题、制定重要的规章制度时，应当听取公司工会的意见，并通过职工代表大会或者其他形式听取职工的意见和建议"约束的是公司，而此次股权变更是爷公司的股权发生变更，并非公司的变更事项，更非公司有权可以决定的，公司目前也处于等待确切通知的状态，只有等到母公司发来正式通知才可以向员工明确通告，在此之前没有权力也没有能力发表任何消息；(2) 根据《劳动合同法》第32条的规定，公司名称、出资人发生变更的，不影响劳动合同的继续履行。即使将来爷公司真的被收购后，要求公司名称变更，双方的劳动合同也是继续履行的，没有法律要求用人单位在此情形下支付经济补偿。

看到我们的态度比较强硬，员工代表也知道自己没有什么法律依据，于是就有一些代表开始威胁：(1) 生产设备中的压力容器无人看管，有发生爆炸的可能，届时公司主要负责人将承担安全生产责任；(2) 今天如果不答应，律师和总经理谁也别想离开。

对此威胁，我们又进行了回应：(1) 公司没有任何违反劳动法之处，员工提出不合理要求并擅自离岗罢工，发生安全生产事故的，应当由具体的从业人员承担责任，构成犯罪的还会被追究刑事责任，请具体人员三思；(2) 限制人身自由是违法行为，达到严重程度的同样也可能构成犯罪，中国是法治社会，请不要为了追求经济利益而置法律于不顾。

由于双方意见针锋相对，都无妥协的态度，谈判一时陷入僵局。等候在会议室外面的员工开始不耐烦，纷纷涌进会议室喧闹，有的甚至开始言语威胁。僵持了一阵后，员工们忽然大部分离开了会议室，过了几十分钟后员工代表回来提出："公司方请了律师，在法律知识上不对等，我们也要请律师，下次继续谈判！"这正是我们所期望的，因为无论如何，员工方也请律师介入的话，事态一般不会失控而发生恶性事件。于是我们与总经理简单沟通后同意了员工方的要求，但是也提出下次谈判只能由员工代表及其聘请的律师参与，其他人不得围观，必须恢复生产，因为在罢工情况下公司是被胁迫的，公司无法在被胁迫的状态下进行谈判，只有双方的地位平等才能进行有效谈判。

3. 与公司沟通对策，决定妥协

此时律师方有时间和自由，进入总经理办公室，在不受干扰的情况下，实现当日来公司的初始目标——沟通情况。

我们了解到母公司对 Y 公司在此次爷公司被收购过程中必须达到的 2 个目标：(1) 保证不发生安全生产事故；(2) 保证生产稳定有序地过渡。同时我们也了解到其他两点信息：(1) 对于爷公司被收购的交易价格尚未最终确定；(2) 员工中很多是技术工人，需要经常长期地培训才能合格上岗。

基于上述信息，我们建议总经理向母公司报告同意员工买断工龄的要求，理由如下：

(1) 所有员工都参与，不可能将所有人的劳动关系都解除。

(2) 虽然员工是威胁，真的发生安全生产事故的概率不高，但是万一发生了，即使会追究相关员工的刑事责任，但化工企业如发生爆炸其设备损失、停产整顿损失将是巨大的，即使要求责任人赔偿，也无法执行到位。

(3) 无论是公司主动解除还是员工主动辞职，如关键岗位人员缺失导致停产损失的，也会较大地影响爷公司交易项目，无法实现生产的平稳有序过渡。

(4) 由于交易价格尚未最终确定，可以将经济补偿作为额外的成本考虑在交易价格内。而对于收购方来讲以此保证了企业在被收购后生产的稳定，且在将来如需解除劳动合同时只要就买断后的工龄进行补偿，也有相对应的益处。

总经理表示同意我们的观点，但需向上进行报告。后期在向上报告后又与我们进行了一些细节的沟通。

4. 律师之间谈判，敲定补偿细节

由于与公司确定了妥协的策略，后期由员工聘请的律师与我们进行数次对接后，先由工会与公司订立了有关工龄买断的集体协议。之后在确定了经济补偿计算的基数、年限以及具体工龄买断协议的条款内容后，顺利与所有员工签订了协议。之后Y公司在爷公司被收购过程中生产经营未再受到任何影响，实现了平稳有序过渡。

### （二）A公司谈判及解决过程

1. 了解情况，确定对策

A公司员工发生罢工时，母公司被收购的交易已经完成，A公司的名称变更登记手续也已经向工商部门提交。我们与公司初步沟通后了解到以下信息：（1）母公司股权转让交易已经完成，不可能有预算支付工龄买断的经济补偿；（2）此次罢工人员只有生产部门的一线操作工，有小部分班长，无管理人员；（3）公司生产基本以机械加工为主，设备自动化程度高，员工操作主要以往设备上放置和取下工件，进行简单测量，一般培训3天即可上岗；（4）公司与劳务中介公司合作良好，招工不存在困难。

针对此情况，我们向A公司提出了对应策略为坚决不同意员工诉求，对于坚持参与的员工给予纪律处分。理由如下：

（1）员工的诉求无法律依据。

（2）A公司生产一线员工曾经发起过罢工，诉求是要求提高福利待遇。虽然在我们律师劝告、交涉下顺利复工，公司也未额外答应具体条件，但时隔三年再次罢工，如态度不坚决，以后可能会形成罢工习惯。

（3）因为公司没有违法之处，罢工应该只是少数人煽动，多数人被裹挟，故公司态度强硬不会导致所有操作工离职。

（4）招工比较容易，培训简单，可以迅速替代离职人员，对公司不会造成重大影响。

2. 向员工宣布公司决定

上述策略获得公司认可后，我们代表公司与罢工的员工进行了见面谈判。由于任凭我们如何劝说，员工都不肯选出代表，我们只能向参与罢工的员工说明了公司如下的意见和决定：

（1）根据《劳动合同法》第32条的规定，公司名称、出资人发生变更的，不影响劳动合同的继续履行。公司此次是母公司被收购，故应是母公司的出资人变更，公司本身的出资人未发生变更，更谈不上是否继续履行的问题。变更名称也不影响劳动合同的继续履行。因此罢工员工提出的买断工龄的要求不合法。

（2）有诉求应当循合理渠道向公司提出，突然发动罢工是违反规章制度的行为。如果希望跟公司沟通可以选派代表，但其他人必须立即恢复工作。

（3）如按照上述（2）的要求恢复工作，公司对之前的行为可以既往不咎，但如果明天仍不恢复工作的，将对未复工员工的整个罢工行为进行处分。

3. 处分顽固员工，解除劳动合同

第二天，50余名员工中除了10名员工外，其余都恢复了工作。我们对剩余未复工的10名员工再次进行了劝说，并明确告知之后不会再进行劝说，将直接进行处分。由于10名员工非常固执，对公司的劝说置若罔闻，故我们建议公司根据《员工手册》对该10名员工宣布予以处分，解除劳动合同。

后该10名员工均至劳动仲裁委提起劳动仲裁，但由于公司确实没有违法之处，是员工自己擅自发动罢工，严重违反了规章制度，破坏了公司的经营管理秩序，所以公司的解除行为均被认定为合法。

## 办案感悟

罢工属于劳资纠纷中最为激烈的一种，而且具有突发性、群体性等特点，非常考验律师的现场应对能力和对相关法律的熟知程度。作为处理过多次罢工事件的劳动法律师，我们有以下感悟可以跟大家分享：

### （一）迅速了解罢工起因，分析公司有无理亏之处

罢工的原因有多种，日常积累的各种劳资矛盾都有可能因一个意外的导火索引发大规模的罢工事件。律师参与罢工处理时，必须通过与公司的沟通、罢工员工的初步交流等方式迅速掌握员工的诉求内容。有时候员工的诉求比较模糊和杂乱，律师还需要帮助员工将他们的诉求进行梳理，使其变得清晰、有条理。

在掌握员工诉求的情况下，需要就诉求内容向公司进行确认，判断诉求中所涉内容的事实与背景是否与实际相符。最为重要的还需要分析员工的诉求有无法律依据，罢工是否因为公司存在违反劳动基准之处或者未履行对员工的承诺等。

只有在掌握上述基础信息的情况下，才能为公司制订对应策略提供较为充分的基础。并且也决定了在面对员工时的态度，毕竟只有在没有违法和违反约定的情形下，公司才有可能以理直气壮的态度来面对罢工员工。

### （二）分析双方谈判地位，决定是否妥协

由于现在许多企业的员工权利意识非常高涨，甚至其权利诉求超出了法定的标准，往往要求企业承担法律没有规定的义务。本文中两个案例亦是如此，劳动者完全无视《劳动合同法》的明文规定，固执地要求用人单位支付经济补偿以买断工龄。相同的理由，但最终我们给到企业的意见完全不同，一个作了妥协，一个坚决不妥协并严厉地处罚了继续罢工的员工。理由就是公司在处理罢工问题时，是否合法已经不是一个问题，而是企业必须遵守的底线，而更多的时候是要在合法的基础上，考虑罢工对企业生产经营的影响程度。如果企业以严厉的态度面对员工并不会给公司带来更大的损失，则只要合法，就可以采取强硬的方式处分罢工员工，甚至解除与参与罢工员工的劳动关系。但如果企业采取强硬态度会导致事态进一步升级，使企业生产经营遭受更大的损失，则即使合法，企业也不能轻易采取强硬态度处罚参与罢工的员工。

### （三）注意方式方法，尽量不激化矛盾

由于罢工涉及的员工数量众多，很多时候群众心理的发展带有不理性的色

彩，平时单个个体不敢做的事情，在群情激奋时往往会在群体心理的影响下很容易地被做出来。因此，代表公司一方处理的人员，一定要注意方式方法，避免激化矛盾，使事态升级而失去控制。我们总结有以下几条经验：

1. 言辞温和，有理有据

在跟员工沟通时，即使要表达一个强硬的态度，也只能使用相对比较温和的语气，语速不宜过快，避免造成咄咄逼人的感觉。在适当的时候对员工表达的内容作一些认可的表示，让其感觉并不是一味地站在他们的对立面，有助于降低他们的对立情绪。

由于罢工时往往人多嘴杂，很多员工都会发表意见，急躁的员工会上前来争论。此时虽然要作出必要的回应，但应注意不要陷入争辩，因为跟单个的员工辩论即使赢了也无济于事。罢工的解决一定是找到一个让劳资双方都能认可或者接受（主动或被动）的方案，而非某一方在与对方的论战中占据上风。

而对于员工提出的问题，每个回答都应该有法律依据，不能随口而答。这就要求律师既需要谨慎应对，又需要对相关法律熟知，因为罢工的谈判都是现场的，有时甚至被众多员工围困在中间，根本不可能临时抱佛脚去查询。而对于涉及事实部分的问题，在未与公司方面确认之前也不能轻易承认或否认，否则会招致后续谈判的被动。

2. 要求选出代表，切勿立即谈判

由于员工抱有害怕公司事后报复的心态，往往都会声称自己只代表自己，所以没有谈判代表。此时作为公司代理人的律师不能着急，生怕员工不选或选不出代表来谈判，从而导致罢工的解决愈加拖沓。员工既然罢工，肯定是有诉求想要表达的，即他们也想解决问题，也会理性思考，他们也会理解律师不可能同时面对数十甚至数百人进行谈判。所以律师一定要要求员工选出代表，整理出希望跟公司谈判的具体诉求，然后再展开正式谈判。当然，在经过多次努力仍旧无法让罢工员工选出代表的，就简单的问题可以在罢工员工面前统一宣布公司意见。

另外，律师还可以提出一点要求，即一旦谈判开始，罢工应当停止，否则谈判地位不对等，公司是在被胁迫情况下谈判，无法发表真实的意见。对于此点，往往也能被员工接受。

3. 视情况请求政府部门的帮助

因为政府部门对于企业罢工问题也比较重视，只要公司提出请求，一般会由劳动部门甚至司法部门一同介入参与协调劳资矛盾。但考虑对外部的影响，我们建议：除非事态有失控的可能，否则无须过早请求政府部门的介入。

对于员工有过激的破坏生产、破坏设备的行为，因为涉嫌违反治安管理处罚法甚至刑法的规定，可以立即报警要求警方处理。一则即时制止违法行为，保护企业资产；二则也给其他员工一个警示，让其认识到可以表达诉求，但不能以违法的手段进行。

总之，罢工往往是企业劳资矛盾的总爆发，对代理律师的专业度、能力、技巧的考验是全方位的，代理律师必须具备专业的劳动法知识、心理学乃至群众心理学的基础知识，掌握与不同性格、背景人员进行谈判的技巧和能力，才能帮助企业在尽可能短的时间内平稳地处理好罢工，减少罢工给企业带来的损失。

# POSTSCRIPT 后·记

劳动争议发生频率高、影响面广，是很多用人单位的痛点。

与此相对应的，是劳动争议专业律师在律师队伍中占比较低，能否找到专业的劳动争议律师很多时候靠运气。出现这种情况，一方面是因为劳动争议标的额较低，很少有人愿意付出大量的时间、精力去做深入研究；另一方面是因为劳动争议案情复杂、相关法律法规众多、各地法院裁判差异大，案件办理难度高。法考体系中劳动法分值占比低，很多考生不做重点学习，也间接导致多数律师对该专业领域理论知识的储备较为欠缺。

多年为企业提供法律服务的经验告诉我们，劳动争议个案虽小，往往牵一发而动全身。一个问题解决不好，事态可能由一个点而扩大成一个面，从而对企业整体用工管理体系形成冲击，严重影响企业的稳定与发展。

我们将多年办理劳动争议的“干货”拿出来与大家分享，为的是让更多的企业管理者和律师能够对劳动争议案件引起足够重视。

胜诉来之不易。

希望我们的努力能够让您有所收获。期待更多的律师同行能够与我们共同构建分享交流的平台。